중국 고대의 方士와 儒生

중국 고대의 方士와 儒生

저자 구지에강
역자 이부오
초판1쇄 발행 1984년 10월 15일
2판1쇄 발행 2012년 9월 10일
펴낸이 김용항
펴낸곳 온누리
주소 충북 청주시 수동 90-4
서울사무실 마포구 서교동 392-33
전화 02-324-4790 팩스 0505-115-6287
출판등록 1982년 12월 6일
등록번호 제아-20호

ISBN 978-89-8367-304 03910
값 20,000원

중국 고대의 方士와 儒生

顧頡剛 지음
이 부 오 옮김

온 누 리

《일러두기》

이 책은 1935년에 『한대학술사략(漢代學術史略)』이라는 이름으로 중국 상해(上海)에서 처음 출간되었고, 이후에 몇 번의 개정판이 나왔다[책 뒤의 小倉芳彥 서문 참조]. 1955년에는 『秦漢的方士與儒生[진한의 방사와 유생]』이라는 이름으로 출판되었다. 본 번역서의 제목은 이에 따른 것이다. 또한 본 번역서는 小倉芳彥의 일역본(日譯本)[『中國古代の學術と政治』(大修館書店, 1978)]을 참고로 했음을 밝혀둔다.

이 책의 한자표기, 주(註)처리 등에 대한 원칙은 다음과 같다.

① 한자표기 : 독자들의 편의를 위해 모든 한자에는 한글발음을 같이 표기하는 것을 원칙으로 했다. 다만 문장 속의 주(註)나 기타 특별한 경우에는 한자로만 표기했다.

② 주(註)처리 : 페이지 아래의 주(註)는 모두 小倉芳彥이 달았던 것을 옮긴 것이다. 문장 속의 주는 모두 []로 표시된 괄호 안에 작은 활자로 표기했다. 문장 속의 주에는 저자 구지에강(顧頡剛)과 일역자 小倉芳彥, 본 번역자의 주가 모두 포함되어 있는데, 각각을 구별해 표시하지는 않았다.

③ 판본에 따른 표현의 차이 : 이 책에는 판본에 따라 표현이 다른 곳이 조금씩 있다. 이 차이는 번역문 속에도 어느 정도 감안되어 있고, 小倉芳彥의 번역서에서는 그 차이를 일일이 도표로 만들어 표시했다[그의 번역서 pp.246~260]. 그러나 여기서는 생략했다. 다만 거기에 해당하는 부분에는 *로 표시만 해 두었다.

《머리말》

우리가 역사를 제대로 이해하려면 정치 · 경제 · 사회 · 문화 · 사상 등 제반 분야에서 다각도로 접근하고 또 이것들을 유기적으로 이해해야 한다. 이것들 하나하나가 모두 중요하겠지만, 그중에서도 사상은 각 시대 사람들이 추구했던 삶의 본질적 목표를 이해하는 데 가장 중요한 요소가 될 것이다. 이 점은 누구나 인정할 만한 상식이라 할 수 있다. 그러나 막상 피상적인 서술을 초월하여 각 시대 사람들의 의식 속에 공유되었던 사상을 명확히 추출해 낸다는 것은 쉬운 일이 아니다. 특히 자료가 부족한 고대로 올라갈수록 그것은 더 어려워진다. 반면에 고대의 사상은 그 이후 현대에 이르기까지 출현한 사상들의 기초가 되기 때문에 그 중요성은 매우 크다고 생각된다.

중국에서 본격적으로 사상이 개화된 것은 춘추전국(春秋戰國)시대였다. 이 시대에 여러 소국들이 분열상쟁하는 속에서 각국은 자국의 번영을 위한 방법을 찾게 되었다. 이러한 분위기에 부응해 유가(儒家) · 묵가(墨家) · 법가(法家) · 도가(道家) · 명가(名家) · 음양가(陰陽家) 등 소위 제자백가(諸子百家)의 사상이 나타나 백화제방(百花齊放)의 형태를 띠게 되었다. 진(秦)의 천하통일과 더불어 법가가 사상통일을 이루었으나, 진이 천하통일 15년 만에 망하면서 법가의 지위도 허물어졌다. 한(漢)이 등장하고서 고조(高祖)는 진의 실패를 거울삼아 심한 사상통제는 가하지 않았다. 그 뒤 무제(武帝)가 집권의 통치질서를 확립하기 위해 유가를 국교화한 이후에 비로소 유가가 지배적인 사상으로서 자리를 잡게 되었다. 여기까지의 과정이 간단했던 것은 아니며, 각 시대의 상황이 복잡하게 얽히면서 전개되었다고 볼 수 있다. 이 책은 이 과정에서 파생되는 문제들을 서술할 것이다.

여기서 저자 구지에강(顧頡剛)은 유가가 몇 가지 다른 사상과 결합하는 과정을 중시하고 있다. 우선 신선사상(神仙思想)의 방사(方士)들이 제왕의 초월적인 욕구에 부응하여 이 사상을 고취시켰다. 또 음양오행설(陰陽五行說)에서 오행의 운행이 오덕(五德)의 순환으로 변용되어, 각각의 덕이 각 왕조의 덕에 적용되었다. 이로써 제왕들은 자신의 왕조를 합리화시키려 한 것이다. 한의 경우 토덕(土德)에 해당한다고 했으며, 모든 제도를 이 덕에 맞추게 된다. 천지에 대한 제례도 오행의 방향에 입각해 행해서, 오방(五方)의 천(天)을 각각 담당하는 오제(五帝)를 각각의 방향에서 제사하게 된다. 일종의 예언설인 참위설(讖緯說)도 제왕의 지위를 합리화하는 데 이용되었다. 결국 한대에 정착된 유가사상도 순수한 유가사상뿐만 아니라 다른 사상들의 특징을 흡수한 것이다.

또 유가사상의 정착은 경학(經學)의 확립과 병행된 것이다. 『춘추(春秋)』『예의(禮儀)』『시(詩)』『서(書)』『역(易)』등 오경이 유가의 기본경전이 되었다. 이들 경에는 각각의 전문가로서 박사(博士)가 설치되었고, 한무제 때 오경박사제가 확립되었다. 그런데 전한 말(前漢末) 유흠(劉歆)이 고문자로 된 경전을 발견한 이후 이것이 기존의 금문(今文)과 대립하여, 금문(今文) · 고문(古文)의 논쟁을 불러일으켰다. 이 논쟁은 청말(淸末)까지도 계속되었으며, 저자 구지에강도 이에 대한 문제의식을 강하게 가지게 되었다. 이에 대해 추적한 결과 그는 이 문제가 한대에 경학을 현실적 이익에 이용하려 했던 사람들에 의해 야기되었다고 보았다.

이와 같이 유가사상의 정착은 타 사상과의 결합과 관련 제도의 확립을 통해 이루어진 것이다. 이 과정에서 중요한 계기로 작용한 것으로서 저자가 중시한 것은 당시의 통치권자들이 자신들의 지위를 합리화하려는 현실적 요구였다. 그래서 저자는 이러한 요구에 의해 사상과 역사체계가 변화하는 과정을 동태적으로 서술하고 있다. 여기서 그 수단으로 제시된 것 중 가장 중요한 것은 고대자료에 대한 정리 · 위조이다.

이 책은 통치자의 목적에 따라 사상이 개변되고 결국 유가로 정착되는 과정을 서술하고 있기 때문에, 동양 전통사상의 정착과정을 이론이 아닌 현실적인 측면에서 파악하는 데 도움을 준다. 그런 측면에서 이 책은 역사서인 동시에 정치사상서이기도 하며, 유가의 정착과정과 중국 고대의 정치사상에 관심을 가진 사람들에게 어느 정도 도움을 줄 것으로 생각한다.

저자 구지에강의 생애와 구체적인 집필과정에 대해서는 책 뒤에 실린 저자와 小倉芳彦의 서문 · 해설을 참고해 주기 바란다.

끝으로 이 책을 출판하도록 배려해 주신 온누리 사장님과 번역 과정에서 도움을 주신 분들께 감사를 드린다.

1991년 4월

역자

《序》[1955년판]

이 소책자는 20여 년의 세월을 지나 현재 상해(上海) 군련출판사(羣聯出版社)에서* 중판되게 되었다. 당시 내가 왜 이 책을 쓰려고 했는지에 대해 독자 여러분에게 자세히 보고하지 않으면 안 되겠기에 이 서문을 보충한다.

청조(淸朝)라는 시대에, 최고의 통치자는 종족적 편견을 가져서 인민의 의견제기를 막고 자주 문자의 옥(獄)을 일으켰기 때문에, 독서인(讀書人)은 어지간히 조심하지 않으면 곧 목을 잘렸고, 심한 경우에는 일가가 모두 죽음을 당했다. 이러한 압제 하에서는, 다소라도 창조력을 가진 지식인들은 그들의 심사재력(心思才力)을 모두 무용(無用)한 것에 집중시킬 수밖에 없었으며, 학문은 인생의 실용에서 완전히 괴리되어 버렸다. 이러한 학풍은 물론 기형적이고 생기 없는 것이지만, 그들은 몸을 돌보지 않고 노력하며 모든 것을 착실하게 추진하여*, 예상외의 수확을 얻었다. 즉, 사료학(史料學)의 범위 내에서 얼마간의 새로운 영역을 개척하여, 사람들에게 전인미답의 사실을 약간 인식시키는 역할을 했던 것이다. 그중에서도 그들은 특히 양한(兩漢)의 경학(經學)에 뜻을 두고-그래서 그들의 학문은 한학(漢學)이라 불린다-장기간에 걸쳐 자료의 수집과 정리를 행한 결과, 그때까지 명확하지 못했던 양한의 학술사상의 윤곽을 그릴 수 있게 되었다. 한대의 학자들은 중국의 역사자료를 최초로 정리한 사람들이기 때문에, 중국 고대사와 선진제자(先秦諸子)의 학설을 연구하는 사람들은 반드시 한대인의 기초부터 손을 쓰지 않으면 안 되었으며, 그런 연후에야 다소 타당성 있는 해석을 얻을 수 있었다. 그래서 한대의 학술은 극히 숭고한 지위를 차지하여, 사람들은 그 시대의 권위 있는 학설에 대해 머리 숙여 숭배할 뿐이었다. 만약 한두 사람이 굴복하지 않고 그 불합리한 점을 논란해도 천만배의 압력에 눌려 부서지게 되었으며, 한학(漢學)의 신성불가침의 지위는 그 모호한 모습 덕분에 계속 유지되었던 것이다. 청대의 학자들은 원래 심성(心性)을 공담(空談)하는 송명(宋明)의 이학(理學)에 반대하기 위해 한대의 학술을 신봉한 것에 지나지 않았다. 그러나 그들이 한학을 깊이 연구한 결과, 우리는 한대의 암흑의 내막을 거의 벗길 수 있었으며, 권위를 인정받았던 한대학술의 대부분이 민중을 마취시키고 속이기 위한 통치계급의 도구에 지나지 않으며, 그 기초가 종교적 미신 위에 서 있었다는 것을 알게 되었다. 이것이 밝혀지면, 그 암흑면에 대하여 격렬한 반감이 일어나는 것은 당연하다. 이 반감은 분명히 청대의 학자들이 우리에게 제공한 것이지만, 그들 자신은 이렇게 파괴적인 결과가 초래되리라고는 생각하지 않았던 것이다.

나는 20세가 되기 전에는 소주(蘇州)에서 살았다. 그곳은 청대 한학(漢學)의 중심지여서 경학서(經學書)를 접할 기회가 매우 많았기 때문에, 나는 이 서적들에 대해 맹목적으로 천착(穿鑿)하기를 좋아하게 되었다. 또한 소학교와 중학교에서 자산계급과학(資産階級科學)의 표면적인 것을 약간 배웠기 때문에, 한대 경학선생의 신비적인 얘기를 더욱 신빙할 수 없었다. 당시는 바로 무술정변(戊戌政變)의 뒤였는데, 이 정변은 강유위(康有爲)의 금문학(今文學)에 의해 선동된 것이었으며, 그는 전한(前漢)의 『춘추(春秋)』의 대학자로 꼽히는 동중서(董仲舒)의 삼대개제설(三代改制說)을 근거로 하여 통치계급의 변법자강(變法自强)을 요구했다. 그의 주장을 도운 사람으로는 담사동(譚嗣同) · 양계초(梁啓超) · 피석서(皮錫瑞) · 하증우(夏曾佑) 등이 있었다.* 동시에 그와 반대의 입장에 선 사람은 보수파인 장지동(張之洞) · 주일신(朱一新) · 왕선겸(王先謙) · 왕인준(王仁俊) · 섭덕휘(葉德輝) 등이며, 그들의 주장은 모두 소여(蘇輿)가 편(編)한 『익교총편(翼敎叢編)』에 들어 있다. 무술정변 이후 장병린(章炳麟)은 종족혁명을 주장하여 강유위의 보황론(保皇論)에 반대했으며, 또 고문경학(古文經學)의 입장에 서서 강유위의 금문경학(今文經學)을 파괴했다.* 강씨가 '신학위경(新學僞經)'은 유흠(劉歆)의 손으로 만들어졌다고 말하자, 장씨는 유흠은 공자(孔子) 이후의 제1인자라고 말했다. 그때, 장씨를 지지한 사람은 유사배(劉師培) 등이 있었으며, 그들의 문장 대부분은 등실(鄧實)이 편(編)한 『국수학보(國粹學報)』에 실려 있다. 이것은 사람들의 눈을 아찔하게 만드는 일대 전쟁이었다. 나는 젊었을 때 그들의 이러한 격론을 보고 정신이 극도로 흥분되었지만, 스스로는 그들의 시비(是非)를 비평할 만한 능력이 없어 일면 이상한 고민을 느꼈다. 그러나 금문가(今文家)는 참위(讖緯)를 즐겨 인용하는데, 참위의 9할이 모두 요망괴탄(妖妄怪誕)한 것이라는 점은 내가 일찍부터 알아챈 것이며, 거기에 장씨는 혁명의 입장에 서서 강씨의 보황(保皇)에 반대하고 있었다. 그래서 나의 판단으로는 고문가쪽의 생각이 진보적이며, 우리는 고문가의 진영에 서야 한다고 생각했던 것이다.

원래 청대 말년에는 전국적으로 경학(經學)의 대선생 중에서 유월(俞樾)이 가장 명망 있는 인물이었다. 그는 항주(杭州) 고경정사장(詁經精舍長)으로 30여 년간 재직하면서 매우 많은 경학의 인재를 양성했다. 그는 금문학과 고문학에 대해 모두 포용하는 태도를 취했기 때문에, 그의 문하에서 수업한 사람들도 각각 자질에 따라 다른 길을 걸어서, 혹은 고문(古文)만을 연구하고 혹은 금문(今文)만을 독실하게 믿고 혹은 금문과 고문을 조합했다. 장병린(章炳麟)은 그 문하의 고문파 중 대표적인 사람이었으며, 최적(崔適)은 그 문하의 금문파 중 한 전문가였다. 금문경(今文經) 중 가장 중요한 책은 『춘추공양전(春秋公羊傳)』인데, 당시에는 『공양전』의 의논을 당면한 정치문제에 즐겨 관련지어 변법자강(變法自強)운동 도중에 각종의 크고 작은 파란을 일으킨 사람이 많았다. 그런 속에서도, 최씨만은 『공양전』에 정통했음에도 불구하고 공양학(公羊學) 본래의 자세를 회복할 것만 생각하여, 자기 자신은 어떠한 정치운동에도 전혀 참가하지 않았다. 그야말로 순수한 경학도(經學徒)였다.* 그는 논문을 써서 자기 주장을 발표한 것이 극히 적었기 때문에, 나는 그에 대해 전혀 알 수 없었다.

1916년에 나는 북경(北京)대학 문과(文科) 중국철학문(中國哲學門)에 진학했다. 철학문[후의 哲學系에 해당]은 청말의 경사대학(京師大學) 경과(經科)의 후신이었기 때문에, 경학의 분위기가 의연히 매우 농후했다. 우리에게 중국철학사를 가르친 사람은 금문과 고문, 한학(漢學)과 송학(宋學)을 가리지 않고 모두 받아들인 진한장(陳漢章)선생이었으며, 춘추공양학을 가르친 사람은 전문학문의 벽을 고수한 최적(崔適)선생이었다. 우리에 대한 최선생의 강의는, 그가 필생의 정력을 기울여 완성한 『춘추복시(春秋復始)』였다. 그는 『공양전』을 중심으로 여기에 동중서(董仲舒)의 『춘추번로(春秋繁露)』와 하휴(何休)의 『공양해고(公羊解詁)』 등을 보조로 삼아 『공양전』을 분류 · 설명했으며, 그 속에서 공자의 『춘추』의 대의(大義)를 파악할 수 있게 되었다. 그는 『곡량전(穀梁傳)』과 『좌씨전(左氏傳)』은 모두 고문학이기 때문에 위학(僞學)이며, 절대로 공자의 사상이 아니라고 말했다. 그는 나이가 이미 70으로 벽을 짚고서 겨우 걸을 수 있을 정도로 신체가 쇠약했지만, 태도는 대단히 엄숙 · 성실했기 때문에, 우리 철학문 전원은 그를 깊이 존경했다. 그러나 나에게는 도저히 이해할 수 없는 점이 있었다. 『춘추』는 원래 노(魯)의 사서(史書)인데, 어째서 동주(東周)시대의 사실(史實)로서 설명하지 않고 반드시 공자(孔子)의 사상으로 설명해야만 하는 것인가? 설사 이 책이 진정 공자가 필삭(筆削)을 가한 노(魯)의 사서(史書)이고 1자1구가 모두 공자의 생각을 담고 있다면, 왜 경문(經文) 중에는 때때로 '夏五' [桓公 14년]라든가 '郭公' [莊公 24년] 등의 완전하지 못한 궐문(闕文)이 있어 여러 조각이 난 역사서의 원형대로인 점을 보여주고 있는가? 만약 『공양전

(公羊傳)』의 작자가 분명히 공자의 문인(門人)이고 그가 공자의 미언대의(微言大義)를 가장 잘 파악하고 있었다면, 어째서 전(傳) 속에서 자주 "들은 바가 없다" [隱公 2년, 桓公 14년 등]라고 말해, 공자의 생각을 이해하지 못하는 점을 보여주고 있는 것인가?

북경대학 졸업 후 1920년에 나는 처음으로 전현동(錢玄同)선생을 알게 되었다. 선생은 일본유학 때에는 장씨에게 배웠고, 귀국 후에는 다시 최씨에게 배웠다. 그는 금문 · 고문 모두에 통하고 있었는데, 또한 그 어느 쪽에도 만족하지 않았다. 그는 거듭 나에게 말했다.

"금문학(今文學)은 공자학파가 전해 보급한 것이며, 장기간에 걸친 변화를 통해서 그 진(眞)모습을 잃었다. 고문경(古文經)이 갑자기 출현하자, 고문가(古文家)는 손에 넣은 고대의 자료에 자기 생각으로 정리 · 개조를 가하고 여러 가지를 모아서 고문학(古文學)으로 완성했다. 목적은 그것을 도구로 해서 금문가(今文家)의 주장에 대항하기 위한 것이었다. 따라서 금문가가 고문경의 위조를 공격하는 것은 옳으며, 고문가가 금문가는 공자의 진의를 이해하지 못하고 있다고 공격하는 것도 옳다. 오늘날 우리는 고문가의 설로 금문가를 비판하고 또 금문가의 설로 고문가를 비판하지 않으면 안 된다. 양자의 가면을 똑같이 벗겨야 비로소 그들의 진상이 폭로된다. 『요재지이(聊齋誌異)』에 이런 얘기가 있다. 상생(桑生)이라는 남자가 있었다. 연향(蓮香)과 이씨(李氏)의 딸인 두 여자가 전후하여 갑자기 나타났는데, 이윽고 연향은 이씨의 딸을 유귀(幽鬼)라고 말하고 이씨의 딸은 연향을 여우라고 말했다. 상생은 처음에 두 사람이 질투하여 공격하고 있다고 생각했는데, 한참동안 관찰해 보니 연향은 정말로 여우였고 이씨의 딸은 정말로 유귀라는 점이 판명되었다. 우리는 오늘날 금문 · 고문 양파가 상호간에 폭로하는 속에서, 그들 쌍방의 결론을 수용하지 않으면 안 된다."

이러한 논의는 현재에서 보면, 역시 양쪽을 모두 타파하는 것이 되어 허무주의에 빠져들기 쉽다. 그러나 당시는 많은 경학가가 금문 · 고문 문제로 오랫동안 싸워온 뒤였기 때문에, 나는 이 말이 예리하고 철저한 비판이며 얽힌 것들을 푸는 해결방법이라고 생각했다. 나의 안전에는 문이 활짝 열려 이천년을 내려온 학술사상(學術史上)의 일대 공안(公案)에 대한 최후의 판단으로 우리를 불러들이고 있다고 생각되었다.

나는 금문가 · 고문가의 본래 모습에 거의 분별력이 생겼기 때문에, 다시 일보 전진하려고 생각했다. 어떻게 해서 금문가가 존재하는 것인가? 어떻게 해서 고문가가 존재하는 것인가? 그들이 출현한 사회적 배경과 역사적 조건은 무엇인가? 물론 고문경 계통의 조직과 발전은, 유흠(劉歆)이 최고의 학술적 지위에 서서 고취하고 왕망(王莽)이 최고의 정치적 지위에 서서 추진했던 것에 기인한다. 그것이 왕망이 한(漢)왕조로부터 정권을 탈취하는 데 확실히 약간 유리한 조건을 제공했다는 점에 대해서는, 방포(方苞)의 『주관변(周官辨)』과 강유위(康有爲)의 『신학위경고(新學僞經考)』 등의 책에 의해 이미 명백하게 되었다. 그러나 만약 이것을 왕망과 관계가 있다고 단순하게 바라보면, 신(新)왕조가 멸망할 때에 고문경도 그것과 함께 멸망했어야 했다. 그런데 어째서 후한(後漢) 때에 도리어 융성하게 되고 금문경의 정통적 지위를 빼앗아 버린 것일까? 또 금문학의 경우도, 만약 공자(孔子) 학파의 제자들이 전수한 것이라고 단순하게 본다면, 공자로부터 동중서(董仲舒)까지 300년도 안 되는 사이에 180도로 전환할 리가 없다. 그런데 어째서 '괴(怪) · 력(力) · 난(亂) · 신(神)'을 서술하여 공자의 사상과 전혀 반대로 된 것인가? 이것을 생각하면 아무래도 진(秦) · 한(漢)시대 통치계급의 필요성이라는 관점에서 금문 · 고문 양파의 변화를 살펴보지 않을 수 없게 되었다.

연구 결과, 나는 유생(儒生)과 방사(方士)의 결합이 양한(兩漢) 경학의 조성에 주요원인이 되었다는 점을 알게 되었다. 방사가 출현한 것은 원래 전국(戰國)시대의 연(燕) · 제(齊)지방이었다. 이는 해상교통의 발달이 사람들에게 자연계에 대한 갖가지 환상을 품게 하고 인간이 수련을 통해서 장생(長生)할 수 있으며 사회를 떠나 독립하여 영원히 존재하여 상제(上帝)와 같은 지위를 얻을 수 있다고 생각하게 되면서부터였다. 같은 시대 같은 지방에 추연(鄒衍)일파의 음양가(陰陽家)가 출현하여, 천인상응(天人相應)학설을 제창하여 모든 행위를 자연계의 법칙에 거스르게 하면 안 된다고 사람들에게 요구했다. 진시황(秦始皇)은 육국을 통일하고 동방으로 순행(巡行)하자 방사와 음양가들이 열심히 부추겼기 때문에, 곧 연 · 제지방의 해변문화를 수용했다. 유생들은 이러한 정세를 보고, 중앙집권에 접근하기 위해서는 신비적인 것을 창작하지 않으면 안 된다는 것을 알았다. 그래서 진(秦)부터 한(漢)에 걸쳐 경학 속에 『홍범오행전(洪範五行傳)』 같은 류의 '천서(天書)'가 출현하여 금문학을 의논하는 토대가 되었으며, 일반 유생이 정치제도를 논할 때에도 황제(皇帝)의 의도에 영합하여 자주 추연의 오덕종시설(五德終始說)의 도식에 의해 황제와 상제(上帝)를 긴밀하게 연결시켰던 것이다. 황제의 신성(神性)이 농후하게 되면 될수록 그 지위는 한층 우월하게 되며, 일반 민중도 한층 유순하게 되어 황제의 통치를 받기 쉽게 된다. 그러한 정책은 물론 황제가 기꺼이 수용할 수 있는 것이며, 또한 완전히 환상 속에서 희망을 구하는 방사들의 방식보다도 확실히 뛰어난 것이었기 때문에, 유생의 지위는 급속히 방사를 추월했으며, 정도(正途)의 관리가 된 자는 모두 유생 속에서 선발되게 되었다. 전한(前漢)말에 유흠이 황실의 도서를 정리하면서 많은 고대사 자료를 발견하고 그것들을 세상에 보급하려고 생각했던 것은 원래는 사학(史學)의 큰 사건이었다. 그러나 순학술적인 것은 황제에게는 필요 없는 것이며, 황제에게 도움이 될 것을 삽입하지 않으면 정치적인 힘을 빌릴 수가 없었다. 그래서 유흠으로서는 『좌전(左傳)』속에 신오덕종시설(新五德終始說)의 증거를 부가

하고, 『세경(世經)』을 지어 왕망의 정통성을 분명히 할 수밖에 없었다. 이러한 분위기 속에서는 광무제(光武帝)도 『적복부(赤伏符)』에 의해 수명(受命)하지 않으면 안 되었으며, 참위(讖緯)라는 요망괴탄(妖妄怪誕)한 것이 대량으로 발생했던 것이다.

이로부터 양한경학(兩漢經學)의 토대는 통치자 집단의 종교 — 통치자가 자기 신분을 장식하는 종교 — 가 창출해낸 것이었다고 나는 생각한다. 최고의 주재자가 상제(上帝)인가 오행(五行)인가를 불문하고, 황제는 모두 각각 자기 자신이 진명천자(眞命天子)라는 점을 분명히 하는 수단을 가지고 있었다. 유생과 관리도 한 사람 한 사람이 모두 황제를 도와 하늘을 대신하여 도(道)를 행하는 공자의 손제자(孫弟子)였다. 황제는 유생들을 이용하여 자기에게 유리한 종교를 만들었고, 유생들도 황제를 이용하여 자신에게 유리한 종교를 널리 퍼뜨렸다. 황제에게 필요해지면, 유생들은 무엇이든 봉사했다. 이러한 봉사는 표면적으로 보면 모두 성현(聖賢)의 경(經)과 전(傳)에서 나오는 것 같지만, 실은 모두 방사(方士)류의 사상에서 빌린 것이었다. 그러면 어째서 한(漢) 무제(武帝) 이후에 방사가 별로 나타나지 않게 된 것인가? 그것은 유생들이 이미 모두 방사화(方士化)해 버리고, 방사들이 정치권력을 획득하기 위하여 모두 유생의 대열에 가입해버렸기 때문이다. 금문가와 고문가의 구별도 경서의 텍스트가 다르거나 경서의 해석이 다르다는 것뿐이며, 사상의 근본에 차이가 있었던 것은 아니다. 다만 고문가는 아무래도 약간의 고대자료를 장악하고 있었고, 또 참위(讖緯)의 요망성(姚妄性)이 너무 현저해져 머리 좋은 유생들의 신봉을 받을 수 없게 된 때인 후한시대에 다소 늦게 출현했기 때문에, 훈고(訓詁) 하나에 집중하여 금문가에 비해 다소 객관성을 가진 것에 지나지 않았다.

1929년에 나는 연경(燕京)대학 역사계에서 수업을 담당하게 되자, 곧 내 힘이 미치는 한 이 영역의 문제를 추구하려고 생각했다. 나는 당시 최적(崔適)선생이 『사기탐원(史記探源)』에서 지적했던 것에 근거하여, 유흠이 오덕종시설을 이용해 고사(古史)체계를 개조한 증거를 더욱 명확하게 하고, 「오덕종시설(五德終始說)하의 정치와 역사」라는 논문을 써 『청화학보(淸華學報)』에 발표했다.[6권 1기] 1933년에 역사계(歷史系)교수 등지성(鄧之誠)선생이 병에 걸려 반년 동안 휴가를 얻어서, 나에게 그의 진한사(秦漢史) 수업을 대신 강의하도록 의뢰했다. 그래서 나는 상술한 생각을 강의로 정리하여, 대략 3단락으로 나누었다.

제1장부터 제7장까지는 음양가(陰陽家)와 방사(方士)의 분위기 하에서 형성된 진 · 한시대의 약간의 정치제도를 명확하게 한다.

제8장부터 제18장까지는 박사(博士)와 유생(儒生)이 어떻게 해서 하나가 되었는지, 또 어떻게 해서 음양가와 방사의 방식이 수용되어 한대의 경학이 되었는지, 또 어떻게 해서 그들의[박사 · 유생의] 고취가 양한(兩漢)시대의 약간의 정치제도에 영향을 미치는지를 명확하게 한다.

제19장부터 제22장까지에서는 한대의 경학이 어떻게 해서 참위(讖緯)로 전입(轉入)했고, 참위가 다시 정치에 대해 어떠한 영향을 미쳤는지를 명확하게 한다.

이 이십 수 장의 문장 대부분은 한대사상의 암흑면을 폭로한 것이고 한대의 학술 전체는 포괄할 수 없었지만 주요내용은 분명히 한대 학술사상의 주류였으며 당시의 학술계에서 의심할 바 없이 정통의 지위를 차지하고 있었던 것에 대한 것이다.

2년 뒤에 상해(上海)의 아세아서국(亞細亞書局)이 창업되고, 편지로 자주 원고를 의뢰해 왔다. 나는 스스로 행했던 강의 중에서 이 부분은 그런대로 정리되어 있다고 생각했기 때문에, 아세아서국에 출판을 위임, 임시로 책 이름을 『한대학술사략(漢代學術史略』이라 했다. 그렇지만 한대의 학술영역에는 그래도 빛나는 성과가 많이 있었다.

예를 들면 당도(唐都) · 낙하굉(落下閎) · 등평(鄧平) · 유흠(劉歆) · 장형(張衡)의 천문학과 역법학(曆法學), 장형(張衡)의 지진학(地震學), 왕경(王景) · 상흠(桑欽)의 지리학, 순우의(淳于意) · 장기(張機) · 화타(華佗)의 의학,* 마균(馬鈞)의 기계학(機械學), 상홍양(桑弘羊) · 환관(桓寬) · 왕부(王符) · 중장통(仲長統)의 경제정치학설, 사마담(司馬談) · 사마천(司馬遷) 부자와 반표(班彪) · 반고(班固) 부자 및 순열(荀悅) · 채옹(蔡邕)의 사학, 유향(劉向) · 유흠(劉歆) 부자의 고문서고정학(古文書考訂學), 양웅(揚雄) · 원예(爰禮) · 견풍(甄豊) · 복건(服虔) · 허신(許愼) · 마융(馬融) · 정현(鄭玄)의 문자학과 훈고학(訓詁學), 왕충(王充)의 유물주의적 회의사상 등등, 이것들은 모두 대서특필할 만한 것이다. 또 한대에는 4차에 걸쳐서 학술적 대회의(大會議)가 개최되었다.

(1) 소제(昭帝) 시원(始元) 6년[B.C. 81년]에 군(郡) · 국(國)에 조서를 내려 현량(賢良) · 문학(文學)의 선비를 추천하게 해서 백성들의 고통스런 점을 물었는데 그들은 모두 염(鹽) · 철(鐵) · 주(酒)의 전매를 중지하는 것이 좋겠다고 말해서 어사대부(御史大夫) 상홍양(桑弘羊)과 서로 논란을 벌였다.

(2) 선제(宣帝) 감로(甘露) 2년[B.C. 52년]에 유학자들에게 조서를 내려 오경(五經)의 동이(同異)를 석거각(石渠閣)에서 논하도록 하고, 황제와 태자태부(太子太傅)인 소망지(簫望之) 등이 그들의 시비를 판정하여 4가(家)의 박사(博士)를 증설했다.

(3) 평제(平帝) 원시(元始) 원년[A.D. 1년]에 왕망이 천하에서 1경(經)에 통달하여 11인 이상을 가르치는 자와 『일례(逸禮)』 · 『고문상서(古文尚書)』 · 『모시(毛詩)』 · 『주관(周官)』 · 『이아(爾雅)』 · 천문 · 도참(圖讖) · 종률(鐘律) · 「월령(月令)」 · 병법(兵法) · 『사편(史篇)』의 글을 가진 수천명을 미앙궁(未央宮)에 불러 오류를 개정하고 이설을 통일했다.

(4) 후한 장제(章帝) 건초(建初) 4년[A.D. 79년]에 박사 · 의랑(議郎) 제유(諸儒) 등에게 조서를 내려 오경의 동이(同異)를 백호관(白虎觀)에서 의논토록 했는데, 오관중랑장(五官中郎將) 위응(魏應)이 질문을 하고 시중(侍中) 순우공(淳于恭)이 조주(條奏)하여, 황제 자신이 결정을 내렸다. 이때의 결론을 반고(班固)가 모아 기록한 것이 『백호통의(白虎通義)』이다.

이 4차의 회의는 한대 학술의 발전과 변화에 대해 극히 큰 관계를 가진다. 이 소책자에서는 그것을 거의 다루지 않았는데 경솔하게도 '한대학술사(漢代學術史)' 라는 거창한 제목을 붙인 것은 정말 어울리지 않는 것이어서, 마음속의 부끄러움을 감당할 수 없어 독자들에 대해 변명하지도 못할 뿐이었다.

이 책이 출판되자 곧 노구교(蘆溝橋)전쟁이 일어났다. 나는 후방[비점령지구]으로 유망(流亡)하여 1년 동안에 몇 번이나 계속 거처를 옮겼으며 수중에는 참고할 서적도 없었기 때문에, 모든 연구의 수행이 불가능하게 되었다. 항일전쟁의 승리 뒤에도 겸직한 것이 너무 많았기 때문에, 학술연구에 정신을 집중할 수가 없었다. 돌이킬 수 없는 18년의 긴 세월[1937년부터 1954년] 동안에 내 머리카락은 백발이 되었지만, 아직도 이 책을 고쳐 쓸 능력이 없다. 금년에 군련(羣聯)출판사는 이 책의 상태가 좋지 않음에도 불구하고 그 회사에서 중판(重版)했으면 좋겠다고 말해 왔다.* 마침 나는 영광스럽게도 국가의 업무를 맡게 되어 상해에서 북경(北京)으로 이사했는데 생활이 아직 충분히 안정되지 않았기 때문에, 자구(字句)의 개정 정도밖에 할 수 없었다. 다행히도 이 기회를 얻은 지금 제목을 『진한(秦漢)의 방사(方士)와 유생(儒生)』으로 바꾸어 서명과 내용을 일치시켰기 때문에, 내 마음의 부담을 다소 가볍게 할 수 있었다.

중국문화는 문헌자료에 근거해 말하면, 하(夏) · 상(商)[殷]에서 배태(胚胎)하고 양주(兩周)시대에 형성되었다. 이후 2000여 년간 경학(經學)이 너무 존중되었기 때문에, 내부에서는 끊임없이 창조가 이루어지면서도 표면적으로는 항상 양주(兩周)를 계승해 왔다. 하 · 상 · 주 3대의 문화를 서술 · 해명하는 데 있어서 가장 중요한 시기는 세 번 있었다.

제1시기는 양한(兩漢)시대이다. 사람들의 목표는 경서를 곡해(曲解)하여 당면한 통치집단의 이익에 부합시키는 것에 있었기 때문에, 고대의 역사적 사실을 무리하게 끌어들여 당시의 것과 연결시켰다. 또한 그들의 방법은 음양오행에 부회시켜서 가능한 한 인간사와 자연계를 호응시키는 것이었다. 이렇게 주관적인 희망 아래에서는 자연히 독단적인 현학(玄學)에 빠지지 않을 수 없었으며, 따라서 명목은 정리이지만 실제는 도리어 분란(紛亂)이 되었다. 그래서 우리가 3대의 문화를 정리할 때에는 우선 양한(兩漢)문화를 연구하지 않으면 안 되게 되어, 이중 삼중의 불필요하고 번잡한 작업을 초래했다.

제2시기는 양송(兩宋)[北宋 · 南宋]시대이다. 사람들의 목표는 마음의 수양을 지향했으며, 전력을 다해 옛 성인과 선왕(先王)이 전수한 심법(心法)을 추구했다. 이것은 물론 물속에서 달을 잡는 식의 주관적인 희망이었지만, 그들의 학문 방법에는 선종(禪宗)의 '불(佛)을 꾸짖고 조(祖)를 나무란다'는 정신이 계승되어 있었기 때문에, 그때까지 학술계의 권좌에 앉아 있던 우상을 완전히 타파했다. 또한 목판인쇄술이 출현하여 고서적의 유포가 쉽게 되었으며, 보는 것이 많으면 자연히 식견도 넓어지는 법이어서, 변위(辨僞) · 고증(考證)의 풍조가 성하게 되고 정리의 분야에서 보다 객관적인 연구가 가능하게 된 새로운 상황이 전개되었다.

제3시기는 청대(淸代)이다. 청대 후기를 제외하면, 일반 학자의 목표는 고대를 인식하려 할 뿐, 고대의 학술사상을 당면한 정치에 응용하려고 하지는 않았으며, 그것을 마음의 수양에 응용하려고도 하지 않았다. 그들은 오로지 주(周)를 주로 돌리고 한(漢)을 한으로 돌리며 송(宋)을 송으로 돌려서, 각 시대 본래의 모습을 찾아내었다. 그들은 면밀한 수완으로 자료를 수집하고 그 이동(異同)을 조사했는데, 그 태도의 근엄함과 자료학상의 성과는 모두 한(漢) · 송(宋) 2대를 넘고 있었다. 다만 그들은 지나치게 객관주의에 치우쳐 자료의 집적을 중시하고 이론을 경시했다. 흡사 연와(煉瓦)만을 만들고 건축의 도면은 그리지 않는 것과 같았기 때문에, 당연히 집도 지을 리가 없었다. 그 결과, 너무 지나치게 번잡하고 자세하게 되어, 사람들을 가까이 접근하기 어렵게 만들어 버렸다.

오늘날 유물변증법(唯物辨證法)과 사적유물론(史的唯物論)이 우리의 모든 업무에서 최고 지침이 되었기 때문에, 우리는 옛 사람의 유산을 이어받을 경우 정확한 방법으로 전면적인 관찰을 행하고 다시 면밀한 계획 하에 분담 · 협력할 수 있게 되었다. 그것을 충분히 자각하여 노력한다면, 훌륭한 중국학술사의 출현도 어렵지 않을 것이라고 나는 믿는다. 그 완비된 학술사가 완성되면, 우리가 흡수해야 할 옛 사람의 정화(精華)가 무엇인지, 또 우리가 버려야 할 옛 사람의 찌꺼기는 무엇인지가 모두 확실하게 제시될 것이다. 나의 이 소책자가 만약 장래의 『학술사』에 조금이라도 참고자료를 제공할 수 있다면, 경학서 속에서 모색한 내 다년간의 시간과 정력도 헛되지 않게 될 것이다.

그러나 이 소책자는 아무래도 20여 년 전의 구작(舊作)이며, 구작이라는 이유로 너그럽게 봐달라고 하고 싶은 생각은 내게 전혀 없다. 지금 생각해 보면 본서 속에는 분명한 오류가 있다. 언젠가 나는 사회적 배경으로부터 문제를 해명해야 한다고 알고는 있었지만, 마르크스 · 레닌주의를 배우지 않았기 때문에 양한(兩漢)사회의 경제적 기초로부터 당시의 정치제도와 학술사상을 분석할 능력이 없었다. 이것은 사적유물론(史的唯物論)에 등을 돌린 것이며 본서의 근본적인 결함이다. 게다가 음양 · 오행의 기원에 대한 나의 설명은 너무 기계적이고 너무 간단했다. 참위(讖緯)사상이 어떻게 해서 폐지되었는지에 대해서 한 구절도 언급하지 않아서, 마치 이 사상이 갑자기 나타나고 갑자기 사라진 것같이 취급했다. 이것은 비역사주의적 서술에 해당한다. 고대의 종교적 미신에는 모두 발생하게 된 원인이 있었으므로, 그것들의 왜곡된 반영 속에서 거기에 포함된 진실되고 객관적인 사실을 찾아낼 수 있는 것이며, 결코 단번에 일고의 가치도 없다고 버려도 좋은 것은 아니다.

예를 들면 음양 · 오행은 방사와 유생들에게 이용되어 혼란을 초래해버렸지만, 본래의 근원으로 거슬러 올라가면 역시 그 본질에 소박한 유물주의적 요소가 포함되어 있는 것이다. 우리 중국의 고대 인민은 장기간에 걸쳐 물질계를 관찰한 결과, 물질계에는 정(正) · 반(反)의 두 힘이 있다는 것을 알고 그것을 음(陰) · 양(陽)이라 이름했다. 또 널리 존재하는 5가지 물질이 있음을 알고서, 그것을 금(金) · 목(木) · 수(水) · 화(火) · 토(土)의 오행이라고 이름했다. 물질과 물질이 접촉하면 신생(新生)과 멸망의 두 작용이 일어남을 알고, 그것을 생(生) · 극(剋)이라고 이름했다. 이러한 유물적(唯物的) 분석은 우리나라 과학사(科學史)상 중요한 지위를 차지할 수 있는 것이다. 또 참위(讖緯)의 경우도 나는 그 9할이 요망괴탄(妖妄怪誕)한 것이라고 감히 말했지만, 그렇더라도 남은 1할의 귀중한 자료는 존재하는 것이다. 『상서위고영요(尙書緯考靈曜)』에 "땅은 항상 움직이며 정지하지 않는데도 사람들이 이를 모른다. 이를테면, 사람이 큰 배 속에 있으면서 들창을 닫고 앉아 있으면 배가 움직여도 깨닫지 못하는 것과 같다"라고 한 것은 지구가 일개 혹성이라는 점을 발견한 것이며,* 천동지정(天動地靜)의 구학설을 타파하기에 족한 것은 아닐까? 우리는 1,900년 전의 이 무명 과학자의 발견을 크게 중시해야 할 것이다. 참위서 속에는 이런 종류의 좋은 자료가 많다. 따라서 모래밭 속까지 살펴볼 마음자세가 되어 있으면 금을 찾아내는 경우도 있으므로, 결코 단번에 말살해 버릴 만한 것은 아니다. 나는 본서 속에서 당시의 통치집단의 행위를 증오했기 때문에 그 암흑면을 과도하게 강조하여 전면적으로 부정했지만, 이것은 비역사주의밖에 안 된다. 모주석(毛主席)은 말했다. "5 · 4운동의 지도적 인물은 사적유물론의 비판정신을 가지지 못하여, 나쁜 것은 절대적으로 나빠서 무엇이든 나쁘다고 하고, 좋은 것은 절대적으로 좋아서 무엇이든 좋다고 하는 식이었다." [『毛澤東選集』 제3권 853페이지,* 「黨八股에 반대한다」] 나는 이 말에 의해서 자기비판을 할 수 있었다. 나는 마르크스 · 레닌주의를 충분히 학습하는 동시에, 계속하여 양한사(兩漢史) 연구에 종사하지 않으면 안 된다. 그래야만 깊은 속까지 헤치고 들어가서 현재 모르고 있는 자료를 발굴하여, 현재 찾아내지 못한 문제를 찾아낼 수 있을 것이다. 그런 뒤에 비로소 정식으로 『한대학술사(漢代學術史)』가 완성될 수 있을 것이고, 이전에 부정확한 관점과 방법으로 발표된 부정확한 의논을 수정할 수 있을 것이다.

독자 여러분! 나는 여러분에게 나의 이 구작(舊作)을 너그럽게 봐달라고 부탁하고 싶지는 않다. 나는 진심으로 여러분에게 부탁드린다. 이 속에 잘못된 곳이 있으면 아무쪼록 그때마다 지적해 주시고 진 · 한시대의 학술사상에 대한 견해가 나와 다를 때에는 아무쪼록 그때마다 찾아와 주시기 바란다. 내가 만약 대중의 힘에 의해 보다 정확한 지점에 도달할 수 있다면 그거야말로 내게 무한한 영광이 될 것이다. 내게 보낼 편지의 주소는 북경(北京) 중국과학원(中國科學院) 역사연구소(歷史研究所) 제1소(第1所)이다.

顧 頡 剛

1954년 12월 3일

《중판전언(重版前言)》 [1978년판]

영명(英明)한 지도자 화주석(華主席)을 필두로 하는 당중앙(黨中央)이 화국앙민(禍國殃民)의 4인방을 일거에 분쇄하고 전국의 인민을 이끌고 조망치국(抓綱治國)한 이래로, 정세는 완전히 호전되어 위대한 지도자이자 교사였던 모주석(毛主席)이 정한 노선 · 방침 · 정책은 모두 철저하게 행해지게 되었다. 그리하여 사회주의의 문화사업에 다시금 백화제방(百花齊放) · 백가쟁명(百家爭鳴)의 활기 있는 상태가 출현했다. 나는 이미 만년에 이르렀지만, 마침 찬란한 성대(盛代)에 태어난 것에 대해 그지없는 기쁨을 느끼며, 아울러 충심으로 지지를 표명한다.

상해(上海) 고적출판사(古籍出版社)가 나의 구작(舊作) 『진한(秦漢)의 방사(方士)와 유생(儒生)』의 중판을 결정한 것은 기쁘면서도 부끄러운 일이다. 기쁘다는 것은, 이 소책자는 구작이긴 하지만 독자가 진한시대의 특성을 인식하는 데 아직 도움을 줄지도 모르기 때문이다. 부끄러운 점은 책 속에 적지 않은 결점과 오류가 남아 있음에도 불구하고, 내 신체가 이미 많은 만성질환에 걸려 이 훌륭한 정세 하에서 조속히 수정을 가해 지도자와 독자의 요망에 답하는 것이 불가능하기 때문이다. 예를 들면 원래의 책에서 진시황(秦始皇)의 분서갱유(焚書坑儒)를 다룰 때에, 분서는 진초(秦初)라는 통일시기의 정치적 처지였지만 갱유는 시황 개인의 일시적 분노에 지나지 않았다고 생각했다. 이 점은 모(毛)주석의 관점과 합치되지 않을 뿐만 아니라, 내 자신이 근년에 법가(法家)사상을 연구해 도달한 결론과도 합치되지 않는다. 이 둘은 분명히 동(同)시대사조의 연쇄반응이었다. 나는 이러한 면의 증거를 병중에 많이 찾아냈다. 나는 사람들의 도움을 얻어 가능한 한 원사료의 체재를 바꾸지 않고 고증적인 방법으로 서술하여,

진시황이 이 둘에 대해 엄한 처치를 취했던 것은 모두 법가(法家)의 지시를 받은 것이며, 당시의 부패하고 나태한 사회의 기생적 생활을 타도하는 작용을 일으켰다는 점을 보다 확실하게 설명하고 싶은 생각을 가지고 있다. 만약 이에 대한 소책자가 완성된다면, 『유법양가(儒法兩家)의 유래와 유법(儒法)투쟁의 진상』이라 이름하여 본서의 자매편으로 삼으려고 생각하고 있다.

여기서 나는 독자가 귀중한 의견을 제출해 주기를 간절히 희망한다. 만약 이 책이 학술사상에 활기를 불어넣고 고사(古史) 유산을 비판적으로 계승하는 면에서 약간 공헌을 하며 생각지 않은 반향(反響)을 얻을 수 있다면, 그거야말로 나에게 최대의 위안이 될 것이다.

顧 頡 剛

1978년 1월

목 차

Ⅰ. 음양가(陰陽家)와 방사(方士)

1. 음양오행설(陰陽五行說)
2. 봉선설(封禪說)
3. 신선설(神仙說)
4. 한대수명개제(漢代受命改制)
5. 한무제(漢武帝)의 교사(郊祀)와 구선(求仙)
6. 천상(天象)의 신앙과 천변(天變)의 책임자
7. 재이설(災異說)

1. 음양오행설(陰陽五行說)

한대인(漢代人)의 사상적 토대는 음양오행(陰陽五行)이었다. 종교와 정치, 학술에까지 모두 이 도식이 이용되었다. 이 사상의 기원을 살펴보면, 그것은 고대인들이 우주 속의 사물에 대한 분류의 요구를 가지게 된 것에서 시작한다. 그들은 삼라만상을 바라보고 복잡한 제 현상을 단순화하려고 생각하여, 그 중요한 원리와 요소를 탐구하고 이에 대한 분류를 시도했다. 그러나 그들의 분류법은 오늘날과는 달랐다. 오늘날에는 귀납법(歸納法)을 사용하여 개개 사물의 차이점으로부터 공통점을 찾아가는데, 그들은 연역법(演繹法)을 사용하여 먼저 하나의 공식을 정하고 이를 모든 개별적인 사물에 적용시켰다. 그 결과, 음양설로는 천지(天地)·주야(晝夜)·남녀 등의 자연현상으로부터 존비(尊卑)·동정(動靜)·강유(剛柔) 등의 추상적 개념까지 포괄했으며 오행설로는 목(木)·화(火)·토(土)·금(金)·수(水)의 다섯 가지 물질과 그 작용으로 시령(時令)·방각(方角)·신령(神靈)·음률(音律)·복색(服色)·식물(食物)·취미·도덕 등을 시작으로 제왕(帝王)의 체계와 국가제도까지 포괄한 것이다.

음양오행사상이 언제 발생했는지는 알 수 없다. 현존하는 자료에 의하면 음양설은 『주역(周易)』에 기원하며, 오행설은 『상서(尙書)』의 「홍범(洪範)」에 기원한다고 말해도 좋다.* 『주역』은 점을 치기 위한 점괘이며, 갑골점(甲骨占)보다 후에 출현한 것이기 때문에 물론 상(商)[殷] 이후의 것이다. 또 『주역』의 본문 「괘효사(卦爻辭)」중에는 음양사상이 보이지 않고, 다만 그 괘효(卦爻)가 '—'와 '--'의 조합으로 되어 있어서, 『주역』은 음양사상을 발생시키기 쉬운 잠재적인 것에 지나지 않는다. 「홍범(洪範)」의 오행은 상제(上帝)가 하(夏)의 우왕(禹王)에게 준 것이라 하는데, 여러 방면에 걸친 연구에 의하면 이 편(篇)의 성립은 극히 의심스러우며, 아마 전국(戰國)시대의 사람에 의해 만들어졌을 것이다. 따라서 음양오행사상은, 그 발생시대는 자세하지 않더라도, 체계적 학설이 된 것이 전국시대 이후라는 점은 거의 정설이라 해도 좋다. 전국시대의 뒤를 이어서 한대는 음양오행설의 전성시대가 되었다.

여기서는 먼저 음양오행설의 영향으로 발생한 정치학설에 대해 세 가지 예를 설명하여 도입으로 삼으려 한다.[1)]

(1) 종래, 천자(天子)가 되는 데에는 '수명(受命)' [上帝로부터 사방을 다스리라는 명령을 받는 것]이나 '혁명(革命)' [전대의 천자가 받은 命을 바꾸는 것]이 필요했다. 전국시대가 되면 주(周)의 천자는 어느 사이엔가 점차 소멸하고 혁명의 필요가 없어져 버리게 되었다. 그리고 군웅(群雄)이 각축하는 속에서 도대체 어느 국왕(國王)이 천자가 될 것인지는 아직 결정되지 않았고, 거기서 '수명(受命)' 설이 필요하게 되었다. 그러나 당시에 이미 오행설이 있었고 또 그것이 최고의 원리였기 때문에, 이 명(命)은 상제의 명이 아니고 오행의 명이어야만 했다. 당시 제(齊)나라에 추연(鄒衍)이라는 사람이 있어서 많은 책을 저술했는데 그중의 한 편이 「주운(主運)」이며, 다음과 같은 내용이 기술되어 있다.

"천자가 되는 사람은 반드시 오행 중의 한 덕을 가져야 한다. 따라

---

1) 오덕종시설(五德終始說)을 시작으로 본서 전체 서술의 기초를 이루는 연구 논문으로서는 원저자의 「오덕종시설(五德終始說) 하의 정치와 역사」[「淸華學報」 第6期, 1930년, 『古史辨』 第5冊下에 수록]가 있다.

서 하늘은 덕에 어울리는 부응(符應)을 명시해 주며, 그는 편안히 천자의 자리에 오른다. 그의 덕이 쇠하면 오행 중에서 다른 덕—이 덕은 이전의 덕을 이기는 것이다—을 가지는 자가 일어나 그에 대신한다. 이렇게 오행의 순서에 따라 옮겨 변함이 있으면 왕조교체가 이루어지게 된다."

추연이 창시한 이 학설은 '오덕종시설(五德終始說)'이라 불려 당시에 크게 신봉되었으며, 자연히 이를 조장하는 사람들이 생겨났다. 그들은 다음과 같이 생각했다.[2)]

황제(黃帝)는 토덕(土德)을 가졌기 때문에, 하늘은 황룡(黃龍)·지인(地螾)[인이라는 것은 큰 지렁이]의 상서로움을 나타내었다. 그래서 그가 왕이 되면, 색은 황(黃)을 숭상하고 제도는 토(土)를 숭상했다. 그 후 토덕(土德)이 쇠하면, 오행 중에서는 목(木)이 토(土)를 이기므로, 하(夏)의 우(禹)가 목덕(木德)에 의해 일어났다. 그에게는 초목이 가을·겨울이 되어도 마르지 않는다는 상서로움이 있었으며, 목덕(木德)의 제도를 정하고 청색의 복색으로 바꾸었다. 그 후 상(商)의 탕왕(湯王)은 금덕(金德)에 의하여 하(夏)의 목덕을 이겼고, 주(周)의 문왕(文王)은 화덕(火德)에 의하여 상(商)의 금덕(金德)을 이겼는데, 각각 그 덕을 나타내는 부응(符應)과 제도·복색이 있었다.

추연 등은 이 순서에 입각하여 오덕(五德)의 법전을 정하고, 상대(上代)의 제왕에 각각 그들의 상상(想像)을 적용하여* 가장 법칙성 있는 역사를 만든 것이다. 진시황(秦始皇)이 천하를 통일하면 그는 당

---

2) 오덕종시설은 『사기(史記)』 권28 봉선서(封禪書)에 진시황이 천하를 통일한 때의 "或曰"의 말로 기술되어 있는데, 여기서 저자가 소개하고 있는 것은 『여씨춘추(呂氏春秋)』 응동편(應同篇)의 기술이다.

연히 주(周)의 화덕(火德)을 이긴 수덕(水德)에 의지하였을 것이나, 상천(上天)의 부응(符應)이 전혀 내려오지 않았다. 그래서 어떤 사람이 진시황에게[3] "옛날 진문공(秦文公)이 사냥했을 때 한 마리의 흑룡(黑龍)을 잡은 것은 수덕(水德)의 부응(符應)이 500년이나 전에 출현한 것을 나타냅니다" 라고 말했다. 시황은 듣고서 크게 흥미를 가졌고, 즉시 추씨(鄒氏) 등의 법전을 사용하여 일련의 수덕(水德)의 제도를 정했다.

① 10월 초하루를 한 해의 처음으로 한다. ② 의복과 깃발은 모두 흑색을 사용한다. ③ 수는 6을 기준으로 한다. 예를 들어 부적은 6촌(寸), 수레(輿)는 6척(尺), 한 수레(乘)는 6필마(匹馬)로 한다. ④ 행정 방침은 강하고 엄격하게 하며, 일은 모두 법에 의해 결정한다. ⑤ 황하(黃河)를 덕수(德水)라고 개명한다.

이것이 오덕설을 채용한 첫 번째였다. 한(漢)이 천하를 얻으면서, 역시 당연히 이 방식이 필요하게 된다.

(2) 언제인지는 모르지만, 오덕설과 대동소이한 삼통설(三統說)이라 불리는 학설이 생겨났다. 이 설의 주장자들은 말했다. "역대의 제왕(帝王)은 3개의 통(統)에 해당하며, 이 3통은 각각의 제도를 가졌다." "하(夏)는 흑통(黑統), 상(商)은 백통(白統), 주(周)는 적통(赤統)이다. 주(周)의 다음은 다시 흑통으로 돌아간다." "공자(孔子)는 주도(周道)가 역시 쇠한 것을 보고 하나의 신통(新統)을 세우려고 생각했으나, 불행히도 그에게는 그 덕은 있으되 그 지위가 없어 겨우 소왕(素王)[素는 비었다는 뜻]이 되는 데에 그쳤다. 그래서 공자는 할 수 없이 왕을 노(魯)나라에 의탁하고 『춘추(春秋)』를 만들어 공문(空文)을 남겼다. 이렇게 해서 『춘추』에 나타난 것은 흑통(黑統)의 제도이다. 『춘추』는 하나의 책이긴 하지만 하나의 통(統)에 상당한다. 따라서 주 이후의 왕으로서 『춘추』의 법을 이용할 수 있는 자는 흑통의

---

3) 이하 진의 수덕설(水德說)의 채용 부분은 봉선서(封禪書)에 근거한다.

임금인 것이다." 이 학설을 기재한 것으로서는 동중서(董仲舒)의 책 『춘추번로(春秋繁露)』가 가장 자세하다.

내 생각으로는 삼통설은 오덕설의 명성을 도용하여 창립된 것이다. 한 고조(漢高祖)는 백(白)·청(靑)·황(黃)·적(赤)의 4제사(四帝祠) 외에 흑제사(黑帝祠)를 창설하고 스스로를 수덕(水德)에 해당시켰다.[4] 이것은 진(秦)의 국운이 너무 짧아서 하나의 덕(德)으로서 인정하지 않고 자신을 주(周)에 직접 연결하려고 한 것인지, 아니면 별도의 의도가 있었던 것인지 알 수 없다. 문제(文帝)시대가 되면 이에 반대하는 자가 나타나,[5] 한은 진의 명(命)을 바꾼 것이기 때문에 토덕(土德)에 의해 수덕(水德)을 대신한 것이라고 설명했다. 이에 대해 승상(丞相) 장창(張蒼)은 "황하(黃河)가 튼튼한 제방으로서도 붕괴한 것은 한(漢)이 수덕이라는 것의 부응(符應)이다"라고 반박했다. 그 후 여러 가지 원인에 의해 토덕으로 바꾸고 또 화덕(火德)으로 바꾸기도 했는데, 한나라 초기 40여 년간은 수덕으로 정착되어 있었던 것이다. 추측컨대 거의 이때쯤 『춘추(春秋)』의 학을 말하는 자 중에 누군가가 오덕 중의 3개만을 선택하여, 한(漢)의 수덕을 흑통(黑統)으로, 주의 화덕을 적통으로, 그리고 상(商)의 금덕(金德)을 백통(白統)으로 바꾸어, 오덕설의 법전을 모두 이 설에 적용시킴으로써, 그들의 설명에 근거가 있는 것처럼 꾸민 것으로 생각된다.

그런데 하(夏)는 오행설에서는 목덕인데 삼통설에서는 흑통이 되기 때문에 본질상 충돌한다. 그러나 그들은 말했다. "아무 문제도 없다. 공자의 뜻은 하(夏)의 역(曆)을 시행하는 데 있었으며, 따라서 『춘추』에서 사용되고 있는 것은 하력(夏曆)이다. 그러므로 여기서 하(夏)와 『춘추』가 동일한 통(統)에 속한다는 것이 증명될 수 있다."

---

4) 봉선서(封禪書) 한(漢) 2년조.

5) 공손신(公孫臣)을 가리킨다. 이 부분도 봉선서(封禪書)에 근거한다. 본서 Ⅰ-4 참조.

(3) 또 하나, 명당설(明堂說)이라는 것이 있다. 이에 의하면 천자(天子)는 어느 특별한 건물에 거주해야만 하며 이 건물 전체를 명당이라고 부른다. 동서남북에 각각 하나씩의 정청(正廳)이 있고, 또 각각에 두 개의 행랑방이 딸려 있다. 천자는 1개월마다 거주 장소를 바꾸며 그 달에 입어야 할 옷을 입고, 그 달에 먹어야 할 음식을 먹고, 그 달에 들어야 할 음악을 듣고, 그 달에 제사지내야 할 신에게 제사지내고, 그 달에 행해야 할 정치를 집행하며, 만 12개월 만에 1순환이 완료된다. 이 건물의 넓은 중정(中庭)에는 또 하나의 건물이 있어서 천자가 여름에 해당하는 달에는 거기에 거처한다. 또 다른 설에 의하면, 각 계절에 18일씩[소위 '土王(=旺)用事']을 뽑아서 거기에 거처한다. 이렇게 방위상의 '동남중서북'과 계절의 '춘하○추동'을 짝짓고, 천자에게 '목화토금수(木火土金水)'의 운행을 적용시켜 하늘과 인간이 서로 부응하는 일을 한다고 하는 것이 바로 오행사상의 가장 구체적인 표현이었다. 이 제도를 기재한 것은 「십이기(十二紀)」[『呂氏春秋』]나 「시칙(時則)」[『淮南子』], 「월령(月令)」[『禮記』]이라고 한다.

이상 서술한 것을 오늘의 독자들은 아무쪼록 자신의 지식에 의해 비판하는 입장을 취하지 말기를 바란다. 왜냐하면 그 본질은 미신에 지나지 않으며, 우리들이 일격을 가할 가치도 가지지 못하기 때문이다. 그러나 이는 한대인의 신조이며 그들의 사상·행위의 핵심이었으므로, 한대의 역사를 이해하려 한다면 우리는 우선 이 도식을 이해해 두지 않으면 안 되는 것이다.*

2. 봉선설(封禪說)

고대의 왕은 물론 신권(神權)을 가장 숭상했지만, 왕이 직접 다스리는 지역은 좁고, 사방의 지역도 모두 소국가로서 개화된 나라도 있지만 미개한 나라도 있었으며, 교통의 장애로 인해 쉽게 갈 수가 없었다. 따라서 그들에게는 멀리 나갈 가능성이 없었고, 멀리 가서 신을 예배하는 것도 불가능했다. 『좌전(左傳)』의 기록에 의하면, 초(楚)의 소왕(昭王)이 병에 걸렸을 때, 점치는 사람이 "하신(河神)이 내린 병이므로 황하(黃河)에 가서 제사지내지 않으면 안 된다"고 왕에게 말했다. 소왕은 "강(江) · 한(漢) · 수(睢) · 장(漳) 등의 각 하천은 초국(楚國)의 망(望)이기 때문에 제사를 지내야만 한다. 황하는 우리로부터 멀리 떨어져 있고, 우리에게 잘못이 있더라도 하신(河神)이 미칠 수 있는 곳이 아니다"라고 하여 제사지내지 않았다[哀公 6년]. 고대에는 국내의 대산(大山) · 대천(大川)을 '망(望)'이라 부르고 또 산천의 제사도 '망'이라 불렀다. 각국에는 각국의 망이 있어서 누구도 국경을 넘어서 신을 제사지내려 생각하지 않았다.

춘추(春秋) · 전국(戰國)시대에는 제(齊)와 노(魯)가 문화의 중심지였으며, 태산(泰山)은 이 두 나라의 경계였다. 사람들의 행동범위는 한정되었고 시계(視界)도 좁아 태산을 전세계에서 가장 높은 산이라고 보았다[총명한 공자조차도 "태산에 올라 천하를 작다고 여긴다"라고 말한 적이 있다. 『孟子』 盡心上]. 이 세상에서 최고의 제왕(帝王)인 자는 최고의 산의 정상에 올라가서 천상(天上)에서 최고인 상제

(上帝)에게 제사지내야 한다고 생각했다. 그래서 이 제후국의 망(望)을 제국(帝國)의 망으로 확대하고 그 제사 이름을 '봉선(封禪)'이라 정했다. 봉(封)은 태산 정상에서의 제사이며, 선(禪)은 태산 기슭의 작은 산에서 지내는 제사이다. 사람들은 또 "옛날부터 72대의 임금은 천하를 얻은 후에는 반드시 태산에 이르는 봉선을 행했다"라고 말했다.

이것을 가장 먼저 기록한 것은 『관자(管子)』「봉선편」이다. 그러나 관중(管中)은 제환공(齊桓公)을 도와 패자(覇者)의 위업을 이룩하여 제나라 사람들이 숭배하는 우상이었으며, 관중의 책이라고 말하는 것은 모두 자기의 저작이 아니고 제나라 사람이 모아 엮은 것이다. 더구나 「봉선편」은 이미 없어져 버렸고, 『사기(史記)』의 「봉선서(封禪書)」에 기재되어 있는, 관중이 봉선을 논한 한 단락의 얘기가 「봉선편」에서 뽑아 기록한 것 같다. 그러면 그 대의를 서술하여 전국시대에 있어서 봉선의 내용을 알아본다.

거기에는 다음과 같이 서술되어 있다. 환공은 패자가 되고서 제후들을 규구(葵丘)에 모이게 해서 봉선의 예를 행하려 했다. 이에 관중이 반대하여 말했다.

"지금까지 태산에서 봉(封)을 행하고 양보(梁父)에서 선(禪)을 행한 72대의 제왕 중에서 제가 알고 있는 사람은 12사람뿐입니다. 무회씨(無懷氏)·복희(伏羲)·신농(神農) ……으로부터 주(周)의 성왕(成王)에 이르기까지 모두 명(命)을 받고서 예를 행했습니다. 그들의 시대에는 가곡(嘉穀)이 생겨나고 봉황(鳳凰)이 날아들며, 동해에서는 비목어(比目魚)[넙치]가 얻어지고 서해에서는 비익조(比翼鳥)[암수 모두 날개 하나인 상상의 새]가 얻어지는 등, 15가지나 되는 상서로운 일이 부르지 않는데도 스스로 찾아들었기 때문에 봉선을 행했던 것입니다. 지금 이런 종류의 것이 나타났습니까?"

환공은 그렇게 큰 복운(福運)이 없다는 것을 스스로 알았기 때문에 할 수 없이 중지하였다.* — 이 봉선설은 제나라 사람으로부터 나왔다는 점에서, 또 수명(受命)의 천자가 그 부응(符應)을 손에 넣기를 바랐다는 점에서 오덕종시설(五德終始說)과 같다. 다만 부응을 손에 넣은 후에, 오덕설에서는 천자가 제도를 정하기를 바라며, 봉선설에서는 천자가 태산에 이르러 하늘에 제사지내는 것을 바란다는 점이 다소 다를 뿐이다.

최초에 이 학설을 따라 시행한 사람은 역시 진시황이었다. 그는 황제가 되고 3년 후에[1] 군현(郡縣)을 순수(巡狩)하고 제(齊)·노(魯)의 유생박사(儒生博士) 70인을 데리고 태산의 기슭에 이르렀다. '진문공(秦文公)이 흑룡(黑龍)을 얻었다' 는 것에 의해 그의 수명(受命)이 명백하게 된 이상, 옛날부터 전한다고 하는 이 전례(典禮)를 당연히 실행해야만 했다. 그런데 봉선의 예가 오래된 관습이라 해도 실제로 근거는 없다. 이를 실행하는 단계에서, 유생박사는 끝까지 의논을 계속할 뿐 결론에 도달하지 못했다. 그중에는 극히 간단한 예만으로 좋고, 땅을 청소하고 제사지내면 그것으로 좋다고 강조하는 사람도 있었다. 시황(始皇)은 그들의 말이 일치되지 않는 것에 노해서 그들을 모두 쫓아버리고 스스로 태산의 정상에 올라 봉례(封禮)를 행했으며, 양보산(梁父山)에 올라 선례(禪禮)를 행했는데, 그 예는 대체로 진(秦)이 상제(上帝)를 제사하는 때의 방식을 채용했다. 유생(儒生)들은 이 대전(大典)에 참가할 수 없었던 것을 깊이 원망하여, 시황이 산에 오르는 도중에 큰 비바람을 만나 나무 아래로 피했다는 것을 듣고서, 몰래 시황을 비방하여 하늘의 노여움을 범했기 때문이라고 했다. 이윽고 진이 망하자, 이 유생들은 다시 소문을 퍼뜨려 시황이 큰 비바람에 맞아

1) 시황 28년, 이하 『사기(史記)』 권6 진시황본기 및 권28 봉선서(封禪書)에 근거함.

쓰러졌다든가 시황이 산정에까지 가지 못하고 되돌아 왔다든가 하는 얘기를 했다.

'태산은 세계에서 가장 높은 산이다' 라는 것은 제(齊)·노(魯)지방 사람들의 신념이었다. 그러나 시황이 통일사업을 완성하고 시야가 크게 넓어지자, 그는 전국의 명산대천에 대강 정리를 가했다.[2] 그는 효산(山孝山) — 일찍기 진국(秦國)의 입구 — 을 경계로 하여, 그 동쪽의 명산을 태실(太室)·항산(恒山)·태산(太山)·회계(會稽)·상산(湘山)의 5곳으로 하고, 그 서쪽의 명산을 화산(華山)·박산·악산(岳山)·기산(崎山)·오산(吳山)·홍총(鴻冢)·독산(瀆山)의 7곳으로 했다. 태산의 지위는 물론 높았지만, 이제 12명산 중의 한 곳에 지나지 않게 되어 버렸다.

한 고조(漢高祖)는 천하를 얻었지만 사방이 소란하여 봉선 등을 행할 여유가 없었다. 문제(文帝)·경제(景帝)는 점잖고 과묵해서* 역시 이렇게 과대한 것을 하려 하지 않았다. 60~70년을 지나 무제(武帝)가 즉위하면서 이 봉선학설은 천자의 기성(氣性)에 합치되었기 때문에 갑자기 발흥했으며, 사마천(司馬遷)은 특별히 「봉선서(封禪書)」 1편을 만들어 이를 기록했다.

---

2) 이하 봉선서.

3. 신선설(神仙說)

선인(仙人)은 고대에는 없었다. 고대인들은 사람이 죽으면 귀신이 되어 모두 상제(上帝)가 있는 곳으로 가며, 생전의 군신(君臣) · 부자(父子)는 상제가 있는 곳에 가서도 역시 군신 · 부자의 관계가 유지된다고 생각했다. 천자(天子)가 상제를 제사할 때에는 항상 공과 덕이 뛰어난 선조(先祖)가 선택되어 상제에 배사(配祀)되었다. 따라서 귀신이 이 세상에서 가지는 위력은 상제에 다음가는 것이었으나, 귀신과 귀신 사이에서는 이 세상의 계급이 의연히 유지되어 있었던 것이다. 고대인에게는 자유가 많지 않았으며, 그들은 자유를 획득하려고 생각하지도 않았다.* 그러므로 그들의 의식 속에 자유로운 귀신, 즉 전국시대 이래 선인(仙人)이라 불리는 것 같이 자유로이 인간세상의 바깥에서 노니는 귀신을 만들어내지는 않았다.

가장 오래된 선인의 사료는 현재로서는 아무것도 얻을 수 없다. 단지 「봉선서(封禪書)」에 의해서 연(燕)나라 사람 송무기(宋毋忌) · 정백교(正伯僑) · 선문자고(羨門子高) 등이 모두 선도(仙道)를 닦았다는 것을 알 수 있다. 그들은 육체가 없이도 영혼을 육체로부터 이탈시켜 모든 자유를 얻을 수 있었다고 한다. 제위왕(齊威王) · 제선왕(齊宣王) · 연소왕(燕昭王) 등은 모두 그들의 신도였으며, 그들이 "발해(渤海)에는 봉래(蓬萊) · 방장(方丈) · 영주(瀛州)라는 3신산(三神山)이 있으며, 산상의 궁전은 모두 황금과 은으로 지어지고 그 안에는 많은 선인이 살며, 복용하면 죽지 않게 되는 영약(靈藥)을 간직하고 있다” 라고 하는 말을 듣고서 크게 흥미를 나타내고, 자주 사람을 해상에 보내어 이를 구하게 했다. 그런데 이 사람들이 돌아와 보고하는 말은 언제나 “3신산(三神山)은 바라보면 구름과 같이 맑아 보이는데, 배가 가까이 접근하면 신산은 바다 밑으로 가라앉아 버리고, 저희들은 바람에 불려 되돌아오게 되었습니다” 라는 것이었다. 이러한 얘기로부터 다음을 알 수 있다. 첫째, 선인은 연(燕)의 특산이며 이 풍조가 제(齊)에도 미쳐 있었다. 둘째, 선인이 되는 길은 수련에 의한 것이었다. 셋째, 선인의 거주지는 연의 동방과 제의 북방의 발해(渤海) 중에 있었다. 넷째, 선인의 생활은 한가로이 인간세상을 떠나서 자기의 불사(不死)를 구할 뿐, 이 세상 사람들에게 은혜를 베풀어 모두를 불사(不死)케 하는 것은 원하지 않았다는 — 그렇게 할 수 없었다는 — 것이다.

이외에 『장자(莊子)』에 기술되어 있는 진인(眞人)에도 다소 선인의 기미가 보인다. 『장자』에는 보통 인간의 호흡은 목구멍으로 하는데, 진인의 호흡은 발뒤꿈치로 한다고 기술되어 있다. 진인의 능력은 물에 들어가도 젖지 않으며 불에 들어가도 타지 않는다.[1] 열어구(列禦寇)라는 사람은 공중을 걸을 수 있었고, 항상 편안히 바람을 타고서 다녔으며, 한번의 비행은 보름간이었다. 막고사(藐姑射)의 산에 사는 한 신인은 그 살이 빙설같이 희고 그 마음이 처녀같이 고왔다. 그는 바람과 이슬을 마시고, 다닐 때에는 구름이나 비룡(飛龍)을 타고서 사해(四海)의 바깥까지 이르렀다.[2]

이러한 사상은 어떻게 해서 생겨난 것일까? 나는 두 가지 원인이 있다고 생각한다. 그 하나는 시대적인 압박이다. 전국시대는 사회조직이 밑바닥부터 변동한 시대이며, 모두가 고민스러움을 느끼면서도

1) 진인에 대해서는 『장자(莊子』 대종사편(大宗師篇)과 『사기(史記)』 진시황본기(秦始皇本紀)에 보인다.
2) 열어구와 막고사의 신인에 대해서는 『장자』 소요유편(逍遙遊篇)에 보인다.

아무도 해결방법을 생각해내지 못했다. 고민이 극도에 달하면, '어떻게 하면 이 악하고 혼탁한 세계로부터 도피할 수 있을까' 를 생각할 수밖에 없다. 그러나 인간은 일상적인 의식(衣食)이 없으면 생활할 수 없으며, 이 악하고 혼탁한 세계가 호되게 뒤에서 밀어붙이면* 그로부터 도피할 수가 없다. 이 문제가 현실에서 해결될 수 없으면, 역시 환상에 의해 해결하려 하게 된다. 이렇게 해서 '바람과 이슬을 마시며 사해(四海)의 밖에서 노니는' 초인이 출현한 것이다.『초사(楚辭)』의 「원유(遠遊)」에서 이르기를 "세상의 고난을 슬퍼하여 쉽게 원유(遠遊)에 오르기를 원한다. 자질이 보잘 것 없고 의지할 바도 없으니, 어디엔가 탁승(託乘)하여 떠나자. ……근심을 잊어 두렵지 않으니 세상은 그 가는 곳을 알지 못한다" 라고 한 것은 이 심리를 정확하게 나타내고 있다.*

원인의 두 번째는 사상의 해방이다. 원래 천상의 계급은 이 세상의 계급 그대로여서, 이 세상과 마찬가지로 지존(至尊)의 상제(上帝)가 한 사람 정도 있어서 가장 신성한 지위를 차지하였으며, 인간이라는 미미한 존재는 신봉하고 따르는 외에는 어떤 것도 생각할 수 없었다. 그런데 전국시대가 되면 그때까지의 제도와 신봉은 모두 해체되어, '천지(天地)는 불인(不仁)하다'[3] '귀신도 신성하지 않다' 는 슬로건을 외치게 되었고, 상제보다도 상위의 도(道)도 구하게 되어 천상의 계급은 이 세상의 계급과 함께 모두 무너졌다. 인간은 정치적으로 힘을 획득하고 귀족의 속박으로부터 벗어나면서, 자연히 생명의 자유를 얻고 상제로부터 이탈하려고 생각하게 되는 것이다. 선인이 되어 불사(不死)의 약을 복용하면, 그 이후에는 어떤 구속도 없이 천지(天地)와 함께 하기 때문에 상제는 이미 모습을 감추게 된다. 상제가 스스로 모습을 감출 뿐만 아니라, 자신이 상제의 벗이 되는 것도 가능하다. 그래서『장자』에서는 자주 "조물자(造物者)[상제]와 노닌다" 라든가 "조물

3)『노자(老子)』의 제5장 및 제60장.

자와 친구가 된다" 라고 말하고 있다. 이것은 대단히 극단적인 평등사상이다. 이상의 두 원인이 기초가 되며, 또 방사(方士)들의 채색과 구래의 무축(巫祝)들의 상업적 행위가 더해져서, 이 사상은 정심(精深)한 것과 경박한 것, 철학적인 것과 종교적인 것 등의 여러 가지 다양한 사상이 존재하게 되었다. 그래서 신선설이 일종의 인간세상 탈출의 형태를 갖추게 된 것이다.

신선설을 고취한 사람은 방사(方士)라고 하는데, 생각건대 이 칭호는 그들이 신기한 방술(方術)을 가지고 있기도 하고 또는 많은 약방(藥方)을 가지고 있었기 때문에 생겨났을 것이다. 「봉선서(封禪書)」에는 '연(燕) · 제(齊) 해상의 방사' 라고 기술되어 있어서 이 사람들이 대체로 이 두 나라에서 나왔다는 것을 알 수 있다. 진시황이 순수(巡狩)하여 해변에 이르렀을 때, 신선을 찾아보라고 권한 방사는 수를 헤아릴 수 없다.[4] 시황도 크게 신용하여 곧 한종(漢終) 등을 보내어 불사(不死)의 약을 구하게 했는데, 보냈다고만 할 뿐 그 뒤의 기술은 없다. 또 서시(徐市)[徐福]에게 명하여 큰 배를 건조하여 500인의 동남(童男) 동녀(童女)를 딸려 보냈는데, 몇만 근이나 되는 황금을 헛되이 낭비했을 뿐 아무것도 얻지 못했다. 오히려 동행한 자가 질투하여 서로 상대방이 말한 잘못을 폭로했다. 그중에 후생(侯生)과 노생(盧生) 두 사람이 있어, 진시황의 행위에 불만을 품고 진시황을 위해 선약(仙藥)을 구하는 것이 의미가 없다고 하여 도망해 버렸다. 시황은 이 방사(方士)들에 대해 이전부터 호감을 가지지 않았었는데, 이 사건을 듣고서 격노하여 꾸짖어 말했다.

"내가 많은 문학방술사(文學方術士)를 기용한 것은 태평을 일으키기 위해 기약(奇藥)을 구하려 했던 것이다. 그런데 아무 효과도 없이 도리어 나를 비난하여 인심을 어지럽히고 있다. 이러한 가증스런 자

4) 이하 갱유(坑儒)사건에 대해서는『사기(史記)』진시황본기에 보인다.

들은 중죄에 처해야만 한다."

그는 보호하고 있던 유생방사(儒生方士)를 모조리 심문하고, 그 결과 금지사항을 어긴 460여 인을 함양(咸陽)에서 생매장했다. 이것이 '갱유(坑儒)' 사건이다. 당시 유생과 방사는 원래 동등하게 취급되었으며, 이 사건도 방사에게 내린 화가 유생에게까지 연루되었던 것이다. 후세인들이 왕왕 이 사건을 '분서(焚書)' 와 동렬로 보는 것은 실은 잘못이다. 분서는 계획적인 정치수단이었으며 그들의 시대적 사명이기도 했으나,* 갱유는 시황 개인의 노함에 지나지 않았던 것이다.[5]

한(漢) 초기에는 이러한 방사는 어떤 활동도 하지 않았던 것 같다. 단지 조(趙)의 신원평(新垣平)만이 많은 취미를 여기에 집중시키고 있다. 그는 오색의 신기(神氣)가 보였다 하여 문제(文帝)에게 위양(渭陽)의 오제묘(五帝廟)를 건립하라고 권했으며,[6] 태양이 하루에 두 번 정오점을 통과하는 것을 예측하고 문제에게 그 즉위 17년을 원년(元年)으로 고치라고 권했다. 또 금보기(金寶氣)가 보였다 해서 주(周)의 9정(鼎)을 황하(黃河)로부터 인양하는 제사의식을 행하라고 문제에게 권했다. 그러나 한종(漢終)과 서시(徐市) 같이 해중에 이르러 불사(不死)의 약을 구하라고 문제에게 권하지는 않았다. 그것은 신원평(新垣平)이 조(趙)나라 사람이고 연(燕)·제(齊)사람이 아니었기 때문인지도 모른다. 문제는 성격이 자랑하고 드러내기를 좋아하지 않았고* 후에 신원평의 사기(詐欺)를 밝혀내자 곧 그를 죽여버렸다.

---

5) 이 분서·갱유 양 사건의 평가방법에 대해서는 본서 권두에 붙인 중판전언(重版前言)에서 자기비판이 가해져 있다.
6) 이하 신원평에 대해서는 『사기』 봉선서에 근거한다.

4. 한대수명개제(漢代受命改制)

진시황은 제인(齊人)의 말을 듣고서 추연(鄒衍)의 법전(法典)에 의해 제도와 복색을 바꾸고, 또 제(齊) · 노(魯) 유생의 설을 듣고서 태산(泰山)에 이르러 봉선(封禪)을 행하여, 그것이 수명(受命)을 통하여 천하를 지배하는 경우의 법도라는 점을 명확히 했다. 그러므로 다음의 한대 황제도 똑같이 하지 않으면 안 되었다. 그런데 고조(高祖)는 진(秦)에 청(靑) · 황(黃) · 백(白) · 적(赤)의 사상제사(四上帝祠)는 있어도 흑제사(黑帝祠)가 없었기 때문에 흑제사를 보충하고, 부서(符瑞)로서는 의연히 자신을 진(秦)과 같이 수덕(水德)에 해당시켜 제도 · 복색 전부를 종래대로 했다. 그러나 전국 중에서 동방에는 다수의 왕국이 봉(封)해져 있었고* 천자가 태산(泰山)에 가는 편의가 좋지 않았기 때문에, 용이하게 행할 수 있는 봉선(封禪)의 예조차 거행하지 않았다. 이것은 창업의 의식을 하려고 생각하고 있던 유생(儒生)과 방사(方士) 들을 크게 애태우게 했다. 또 이 학설은 이미 유행하여 거의 사회적인 공통의 믿음과 요구가 되어 있었으므로*, 제사의식의 구경을 마음속으로 기대하고 있는 민중들도* 이를 기다려 마지 않았다.

이렇게 해서 이 문제를 제출하여 천자에게 실행하도록 독촉하는 사람이 자주 나타났다. 그 최초는 가의(賈誼)였다.[1] 그는 한(漢)은 진

1) 이하 가의에 대해서는『史記』권84 굴원가생열전(屈原賈生列傳)에 근거한다.

(秦)의 뒤를 계승했기 때문에 토덕(土德)에 해당한다 하고, 토덕에 의한 제도의 초안을 내세웠다. 색은 황색을 숭상하고 수는 5를 사용하며 정삭(正朔)을 바꾸고 관명(官名)을 정하여, 진의 수덕(水德)에 의한 제도를 모두 바꾸려 했다. 그러나 그는 나이가 젊었고, 많은 노신(老臣)들이 그를 경멸하고 또 그의 전권(專權)을 두려워해서, 일을 꾸며 그를 추방해 버렸다. 두 번째 사람은 노(魯)나라 사람 공손신(公孫臣)이다.[2] 그도 한(漢)은 토덕(土德)에 해당한다 하고 황룡(黃龍)이 그 부응(符應)으로서 나타날 것이라고 예언했다. 그때에는 장창(張蒼)의 반대에 부딪쳤으나, 다음 해[3][文帝15년] 황룡(黃龍)이 과연 성기현(成紀縣)에 나타났다. 그래서 문제는 공손신의 선견지명을 신뢰하여 그를 박사(博士)에 임명하고, 그에게 명하여 여러 유학자들과 함께 그 신제도의* 초안을 만들도록 했다. 신원평(新垣平)도 아마 그중의 한 사람이었던 것 같다. 그러나* 그가 죽임을 당하자 모든 것이 취소되어 버렸다.

무제(武帝)가 즉위하면,[4] 한(漢)이 흥기하고서 이미 60여 년이 된 때여서 천하가 태평하고 사람들의 생활은 만족스러웠으므로, 많은 노인들은 모두 무제가 봉선(封禪)과 개제(改制)를 행할 것을 진심으로 갈망했다. 마침 그는 대규모의 업적을 좋아하는 군주*였고, 한(漢)왕조 전성의 힘에* 의거하면 못할 것이 없었다. 따라서 그는 곧 조관(趙綰) · 왕장(王臧) 등 일련의 유학자를 불러 공경(公卿)으로 삼고, 도성의 남쪽에 제후를 조알(朝謁)시키는 명당(明堂)을 짓게 하고, 또 순수(巡狩) · 봉선 · 정삭(正朔) · 복색의 제도를 초안하도록 명령했다. 그들은 이 계획이 중대하기 때문에 지도를 받기 위해 그들의 스승인

---

2) 이하 공손신의 이야기는 『사기』 봉선서에 보인다.

3) 봉선서에서는 '後三歲' 라고 했는데, 『한서(漢書)』 권25 교사지상(郊祀志上)에서는 공손신의 상서는 문제(文帝) 14년이며 다음해 15년에 황룡이 나타나고 있다.

4) 이하 무제시대의 얘기는 봉선서에 보인다.

신공(申公)을 천거했다.[5] 무제(武帝)는 신공을 크게 존중하여, 사람을 파견하여 안거사마(安車駟馬)를 가지고 맞이했다. 이 계획은 성공하는 듯이 보였으나, 뜻밖에도 무제의 조모인 두태후(竇太后)가 노자(老子)의 말을 좋아하여 유학을 싫어했다. 그래서 하찮은 이유를 핑계로 조관·왕장을 하옥시켜, 이들 두 사람은 모두 자살했으며 착수된 것은 모두 물거품이 되어버렸다.

무제 건원(建元) 6년[B.C. 135년]에 두태후가 세상을 떠났다. 겨우 반년 후에 무제는 즉시 효렴(孝廉)·현량(賢良)을 천거시켰고 동중서(董仲舒) 등이 무제의 특별한 대우를 받아, 이전의 계획을 다시 시행할 가능성이 생겨났다. 그러나 이후 10년간은 흉노(匈奴)와 남월(南越) 등의 나라를 정벌하는 데 여념이 없어 문치(文治)에까지 손을 뻗칠 수 없었다. 그래서 제북왕(濟北王)이 일찍이 태산(泰山)을 바쳤음에도 불구하고[6] 봉선은 아직 실행되지 않았다. 원봉(元封) 원년[B.C. 110년]에 무제는 처음으로 태산에 갈 것을 결정했는데, 그의 주위에 있는 유학자들은 여전히 백년 전 진시황 때와 같이 그 일에 어두웠다. 무제가 그들에게 제기(祭器)를 보여주면 그들은 고대의 것과 다르다고 말하고, 고례(古禮)는 대체 어떠했는지 물으면 그들은 그 유래를 말할 수 없었기 때문에, 각자의 설이 모두 달랐다. 이에 이르러 무제는 진시황과 같이 노함을 그치지 않고 그들을 모두 쫓아내고서, 태일(泰一)[上帝]을 제사지내는 예에 의해 태산에서 봉(封)제사를 행하고 태산기슭의 숙연산(肅然山)에서 선(禪)제사를 행했다. 제사지낼 때에 사람들에게 명해 먼 지방의 기수(奇獸) 진조(珍鳥)를 전 산에 풀어놓아, 마치 관중(管仲)이 말한 것 같은 기린(麒麟)과 봉황(鳳凰)의 류가 정말로 나타난 것 같이 했다. 그 며칠간은 날씨가 매우 좋고 비바람도 없어서, 그의 복운(福運)이 시황(始皇)보다 더 강함을 나타냈다. 예가

---

5) 『사기(史記)』 권121 유림열전(儒林列傳).
6) 이하 무제 태산봉선에 대해서는 봉선서에 근거한다.

끝나자 무제는 명당(明堂)에 앉아서 군신(君臣)이 번갈아 올리는 축사(祝詞)를 받았다. 이렇게 해서 조서를 내려 원봉(元封)으로 개원(改元)했다. 그 후 그는 또 4회의 봉선(封禪)을 행했다.

이번의 행사는 한대인으로부터 보면 그 의의가 대단히 컸다. 그때 사마천(司馬遷)의 아버지 사마담(司馬談)은 태사령(太史令)의 직에 있었는데, 어떤 이유에서인지 낙양(洛陽)에 체류하여 예에 참가하지 못했기 때문에 마음속에 분함이 생겨 병이 위독하게 되었다.7) 그는 임종할 때에 자식의 손을 잡고 울면서 말했다.

"천자께서 천년의 통(統)을 이어 태산에서 봉례(封禮)를 행한 것은 둘도 없는 성대한 일인데 나는 사정이 이래서 갈 수가 없다. 이것이 명(命)일까? 이것이 명일까?"

이천년 뒤에 살고 있는 우리들이 이 얘기를 읽으면 사마담의 성실함과 상심함을 느낄 것 같은 기분이 든다.* 이로부터 알 수 있듯이 무제의 봉선은 당시 민중들이* 공통적으로 요구한 대사(大事)였던 것이다.

또 5년 후에[B.C. 104년] 무제는 정식으로 개제(改制)를 선포했다. 역법(曆法)을 정하여 정월을 한 해의 처음으로 삼고, 복색은 황(黃)을 숭상하고 수는 5를 사용하며 관명(官名)의 인장(印章)을 다섯자로 고쳤다. 11월 갑자(甲子) 초하루가 동지(冬至)에 해당하는 이 해[元封 7년]를 태초(太初)라고 개원(改元)했다. 백년래의 현안이 이에 이르러 처음으로 운동의 성숙에 의해 실현된 것이다. 그리고 건인(建寅)달[음력 정월]을 정월로 삼은 것은 중화민국 이후 양력을 사용하기까지 계속되었기 때문에* 단순히 한(漢)왕조 일대만의 제도는 아니

---

7) 이때의 사마씨 부자에 대한 이야기는 『사기(史記)』 권130 태사공자서(太史公自序)에 보인다.

었다. 이 개제(改制)사업은 사마천 등의 고취에 의한 것이었으며, 새로운 역법도 그가 몇 사람의 천문학자와 합의하여 정한 것이다. 그는 이 사업을 끝마치고 매우 기뻐서 "주공(周公)이 죽은 뒤 500년 후에 공자가 나타나서 많은 제도를 정했다. 공자가 죽고서 500년 뒤에 내가 나타나 또한 많은 제도를 정했다. 나는 진실로 공자의 도통(道統)을 이어받을 수 있는 것이다" 라고 생각하여, 그 해 안에 『사기(史記)』를 지어서 『춘추(春秋)』를 계승하는 일을 시작했다.[8] 개제(改制)의 학술에 대한 자극력은 이렇게 강렬했다.

그런데 의문이 있다. 진(秦)이 수덕(水德)으로서 흑(黑)을 숭상하고 한(漢)이 토덕(土德)으로서 황(黃)을 숭상한 것은 오덕설(五德說)에 부응한다고 하더라도, 진이 건해월(建亥月)[음력 10월]을 정월로 삼고 한이 건인월(建寅月)[음력 1월]을 정월로 삼은 것에 어떤 상승(相承)의 순서도 없는 것은 어떻게 말해야 할 것인가? 여러 가지로 생각해 보면 이번 개제(改制)의 실은 하나의 체계로서 행해진 것이 아니고, 그들은 오덕설에 의해 복색을 바꾸는 한편, 한(漢)은 흑통(黑統)이고, 흑통은 건인(建寅)달을 정월로 삼는다는 삼통설에 의하여 정월 초하루를 바꾼 것이다. 그렇지만 우리로서는 그들이 삼통설에 의해 정월 초하루를 바꿨다고 하기보다, 차라리 실제상으로 건인달을 정월로 삼을 필요가 전부터 있었기 때문에, 삼통설 중에서 한왕조를 우선 흑통(黑統)에 적용시킨 것이라고 말하는 편이 좋을 것이다. 한초 100년간에 사용되고 있었던 전욱력(顓頊曆)은 별로 실용에 적합하지 않았고, 그믐날과 초하룻날에 달이 나타나기도 하고 상현(上弦)[음력 7~8일]과 하현(下弦)[음력 22~23일]에 보름달이 나타나기도 했기 때문에 민중들은 이를 대단히 싫증내고 있었다. 경사(經師)들도 "공자가 하소정(夏小正)[4시의 행사를 백성들에게 알리는 것]을 전했다" 라든가 "공자가 하(夏)의 달력을 사용해 『춘추(春秋)』를 지었다" 라는 등의

8) 태사공자서(太史公自序)

전설이 있는 만큼, 하력(夏曆)에 일치시킬 것을 원하고 있었다. 한편 이번의 정삭(正朔)개정은 결코 하찮은 것은 아니었고, 당도(唐都) · 낙하굉(落下閎) 등의 천문가가 정밀한 계산을 한 결과였으며, 객관적인 근거를 가지고 있었다. 그런데 당시의 사상적 조류 속에서는 음양오행의 채색을 하지 않고서는 어떤 것도 잘 해낼 수가 없었다. 따라서 삼통설이 오덕설을 개변시켜 한(漢)이 건인(建寅)[건인달을 정월로 삼는 것]에 해당한다고 주장한 것은 실제에 합치된 달력을 만든다는 사명감 때문이었는지도* 모른다. 그 후 한의 토덕설은 확정되었다.

5. 한무제(漢武帝)의 교사(郊社)와 구선(求仙)

시황(始皇)은 천하를 통일하고서* 자신의 칭호에 대해 신하들에게 의논시켰다. 신하들이 대답했다.

"옛날에는 천황(天皇) · 지황(地皇) · 태황(泰皇)이 있었고 그중 가장 귀한 것은 태황이었습니다. 저희들이 삼가 말씀드립니다. 태황을 존호(尊號)로 하십시오."

시황은 그들의 말 중에서 반을 받아들이고 이 삼황(三皇)에 오제(五帝)를 합하여, 존호를 황제(皇帝)로 했다. 이 삼황이 어떤 인물인지, 어디서 유래하는지는 고서에 기록이 보이지 않아 알 수가 없다.

한무제(漢武帝)가 즉위하고서 방사(方士) 이소군(李小君) 등의 권유에 따라 자주 신(神)을 제사하고 선(仙)을 구했다. 그중 한 사람인 박인(亳人) 류기(謬忌)는 태일(泰一)을 제사지낼 것을 청했다.[1] 그 대의는 "천신(天神)에서도 가장 귀한 것은 태일이며, 그것은 오제를 보좌로 삼고 있다. 고래(古來)의 천자는 모두 동남쪽 교외에 단(壇)을 만들어 태일을 제사지냈다. 제사지내는 날은 봄 가을의 두 계절이고 제물은 매일 한 쌍의 태뢰(太牢)였으며, 7일간 제사를 계속했다"

1) 본장 이하의 기술은 『사기(史記)』 봉선서에 근거한다. 또 봉선서의 '謬忌' '太一'은 『사기』 권12 효무본기(孝武本紀)에서는 '薄忌', '泰一'로 되어 있으나, 본서에서는 저자의 원문에 따랐다.

라는 것이었다. 무제는 류기의 말을 받아들여, 태축(太祝)에게 명하여 장안성(長安城) 동남쪽의 교외에 태일단(泰一壇)을 만들고 이 방식대로 제사를 지냈다. 이후에 또 글을 올린 자가 있어 "고래(古來)의 천자는 3년마다 한 번 삼일신(三一神)을 제사지냈다. 그것은 천일(天一), 지일(地一), 태일(泰一)의 최고 3신이다"라고 말했다. 무제는 또 그대로 하여 태일단 위에서 함께 제사를 지냈다. 이상의 두 사건을 보면 진시황 때의 삼황이라는 것은 곧 한의 삼일(三一)에 해당하는 것이었으며, 삼황은 천신이고 지위는 오제의 위에 있었던 것을 알 수 있다. 이러한 천신(天神)은 물론 음양설(陰陽說)에서 발생하고 있다. 천일(天一)은 양신(陽神), 지일(地一)은 음신(陰神)이며, 태일(泰一)은 음양의 이전에 존재하여 음양이 그로부터 생겨났기 때문에 가장 귀한 것이다. 『역전(易傳)』에는 "역(易)에 태극(太極)이 있고 이것이 양의(兩儀)를 낳는다"라고 한다[繫辭傳上]. 태일은 즉 태극이고, 천일과 지일이 이 양의이다. 지고무상(至高無上)한 것을 태(泰)라 하며 절대불이(絕對不二)한 것을 일(一)이라 하는 것은 원래 철학적인 말이었는데, 종교가들에게 취해져서 신령한 칭호로 바뀐 것이다. 그 이후 태일은 상제(上帝)의 이름을, 상제는 태일의 위치를 가리키는 것이 되어, 한일대(漢一代)를 통하여 서로 분리되지 않았다.

원수(元狩) 3년[B.C 120년] 제인(齊人) 소옹(小翁)이 무제의 신임을 얻어서 장안(長安) 서북쪽의 감천산(甘泉山)에 이궁(離宮)을 만들고, 천일 · 지일 · 태일의 신들을 그려놓고 끊임없이 예배하여 무제로 하여금 신령(神靈)과 대화를 통하게 하려 했지만 성공하지 못했다. 그 2년 후에 무제는 중병에 걸렸다. 이때 상군(上郡)의 무(巫) 한 사람이 감천궁(甘泉宮) 내에서 신군(神君)을 제사지냈을 때, 그의 통화(通話)시도가 성공했다. 그래서 그는 다음과 같은 신군의 통화를 무제에게 전했다.

"병은 곧 나을 것이기 때문에 걱정하지 않아도 좋다. 당신의 몸이 다소 나아지거든 우리들을 만나러 오라."

사람이 신을 친히 접할 수 있다는 것은 얼마나 행복한 일일 것인가? 무제는 매우 기뻐하여 병도 반은 나았고, 감천(甘泉)에 이르자 건강이 회복되었다. 신군(神君)의 수는 매우 많은데, 그중에서 가장 귀한 것은 태일(泰一)이며 태일은 때에 따라 돌아다니는데, 그가 올 때에는 바람소리가 났다. 신군(神君)이 장막 속에서 말하는 소리는 산 사람 같았고, 말하는 시기는 주로 밤이 많았다. 천자는 재계(齋戒)를 하고 거기에 들어갔으며, 신군들이 하는 얘기의 내용이 모두 흔한 얘기에 지나지 않았음에도 불구하고 크게 재미있어 하며 들었다. 이때 감천(甘泉)은 종교상의 중심지가 되었다.

원정(元鼎) 5년[B.C 112년]에 무제는 감천에 태치단(泰畤壇[2])을 세웠다. 형식은 류기(謬忌)의 태일단(泰一壇)과 거의 같았고 모두 3단으로 되어 있었다. 오제는 태일의 보좌였으므로 그 단은 태일단의 아래를 둘러싸서, 청(靑) · 적(赤) · 백(白) · 흑(黑)의 사제는 각각 오행설의 동서남북 방향에 따라서 배치되었다. 다만 중앙의 황제(黃帝)는 둘 자리가 없기 때문에, 그 단은 서남쪽의 귀퉁이에 안치되었다. 제사지낼 때에는 백록(白鹿) 한 마리를 잡아서 돼지와 술을[3] 그 뱃속에 채우고 또 백리우(白犛牛)[4] 한 마리를 잡아서 백록을 그 뱃속에 채웠다. 태일의 제사를 담당한 축재(祝宰)는 자색옷을 입었고, 오제의 제사를 담당한 사람은 청색이나 적색의 옷을 입었다. 또 해와 달을 제사지냈는데, 해를 제사지내는 사람은 적색 옷을, 달을 제사지

2) 태치단은 효무본기(孝武本紀)에 나온다. 봉선서(封禪書)에는 태일사단(太一祠壇)으로 되어 있다.
3) 봉선서에는 "彘在鹿中 水而咱之"라고 되어 있고, 집해(集解) 인용의 서광(徐光) 주에 "咱, 一作酒"라고 한 것에 저자는 옳다고 생각했다.
4) 봉선서에는 '貍牛'라 했다. 본문은 孝武本紀의 '犛牛'에 의했다고 생각된다.

내는 사람은 백색옷을 입었다. 이해 11월 1일은 동지였으며, 이 좋은 날을 맞이하여 천자는 여명의 때에 교례(郊禮)를 행하고 태일에 대해 예배했다. 이른 아침에는 해를 제사지내고 해질 무렵에는 달을 제사지냈는데, 해와 달의 지위가 천자보다 낮았기 때문에 천자는 약식의 절만 했다. 다음날 누런 기운이 하늘에 걸쳐 있어서 신하들을 기쁘게 했으며, 이것이 상천(上天)의 상서로운 부응이라고 했다. 후에 무제가 문수(汶水)가에 명당을 지으면, 태일과 오제의 제사도 명당에서 행했다. 오제가 하늘을 다섯으로 나누어 장악했고, 태일은 그 관리자였다. 전국시대에 파괴된 천상(天上)의 질서가 이때에 이르러 다시 건설된 것이다.

주대(周代)의 제례에는 교(郊)와 사(社)가 있었는데, 교는 상제를 제사지내는 것이고 사는 후토(后土)[토지신]를 제사지내는 것이었다. 그래서 춘추시대 사람들은 서(誓)를 세울 때에 항상 "황천(皇天)후토(后土)가 진실로 이 말을 들으시니"라고 말했다. 천제(天帝)와 지신(地神)이 최대의 두 신이었음을 알 수 있다. 한(漢)이 천하를 얻은 후에 후토(后土)를 생각해 내지 않은 것은* 확실히 전례(典禮)상의 결락(缺落)이었다. 그래서 사마담(司馬談) 등이 연못 안에 후토단(后土壇)을 세우라고 청했다. 원정(元鼎) 4년[B.C 113년] 무제는 순행하여 분음(汾陰)에 이르러 분수(汾水) 곁에 붉은 실 같은 빛이 떠올랐다고 듣고서, 사마담 등의 요청을 생각해내고 그 땅에 후토사(后土祠)를 지어 상제(上帝)를 제사할 때와 같이 제례를 행했다. 이렇게 해서 천지의 제사에 고정된 장소가 생겨 하늘에 대한 제사는 도읍 서북방의 감천(甘泉)에서, 땅에 대한 제사는 도읍 동북방 분음(汾陰)에서 하는 것으로 되었는데, 모두 이삼백 리를 가야 하는 곳이었다. 다행히 무제는 여행을 좋아하여 제사를 위해 먼 길을 가는 것도 그에게는 번거로운 일이 아니었다.

무제 대에 방사(方士)들의 기적과 추태가 모두 적지 않게 나타났다. 그들의 행동방식은 대략 이하의 몇 종류로 나눠진다. 그 하나는 귀신을 부르는 것이다. 예를 들어 무제의 사랑하는 이부인(李夫人)이[5] 죽자 무제는 추모하는 마음이 너무 통절하였기 때문에, 소옹(少翁)은 이부인의 영혼을 잘 불러내어 무제에게 장막 속에서 바라보도록 했다. 그 두 번째는 단사(丹沙)[수은과 유황의 화합물]를 제련하는 것이다. 예를 들어 이소군(李少君)은 부뚜막을 제사지내면 단사(丹沙)가 변해 황금이 되며, 이 황금으로 식기를 만들면 수명이 길어져 선(仙)을 구할 수 있다고 했다. 그 세 번째는 신(神)을 기다려 맞이하는 것이다. 예를 들어 공손경(公孫卿)은 명산(名山)에 이르러 선인(仙人)을 만났는데, 어느 날 아침 동래(東萊)에서 신장 몇 길의 대인(大人)을 만나 곁으로 갔더니 사라져버리고, 거대한 발자국이 남아 있었다고 한다. 해중(海中)에 들어가 봉래(蓬萊)를 구하거나 산을 지목하여 봉선(封禪)을 말한 사람은 극히 많다. 다만 방사들이 말하는 봉선의 내용과 유학자들의 그것은 달랐다. 유학자들은 수명(受命)을 명확히 하기 위한 것이었으며, 방사들은 불사(不死)를 구하기 위한 것이었다. 그래서 신공(申公)이라는[6] 인물[明堂을 의논한 申公과는 별도의 인물]은 이렇게 말했다.

"봉선을 행하면 승천하여 선인(仙人)이 될 수 있다. 이전의 72왕 중 황제(黃帝)만이 태산(泰山)에 오를 수 있었다. 그는 봉(封)을 끝마쳤기 때문에, 정(鼎)을 주조했을 때 수염을 늘어뜨린 용이 내려와서 그를 하늘로 맞이했다. 곧 황제가 용을 타고 오르자, 하늘에 오르고 싶어 하는 많은 신자(臣子)와 궁녀(宮女)도 용의 몸을 붙잡았다. 서로 밀치락달치락하기를 70여 인이 했는데, 그 이상을 수용할 수가 없었

5) 봉선서 · 효무본기는 '王夫人'이라 했다. 『한서(漢書)』 권97 외척전(外戚傳)의 '李夫人'을 취했다고 생각된다.
6) 봉선서는 '申公'이라 했다. 효무본기에는 '申功'이라 했다.

다. 남은 사람들은 간신히 용의 수염을 붙들었지만, 수염은 이를 이겨낼 만큼 단단하지 못해서 지탱하지 못하고 뽑혀버려 사람도 같이 떨어져버렸다."

무제는 이 고사(故事)를 듣고서 탄식하여 "아! 내가 황제같이 할 수 있다면 이 세상에 미련이 전혀 없을 텐데"라고 말했다. 오랜만에 무제가 북방에 순수하여 교산(橋山)에 들렀을 때에, 그는 황제의 묘에 시선을 주고 의혹을 금치 못했다. 곁에 있던 방사가 설명해 말했다. "황제가 승천했기 때문에 신하들이 이곳에 황제의 의관을 매장한 것입니다."

무제는 선(仙)을 구하기를 50년에 다수의 방사들을 기용했고, 또 다수의 방사들을 죽였다. 심한 경우에는 자기 딸을 방사에게 시집보내기도 했는데 불사(不死)의 약은 결국 손에 넣지 못했다. 스스로 위로할 방법도 없었기에, 무제는 할 수 없이 건장궁(建章宮) 북쪽의 태액지(泰液池) 안에 몇 개의 섬을 만들어 봉래(蓬萊) · 방장(方丈) · 영주(瀛州)라 이름짓고, 많은 석어(石魚)와 석귀(石龜)를 조각해 여기에 늘어놓아 정말로 해상의 신산(神山)에 온 것 같이 했다.

그의 구선(求仙)과 봉선(封禪)은 모두 산과 관계가 있었다. 그래서 천하의 명산은 이제 한 차례 정리를 겪게 되었다. 황제의 고사를 설명한 적이 있는 신공(申公)은 이렇게 말하고 있다.

"천하에는 8곳의 명산이 있는데, 3곳은 만이(蠻夷)지역에 5곳은 중국에 있다. 이 중국에 있는 5명산은 화산(華山) · 수산(首山) · 태실산(太室山) · 태산(泰山) · 동래산(東萊山)이며 모두 황제가 잘 노닐던 장소인데, 이들 산 위에서 신령과 만났다."

현재의 구분으로 말하면 화산은 섬서성(陝西省)에, 수산은 산서성

(山西省)에, 태실산은 하남성(河南省)에, 태산 · 동래산은 산동성(山東省)에 있는데, 모두 황하(黃河) 유역에 해당하며 한대의 영역에 비교하여 볼 때 각 지역에 고루 분포하지는 않는다. 그래서 무제는 별도로 규정을 만들어 하남성의 태실산을 중악(中嶽)으로 산동성의 태산을 동악(東嶽)으로 안휘성(安徽省)의 천주산(天柱山)을 남악(南嶽)으로 섬서성의 화산을 서악(西嶽)으로 하북성의 항산(恒山)[保定의 서쪽에 있다]을 북악(北嶽)으로 삼았다. 이것 또한 오행사상의 구체적인 표현이었다. 이로부터 오악은 하나의 규범이 되었고, 또 일상적으로 사용되는 명사(名詞)가 되었다. 경학가(經學家)는 오악의 지위를 높이려고, 이것이 요(堯) · 순(舜)시대에 이미 존재한 제도라고 말하고 있다. 다만 안휘성의 경우는 별로 남방이 아니기 때문에, 후에 다시 고쳐서 호남성(湖南省)의 형산(衡山)을 남악으로 삼았다. 산서성의 혼원현(渾源縣)에는 원래 현악(玄嶽)이라는 산이 있었는데, 명(明)대에 악제(嶽制)를 정할 때에 현악을 북악이라고 했기 때문에 항산도 하북성에서 산서성으로 옮겼다. 오늘날 우리가 습관적으로 오악이라고 말하는 것은 이 무제 때의 오악에 대한 수정판인 것이다.

또 하나 중요한 제도가 역시 무제의 봉선(封禪)과 구선(求仙)에서 시작됐다. 잘 알려져 있듯이 중국의 황제에게는 연호(年號)가 있었다. 이 풍습은 주변지역에 전파되어 한국과 일본 등의 나라도 연호를 가지게 되었다. 이것은 무제가 기린(麒麟)을 잡은 것에서 유래한다.[7] 무제가 즉위하고 19년째 되는 해[B.C 112년]에 옹현(雍縣)에 이르러 오제를 제사지내고 이어 사냥을 했는데, 짐승 한 마리를 잡았다. 그 털은 순백색이며 머리에는 뿔이 하나밖에 없었다. 사람들은 잘 알 수 없었지만, 분명히 기린(麒麟)일 것이라고 생각했다. 이렇게 해서 한편의 기린지가(麒麟之歌)가 만들어지고 이 성사(盛事)가 기록되었으며,

7) 무제가 기린을 잡은 것은 『한서(漢書)』 권6 무제본기 원수원년(元狩元年) 조에 보인다.

후에 신하들은 이해를 원수(元狩) 원년으로 정하자고 청했다. 이 해로부터 거슬러 올라가 과거 18년간을 3단계로 나누어, 최초 6년의 연호를 건원(建元), 두 번째를 원광(元光), 세 번째를 원삭(元朔)으로 했다. 원수 원년으로부터 다시 6년이 지나면[B.C 116년] 분음현(汾陰縣)에서 대정(大鼎)이 발굴된다. 무제는 이를 또 상서롭게 보아 감천(甘泉)까지 맞이하러 가서 원정(元鼎)으로 개원했다. 또 6년이 지나 정월 초하루를 바꾸고 복색을 바꾸고서 태초(太初)로 개원하고, 이 새롭게 정한 역법도 태초력이라 불렀다. 그 이후 어느 황제도 반드시 연호가 있었고, 뭔가 상서로운 일을 만나면 개원했다. 예를 들어 한선제(漢宣帝)의 황룡 · 신작(神爵)[爵은 참새], 오(吳) 대제(大帝)[孫權]의 가화(嘉禾) · 적오(赤烏)는 모두 당시에 선전된 기적이었다. 이 연호의 제도는 미신에서 유래하긴 하지만, 연대를 알 수 있게 하기 때문에 실용상으로 매우 편리하다. 말할 것도 없지만 혹 주대(周代)의 기물(器物)처럼 항상 '어느 왕 몇년' 이라고만 새겨져 있다면, 후세인들은 이 왕이 어느 왕인지는 알면서도 그 연대가 어느 해인지는 알 수 없다. 연호가 있다면 한눈에 알 수 있는 것이다.

6. 천상(天象) 신앙과 천변(天變)의 책임자

고대인들은 천상(天上)에 상제(上帝)가 있어 이 세상을 감시하며 최고의 위력을 나타낸다고 믿었다. 그런데 상제는 무성(無聲) · 무취(無臭)이며 그 구체적인 표시가 될 수 있는 것이 아무것도 없는 것일까? 그들은 생각했다. "천상에는 해 · 달 · 별이 있어서 우리를 바라본다. 해 · 달 · 별의 변동이야말로 상제의 의사를 나타낸다"라고 말이다. 그래서 고대인들은 천문상의 현상을 이 세상에 대한 상제의 의사 표시라고 굳게 믿었다. 『춘추(春秋)』에는 매년 사람에 대한 기록은 겨우 몇 조(條)인데, 일식(日食)이 일어났다는 것은 36회나 기록하고 있다. 그것은* 틀림없이 일식은 천변(天變)이고 하늘이 사람들에게 재난을 내릴 예시이며 모든 인간사보다 중요하다고 생각했기 때문이다. 이 때문에 일식이 일어날 때마다 천자와 제후는 반드시 좋은 음식을 줄여야 했고 또 거처를 옮겨야 했다. 백관(百官)은 소복으로 갈아입고, 악관(樂官)은 조정에서 북을 치며, 축관(祝官)은 사신(社神)에게 예물을 드리고, 사관(史官)은 임금을 대신하여 자신을 책망하는 책문(冊文)을 지었다. 이 외에 별자리의 변화도 『춘추』에는 많이 기재되어 있다. 예를 들면 "항성(恒星)이 보이지 않았다" [莊公 7년], "성운이 떨어지는 것이 비와 같았다" [상동], "혜성이 빛을 내며 북두(北斗)로 들어갔다" [文公 14년], "별이 북극성에 위치하면서 빛을 내었다" [昭公 17년]라고 언급한 것은 모두 그것이다. 그들은 천상의 별을 몇 구역으로 분할하고, 그 구분을 지상의 국가에 나누어 적용시켰다. 그러고서 어느 별에 이상이 발생하면 그에 대응하는 어느 국가에 재앙이 일어난다고 했다. 이 학설은 뒤에 분야설(分野說)이라 불렸으며, 몇 종류의 다른 설도 생겼다.

사마천(司馬遷)은 이를 불평하여 "문사성력(文史星曆)이 복축(卜祝)에 가깝다"라고 말한 적이 있다[報任安書]. 이로부터 당시의 사관이 성력(星曆)에 밝을 필요가 있었던 것을 알 수 있다. 아마 현재의 '역사(歷史)' 라는 단어는 이에 유래할 것이다.* 사마천이 성력이 복축(卜祝)과 서로 가깝다고 말한 것은 정말 옳다. 그것은 성력과 복축은 원래 떨어질 수 없는 것이었기 때문이다. 그가 작성한 『천관서(天官書)』를 보면 천상의 별을 마치 하나의 국가같이 묘사하고 있다. 사람으로서는 천왕(天王) · 태자(太子) · 서자(庶子) · 정비(正妃) · 후궁(後宮) · 번신(藩臣) · 제후(諸侯) · 기관(騎官) · 우림천군(羽林天軍)이 있고, 건물로서는 단문(端門) · 액문(掖門) · 각도(閣道) · 명당(明堂) · 청묘(淸廟) · 천시(天市) · 거사(車舍) · 천창(天倉) · 천고루(天庫樓)가 있으며, 사물로서는 또한 제거(帝車) · 천사(天駟) · 창배(槍棓) · 모순(矛盾) · 정기(旌旗) 등이 있다. 별자리가 나타내는 예상에 대해서는, 예를 들면 남극노인성(南極老人星)이 보이면 세상이 평안해지지만, 보이지 않으면 병란이 일어난다. 세성(歲星)[목성]의 색깔이 붉으면 나라가 흥성하게 되며, 적황색이면 대풍작을 거두게 되고, 청백색으로부터 적회색이면 근심스런 일이 생긴다. 낭성(狼星)[시리우스별]의 색깔이 변하면 도적이 들끓고, 부이성(附耳星)이 흔들려 움직이면 아첨하는 신하가 임금 옆에 있게 된다. 목성이 토성을 범하면 내란이 일어나며, 화성이 토성을 범하면 전쟁에서 패배한다. 이상의 법칙이 이외에도 많이 서술되어 있다. 요컨대 사관(史官)은 천상의 별자리를 하나의 체계로 만들고서, 하늘과 인간과의 관계에도 하나의 체계를 구축하여 하늘 · 인간 간에 밀접한 감응관계를 만든 것이다. 그들은 극히 주의 깊게 하늘을 관찰하고 [劉向은 매일 저녁 별자리를 관측하여 아침까지 자지 않았다.[1] 經學者가 이렇다면 천문가는 말할 것도 없다] 천상에 조금이라도 변동이 관측되면, 세상에 어떤 일이 일어날 것이라고 생각하고 동시에 그것이 누구에게 나타날 것인지 추측했다. 혹시 그것이 흉사(凶事)면 그들은 푸닥거리의 법술(法術)을 행해야만 했다.

고대의 국왕과 신하들은 모두 교주(敎主)로서의 직무를 겸하여, 자기들이 전국 인민의 재난을 대신한다는 큰 책임을 지고 있었다.* 고서에는 상(商) 탕왕(湯王)이 가뭄에 대해 기도했다는 고사가 수없이 인용되어 있다. 즉 탕왕 때 지독한 가뭄이 7년간 계속되자 그는 스스로 희생이 되어 상산(桑山)의 수림 속에 이르러 기도했다. 그는 머리와 손톱 · 발톱을 깎고 몸을 장작 위에 던져놓아 스스로 타죽으려 했다. 하늘이 그를 불쌍히 여겨 갑자기 비가 내렸다고 한다. 임금이 자기를 희생으로 하고 싶지 않을 때에는 편의상 신하에게 그 책임을 대신 지게 할 수도 있었다. 예를 들면 앞서 말한 하신(河神)을 제사지내기를 거절한 초소왕(楚昭王)의 경우, 그가 죽어야 하는 해에 갑자기 하늘에서 구름이 떼지어 모인 붉은 새 같이 되어 태양을 사이에 두고 춤추며 날기를 3일간 계속했다.[2] 태사(太史)가 소왕(昭王)을 향하여 이렇게 말했다.

"이 재난은 물론 국왕 자신이 책임을 져야 하는 것이지만 원컨대 걱정하지 마십시오. 양제(禳祭)만 한다면 간단히 대관(大官)들 중 누구에게 재난을 옮길 수 있습니다. 영윤(令尹)이든 사마(司馬)든 모두 왕을 대신할 수 있습니다."

---

1) 『한서』 권36 초원왕전(楚元王傳)의 유향전에 "晝誦書傳, 夜觀星宿, 或不寢達旦"라고 했다.
2) 『좌전(左傳)』 애공(哀公) 6년.

그러나 억척스런 소왕(昭王)은 의연히 대답했다.

“혹 내게 큰 잘못이 없다면 하늘이 나를 죽일 리 없다. 혹 내게 정말 죄가 있다면 내 스스로 벌을 받을 것이지 왜 내 몸 같이 소중한 신하들을 죽인단 말인가?”

소왕은 솔선해서 이 재난을 막아낸 것이다. 한대가 되면 전국시대의 자유로운 비판에 대한 반동으로 신에 대한 신봉이 다시 고조되어, 이렇게 군주의 책임을 묻는 사상이 다시 성하게 되었다. 문제(文帝) 6년[B.C. 178년] 11월 30일의 일식 때 문제가 조서를 내렸다.[3)]

“내가 듣기로는 하늘은 민초(民草)를 낳고 그들을 위해 임금을 세웠다. 혹 이 임금의 덕행이 닦여지지 않고 정치가 어지러워진다면, 임금을 세운 본의에 어긋나기 때문에 하늘은 반드시 재이(災異)현상에 의해 그 임금을 경고한다고 한다. 현재 천하의 치(治)와 난(亂)의 책임은 모두 나 한 사람의 몸에 달렸다. 그런데 내가 인민을 가르치고 양육할 책임을 다하지 못하여, 해와 달의 빛이 가리워져 비춰지지 않게 되었다. 내 과실은 진정으로 중대하다. 여러분들은 내가 잘못하고 있는 점을 모두 내게 말해주기 바란다. 또한 어질고 방정(方正)한 사람과 직언(直言)과 극간(極諫)을 잘하는 사람을 천거해 나를 바로 잡아 주기 바란다.”

문제 13년[B.C. 167년], 문제는 비축(秘祝)의 관(官)을 폐지했다. 이유는 그들이 양제(禳祭)를 행할 때에 항상 재해를 신하에게 옮기고 있었기 때문이다. 다음해 문제는 또 사관(祠官)의 기도가 황제만을 위할 뿐 민초를 위해서는 행하지 않는다는 것을 이유로 그 기도를 중

---

3) 이하 문제에 대한 것은 『사기(史記)』권10 효문본기(孝文本紀)에 근거한다.

지했다. 이러한 점은 모두 문제의 책임감이 초소왕(楚昭王)에 뒤지지 않았음을 나타낸다. 그래서 복을 줄 것을 기원하지 않고 잘못의 책임을 줄 것만을 기원했던 것이다.

뒤의 황제에게는 문제 같은 훌륭한 마음은 없었고, 천변의 책임을 오로지 승상(丞相)에게 지우려 했다. 원제(元帝) 영광(永光) 원년[B.C. 43년]에는 봄에 서리가 내리고 여름에는 추웠으며, 태양이 새파래져서 빛이 적었다. 승상 우정국(于定國)이 서평후(西平侯)의 후인(侯印)을 천자에게 반납하고 스스로 탄핵하여 사직했다.[4] 설선(薛宣)이 승상이 되었는데, 영시(永始) 2년[B.C. 15년]에 별이 떨어지고 일식이 일어나자, 성제(成帝)는 그에게 책서(冊書)를 내렸다.

"재이(災異)가 자주 나타나고 가을 추수도 좋지 않다. 이것은 모두 네가 승상이 되었기 때문이다. 속히 승상의 인끈을 풀고 사직하라."[5]

설선이 사직하고 그 직임을 이은 사람은 적방진(翟方進)이며, 그가 승상에 있었던 9년간은 어떤 사건도 일어나지 않았다. 그런데 수화(綏和) 2년[B.C. 7년], 화성이 심성(心星)[28宿 중의 하나인 별]의 장소에 꼼짝 않고 멈춰 서서, 그 흉이 황제에게 있다고 얘기되었다. 어떤 사람이 상서(上書)하여 대신(大臣)에게 책임을 지우려 하는 성제(成帝)를 부추겼다. 성제는 이를 받아들여 역시 책서(冊書)를 내려 적방진을 호되게 꾸짖는 동시에 그에게 술 10석(石)과 소 한 마리를 주어 최후의 식사로 삼게 했다. 적방진은 그날로 자살할 수밖에 없었다. 성제는 그가 자기를 대신해 죽은 것을 보고 적이 기분에 도취되어, 그 최후를 장식하는 전례에 특별한 예우를 갖춰주었다. 대단히 불행하게도, 승상이 2월에 자살하고서 황제도 3월에 수명을 다하게 되

4) 『한서』 권71 우정국전.
5) 『한서』 권83 설선전.

었다. 재이(災異)를 타인에게 대신하게 하여 황제 자신은 면하려 했던 목적은 완전히 달성되지 못하고, 적방진은 헛되이 죽어버린 것이다.[6)]

이러한 고사가 있었기 때문에 『한의주(漢儀注)』에서는 참혹한 법전이 한 가지 정해졌다. 그것은 천지(天地)에 큰 변고가 생기면, 황제가 시중(侍中)에게 명하여 사절을 데리고 4필(匹)의 백마에 타고 술 10곡(斛)과 소 한 마리를 승상의 집에 보내서, 그 변고의 책임을 승상에게 알리는 것이었다. 시중이 아직 길 도중에 있을 때 승상은 곧 글을 올려 병에 걸렸다고 보고한다. 시중이 조정에 돌아와 아직 복명(復命)하기 전에, 상서(尙書)가 승상이 죽었음을 황제에게 아뢴다는 것이다. 이 제도는 몇 번도 제대로 시행되지 못했지만, 그 후 천변(天變)을 만나면 승상을 면직시키는 것이 통례가 되었으며, 이를테면 실권이 없는 자라도 왕왕 이 책임을 면할 수 없었다. 상(商) 탕왕(湯王)과 한(漢) 문제(文帝)의 기풍은 진실로 '멀고도 오래된' 옛일이 된 것이다.

6) 『한서』 권84 적방진전.

7. 재이설(災異說)

전장에서 서술한 것은 상(商) · 주(周)로부터 한대(漢代)에 이르는 재이(災異)현상에 대한 관념과 이에 대한 대응이었다. 이 점에 있어서는 한대인은 완전히 상 · 주의 사상을 계승했다. 그러나 그들에게는 역시 상 · 주에 비해 진보된 면이 있었다. 그것은 음양오행학설에 의해 재이현상을 총정리하고, 이를 극히 체계적인 학문의 위치로 끌어올렸던 것이다.*

사마담(司馬談)은 이렇게 음양가(陰陽家)를 비판하고 있다.

"음양가는 음양 · 4시 · 8위[8卦의 방위] · 12도(度)[별의 12次] · 24절(節)에 의거해 많은 규범을 정하고, 그 규범에 따르는 자는 반드시 번영하고 거역하는 자는 반드시 망한다고 말한다. 여기서는 사람들이 구애되어 기피하는 것이 너무나 많다. 그러나 봄에 생겨나 여름에 자라고 가을에 거둬들이며 겨울에 저장하는 것은 원래 자연의 법칙이며, 인간사의 규범이다. 그러므로 음양가가 사람들을 이 순서에 따르게 하려 한 것은 틀리지 않다." 1)

『한서(漢書)』 예문지(藝文志)를 보면 음양가로 열거된 사람들로는 추연(鄒衍) · 추석(鄒奭) · 남공(南公) · 장창(張蒼) 등이 있는데, 유

1) 『사기』 태사공자서(太史公自序)

감스럽게도 그들의 저작은 모두 전하지 않는다. 그래도 다행히 여러 책에 산견되는 오덕종시설(五德終始說)의 자료는 모을 수 있으며, 또 완전한 「월령(月令)」한 편이 있어서 참고할 수 있다. 그래서 우리는 그 대강을 알 수 있다. 음양가의 출현 이후에는 천상(天象)과 인간사의 관계에 체계적인 정리가 가해져, 상(商) · 주(周)시대의 재이관(災異觀)에 비해 보다 정밀해졌다고 할 수 있다.

「월령(月令)」에는 형태상으로는 아직 터무니없는 이야기도 있지만, 그 중심관념은 '춘생(春生), 하장(夏長), 추수(秋收), 동장(冬臧)'의 8자로 집약된다. 음양가의 생각으로는, 봄은 만물이 생장하는 계절이며, 모든 정치와 인간사를 생장하는 방향으로 진전시켜서 자연의 활동력이 증대될 수 있도록 한다. 따라서 봄에는 여태껏 닫혀있던 곳을 열고 형벌을 중지하며 범죄자의 질곡(桎梏)[족쇄와 수갑]을 풀어주며 벌목과 수렵을 금지하여, 인간과 사물이 각각 흔쾌히 생장할 수 있도록 해야만 한다. 가을이 되어 조물주가 숙살(肅殺)의 기운을 내려 초목이 말라 시들면, 국가도 출병 · 전쟁과 사형집행을 해도 괜찮게 된다. 그들이 주장하는 취지는 천인합일(天人合一)을 바라는 것에 있었다. 그들은 봄이 봄다운 것과 함께 봄의 사람(인간사)이 역시 봄다운 것을 원해서, 정상(正常)에 거스르는 시령(時令)을 대단히 두려워했다. 그들은 말했다.

"만약 봄의 첫 달에 추령(秋令)[가을에 합당한 명령]을 내리면 분명히 일대 전염병이 발생한다. 봄의 둘째 달에 동령(冬令)을 내리면 분명히 큰 가뭄이 일어난다. 가을에 동령을 행하면 반드시 도적이 많게 된다. 겨울 첫 달에 춘령(春令)을 내리면 분명히 유민이 많게 된다. 겨울 둘째 달에 추령(秋令)을 내리면 반드시 큰 병란이 발생한다."

이러한 종류의 이야기는 매우 많아서 짧은 시간에 모두 말할 수 없다. 요컨대 이 월령의 재이설 체계는 시령(時令)이 정상에 거스르는 경우에 대응하여 구성된 것이다.

『상서(尙書)』의 「홍범(洪範)」은 인간사의 모(貌) · 언(言) · 시(視) · 청(聽) · 사(思)와 날씨의 우(雨) · 양(暘) · 욱(燠) · 한(寒) · 풍(風)을 합쳐 하나로 하고 있다. 「홍범」에서 말한다.

"국왕의 모(貌)가 바르면 비는 시기적절하게 알맞게 내린다. 만약 바르지 않으면 그치지 않고 장마가 지게 된다. 그 외에 언(言)과 양(暘), 시(視)와 욱(燠) 등도 같은 관계가 있다."

작자의 본뜻은 「월령」같이 비가 내려야 할 때에는 비를 내리게 하고, 바람이 불어야 할 때에는 바람이 불게 하려는 것이다. 그 때를 얻으면 그 정(正)을 얻는다는 것은 원래 일반적인 사고방식이다.* 그러나 「홍범」이 기후를 모두 군주의 일거일동에 관련이 있다고 한 점은 신비적인 대응방식으로 되어 있다. 한대가 되면, 「홍범」의 글을 다시 늘려서 「홍범오행법(洪範五行法)」이 만들어졌다.[『尙書大傳』에 편입되어 있다] 거기에는 모(貌)가 바르지 않으면 장마의 재난이 생길 뿐만 아니라, 또한 복요(服妖) · 귀얼(龜孼) · 계화(雞禍) · 청생(靑眚) · 청상(靑祥)[요 · 얼 · 화 · 생 · 상은 모두 재난을 가리킴]과 다리가 등 위에 나는 병이 생긴다는 것을* 시작으로, 모(貌) 이외의 4가지에도 이런 종류의 괴현상이 일어난다고 서술되어 있다. 후에 유향(劉向)과 그 아들 유흠(劉歆)이 각각 고래의 화 · 복에 대한 사례를 각 종류로 나누어 몇십 권으로 구성된 재이사(災異史)를 저술했고, 이것을 반고(班固)가 『한서(漢書)』에 수록하여 「오행지(五行志)」가 되었다.[2] 이 홍범의 재이설 체계도 군주의 태도가 바르지 않은 경우에 대

2) 상술한 '모(貌)'에 동반하는 재이의 예는『한서』권27 오행지 중지상(中之上)에 수록되어 있다.

응하여 구성되어 있다.

한대의 학설은 이렇게 정밀했기 때문에, 이로부터 발생한 영향도 보통 큰 것이 아니어서, 상 · 주시대에는 없었던 것이 생겨나게 되었다.

그런데 무제의 재위기간은 바로 한(漢)왕조의 전성시대에 해당하여, 선대 이래 6 · 70년간 축적된 재산은 그가 재위한 50년간의 교사(郊祀) · 구선(求仙) · 순수(巡狩) · 봉선(封禪)과 또 주변지역에 대한 정벌로 모두 낭비되어 버렸다. 다 써버린 다음에는 할 수 없이 많은 가혹한 세금을 만들어, 사치로 점철된 자신의 생활을 유지했다. 이 때문에 인민의 에너지는 다하고 도적이 자주 일어났으며,* 또 흉작이 든 해에는 황폐한 땅이 수천리에 이르는 지경에 이르렀다. 인민들은 실망스런 나머지*, 오덕설에 대한 희망을 품지도 이를 받아들이지도 않게 되었다. 그것은 한(漢)의 기운이 다하여 새로이 수명(受命)한 천자가 나타나리라는 것을 의미했다. 소제(昭帝) 원봉(元鳳) 3년 [B.C. 78년], 태산(泰山) 기슭의 길이 1장(丈) 5척(尺)의 바위가 갑자기 저절로 일어났으며, 상림원(上林苑) 안에 가로놓여 있던 한 그루의 마른 버드나무가 저절로 생기를 띠게 되었다. 『춘추(春秋)』학자인 휴홍(眭弘)은 그 의미를 생각하여, "바위와 버들은 모두 음류(陰類)로서 하민(下民)의 상징이며, 한편 태산은 제왕(帝王)이 수명봉선(受命封禪)하는 장소이다. 그러므로 이것은 새로운 천자가 필부(匹夫) 안에서 발흥하려 하고 있는 것일 것이다. 한제(漢帝)는 곧 현인을 찾아 제위를 그 사람에게 양위해야 한다"라고 말했다. 그러나 요(堯) · 순(舜)의 선양(禪讓)도 원래 상상이며,* 실제로 황제인 자가 스스로 양위한다는 것은 있을 수 없다. 그래서 휴홍은 요사스런 말로 민중을 현혹하는 죄로 곧 죽음을 당했다.[3)]

경방(京房)은 『주역(周易)』의 전문학자였는데, 다음과 같은 일종

3) 『한서』 권75 휴홍전.

의 복법(卜法)을 제출했다. 진(震) · 리(離) · 감(坎) · 태(兌)의 4괘를 제외한 60괘(卦)의 360효(爻)에 대해 1효를 하루에 해당시키고, 나머지 진(震) · 리(離) · 감(坎) · 태(兌)의 4괘로 2분(分)[춘분과 추분] · 2지[하지와 동지]를 나누어 주관하게 했다. 이렇게 하면 꼭 1년[364일]이 된다. 또 그때그때의 풍(風) · 우(雨) · 한(寒) · 온(溫)의 기후에 의해, 점치는 것에 대한 길흉(吉凶)을 정한다는 것이었다.[4)] 어느 날 원제(元帝)가 불렀을 때 경방은 기회를 타서 간언했다.*

"『춘추』에는 242년간의 재이가 기록되었으며, 만세(萬世)의 군주를 위한 본보기가 나타나 있습니다. 현재 폐하께서 즉위하신 이래, 해와 달이 밝음을 잃고 별들이 역행(逆行)하며 산이 무너지고 샘물이 용솟음치며 지진과 운석(隕石)이 생기고 여름에 서리가 내리고, 겨울에 번개가 치며 봄에 잎이 시들고 가을에 꽃이 피는 등, 『춘추』에 기록된 재이가 모두 나타나고 있습니다. 원컨대 폐하 스스로 생각해 주십시오. 대체 이것이 치(治)의 형태인지 난(亂)의 형태인지를 말입니다."

여기까지 말하자* 원제도 탄식하여 말할 수밖에 없었다.

"진실로 난의 극치이다. 달리 말할 수가 없다."

이러한 이야기를 무심코 읽으면 잘못이 없는 것 같다. 그러나 생각해 보면, 한(漢)의 영토는 극히 광대하여, 이렇게 광대한 땅에서 지리적인 어떤 이변도 일어나지 않을 리가 없다. 다만 무제시대의 사회는

4) 『한서』 권75 경방전(京房傳). 여기에 약술되어 있는 「分卦直日之法」은 같은 전(傳)의 맹강주(孟康注)에 의해 해석되어 있다.

정말로 경사스런 분위기에 도취되어 있었기 때문에 누구도 말을 꺼내지 않았을 뿐이다.

곡영(谷永)은 경방의 학문을 계승한 사람이었다. 영시(永始) 2년)[B.C. 15년] 흑룡(黑龍)이 동래(東萊)에 나타나자, 성제(成帝)는 사람을 보내 그에게 묻게 했다. 그가 대답했다.

"한(漢)왕조는 건인(建寅)을 정월로 삼는 하정(夏正)[하의 역법]을 시행하며 색은 흑(黑)을 숭상하고 있습니다. 흑룡은 동성(同姓)의 상(象)이기 때문에, 아마 유씨(劉氏) 일족 중에 군사를 일으켜 모반을 꾀하는 자가 생길 것입니다." 5)

아! 이 흑룡이 만약 문제(文帝) 이전에 출현했다면 반드시 한(漢)의 수덕(水德)에 대한 상서로운 부응이 되었을 것이다. 또 무제(武帝) 후에 출현했더라도 역시 한의 흑통(黑統)에 대한 상서로운 부응이 되었을 것이다. 왜 성제의 시대에 출현하면 상서로운 일이 되지 못하고 재이가 되었던 것일까? 이 흑룡 출현의 이야기는 물론 진실은 아니지만, 동요하여 불안정한 사회적 배경을 명확히 반영하고 있다.* 이 사회에서 사람들은 한의 국운이 곧 다해버릴 것을 느끼고 있었다. 그렇지만 이때는 내란도 없고 외환도 없었기 때문에, 어떻게 하여 한왕조가 멸망될지는 해결하기 어려운 문제였다.

이 우울한 공기 속에서 제(齊)의 감충가(甘忠可)라는 사람이 『포원태평경(包元太平經)』을 지어6) 말했다.

"한왕조의 기운은 원래부터 끝나 있었지만, 상제(上帝)의 생각으로

---

5) 『한서』 권85 곡영전(谷永傳)

6) 이상 감충가 · 하하량(夏賀良)에 대해서는 『한서』 권75 이심전(李尋傳)에 의한다.

는 아직 한에게 제2차 수명(受命)을 허락하고 있다. 그래서 상제는 적정자(赤精子)를 내려보내서 나에게 이 책을 전했던 것이다."

이 도리 없는 사고방식은 괴로운 나머지 만회책으로 나온 것이다. 그런데 유향(劉向)이 찬성하지 않았기 때문에, 감충가(甘忠可)는 하옥되어 곧 옥중에서 병사했다. 후에 애제(哀帝)가 즉위하고 감충가의 제자인 하하량(夏賀良)이 계속하여 이를 선전하자, 그것이 뜻밖에도 성공했다. 애제는 재수명(再受命)한 것을 선포하고 천하에 대사면을 단행하였으며, 태초원장(太初元將)이라 개원하여[B.C. 5년] 진성유태평황제(陳聖劉太平皇帝)라고 칭호를 바꿨다. 그래서 이 쇠퇴한 구국(舊國)[한왕조]은 새로운 생명을 얻은 듯이 보였다. 그런데 하하량은 희망을 달성하자 곧 정권탈취를 생각하여, 그때까지의 3공(公)을 배척하여 미움을 사게 되었다. 이에 두 달도 못 되어 애제는 하하량을 죽였다. 이리하여 재수명(再受命)의 촌극은 한순간에 막을 내린 것이다.

누구에게 대신 수명하게 하려 해도 그럴만한 사람은 없었다. 한왕조에 재수명시키려 해도 성공할 수 없었다. 한왕조를 유지해가려 해도, 재이설이 이미 한왕조의 지위를 정신적으로 타도해버린 상태였다. 사람들은 나아갈 수도 없고 물러설 수도 없는 막다른 상태 속에서 배회 · 관망할 뿐이었다.*

Ⅱ. 한대의 경학(經學)

1. 황로사상(黃老思想)
2. 유학의 존중
3. 경서의 편찬
4. 박사관(博士官)
5. 경학의 금고문(今古文) 문제
6. 통경치용(通經致用)
7. 왕망(王莽)의 수선(受禪)
8. 한(漢)의 개덕(改德)
9. 고사(古史)체계의 대정리
10. 고문경학(古文經學)의 건립
11. 사전(祀典)의 개정과 월령(月令)의 실행

1. 황로사상(黃老思想)

중국의 상고사(上古史)는 길이로 말하면 대단히 장구하다. 전통적인 사서(史書)를 보면, 하(夏)의 우왕(禹王)으로부터 현재까지가 4천년, 황제(黃帝)로부터 현재까지가 5천년, 3황(三皇)으로부터 현재까지가 약 1만년이다. 또 그 이전에는 천지개벽의 반고씨(盤古氏)시대가 있다고 한다. 그렇게 말하면 천지(天地)가 생겨나는 동시에 중국의 역사기록이 있었고, 이후 끊어진 적이 없었기 때문에 정말로 큰 영광이다. 그러나 동주(東周) 이전의 책을 들춰보면, 거기에는 하(夏)와 은(殷)만 서술되어 있고 하 이전의 것은 한 글자도 다루고 있지 않은 것은 왜일까? 공자(孔子)의 말을 기록한 『논어(論語)』, 묵자(墨子)의 말을 기록한 『묵자』, 맹자(孟子)의 말을 기록한 『맹자』 등은 하(夏) 이전에 대해 언급하고 있지만, 그것도 요(堯) · 순(舜)뿐이다. 그래서 유가(儒家)가 편집한 『상서(尙書)』는 「요전(堯典)」으로부터 시작하고 있다. 요 이전에 제왕(帝王)이 있었는지 없었는지는 누구도 문제를 제기하지 않았다. 맹자가 "요(堯)의 시대에 천하는 아직 안정되지 않았다. 홍수가 횡류(橫流)하여 천하에 범람했다. 초목이 무성하고 금수(禽獸)가 번식하며, 오곡이 자라지 않고 금수가 사람을 위협했다." [滕文公上]라고 말한 것을 보면, 요(堯)시대는 아직 미개(未開)한 태고(太古)시대여서 요 이전에 또 다른 제왕(帝王)이 있었던 것 같지는 않다. 설사 있었다 해도 알 수가 없었던 것 같다. 그러나 맹자보다 좀 뒤의 추연(鄒衍)에 이르면 그 역사는 당시부터 황제(黃帝)까지를 정연하게 순서짓고, 또 아득한 천지미분(天地未分)의 시대까지 거슬러 올라가고 있다. 결국 그는 황제가 요 · 순 이전의 제왕이며 역사기록의 최초라고 생각한 것이다. 이 변화는 상고사에 하나의 새로운 양상을 초래했다. 사마천(司馬遷)이 『사기(史記)』를 지을 때 「오제본기(五帝本紀)」를 「하본기(夏本紀)」의 앞에 두고 황제를 오제의 맨 앞에 놓았기 때문에, 황제의 역사적 위치가 한층 강화되어 그 위치가 오늘에 이르기까지 동요하지 않았다.

그러나 유가(儒家)의 공자와 맹자가 모두 황제를 다루지 않았고, 그들의 경전인 「상서(尙書)」도 요(堯) 이전의 내용은 서술하지 않았기 때문에, 황제는 유가 속에서는 세력을 점하지 못했다. 음양가(陰陽家) · 도가(道家) · 신선가(神仙家) · 의가(醫家) · 역가(曆家) 등의 경우엔 모두 항상 황제로부터 얘기를 시작하고 또 황제를 교주(敎主)로 보았기 때문에, 황제는 극히 위대한 한 우상이 되어 중국의 모든 문화가 그에 의해 개창된 것이 되었다. 내 생각으로는 이것은 모두 시대상황에 의한 우연의 산물이다. 만약 황제에 대한 전설이 좀더 일찍 발생했더라면, 분명히 유(儒) · 묵(墨) 2가(家)의 숭배대상이 됐을 것이다. 만약 요 · 순의 전설이 좀더 늦게 발생했더라면, 요 · 순도 '백가(百家)의 말이 아순(雅馴)하지 못하다' 라는 비난의 대상이 되었을 것이다. 이러한 것을 말한 제자(諸子)는 우리들 같이 고사(古史)의 연구에 노력한 것은 아니고, 당시 최고(最古)이며 가장 유력하다고 생각되는 한 인물을 끌어들여 자기 학설의 보호자로 삼았을 뿐이었다. 황제라는 인물이 천상(天上)의 오색제(五色帝)의 하나에 지나지 않았는지, 아니면 다른 배경이 있었는지는 모두 알 수 없다. 그러나 그 전설이 학술계에 보급된 것은 전국(戰國)시대 말기의 일이며 전한(前漢)에 이르러 발전된 것은 극히 명백한 사실이다. 그러므로 만약 우리가 황제를 연구한다면 연구대상이 하(夏) 이전의 역사라고는 결코 생각할 수 없으며, 전국(戰國) · 진(秦) · 한(漢)의 역사로서 봐야 한다. 그것은 황제에 대한 학설이* 전국 · 진 · 한 시대의 사상 · 학술의 반영에 지나지 않으며, 전국 · 진 · 한 시대의 문화를 나타내는 것에 지나지 않기 때문이다.

노자(老子)는 이름이 담(聃)이다. 주(周) 왕조의 사관(史官)이며, 『노자(老子)』, 일명 『도덕경(道德經)』을 저술했다고 한다. 학통(學統)에 있어서 그의 지위는 바로 제통(帝統)에 있어서의 황제(黃帝)의 지위와 같이 높다. 사람들은 말한다. “노자는 공자의 스승이고, 선진제자(先秦諸子) 중 최초의 인물이며, 도가(道家)의 개창자이다.” 스승인 노자가 도가를 개창하고 그 제자인 공자가 유가를 개창했으므로, 도가는 유가에 앞선다고 종래 인식되어 왔다. 그러나 오늘에 이르러 우리가 여러 방면으로 연구해 보면, 모두 다음과 같은 반대의 결론이 도출되어 버린다. 노자라는 인물은 공자 뒤의 사람이며, 『노자』라는 책도 또한 노자 이후의 것이다. 노자는 도가의 개창자가 아니었고, 도가의 성립은 유가보다 한참 후의 일이다. 이러한 결론에 도달하는 과정은 극히 복잡하며, 지금은 일단 그 고증에는 손대지 않고 공자 이래의 학술계의 상황을 먼저 말하려 한다.

학자들의 사상은 시대에 따르는 것과 시대에 반(反)하는 것이 있는데, 공자는 시대에 반한 사람이었다. 공자의 시대에는 구봉건(舊封建)조직이 차츰 붕괴하고 있었기 때문에,* 공자는 ‘임금이 임금이 아니고, 신하가 신하가 아닌’ 상태를 보고서 매우 분개했다. 그래서 ‘정명(正名)’과 ‘예치(禮治)’를 제창하고 구제도(舊制度)를 유지하며 또 그것을 개량하려 했다. 그는 하나의 새로운 학파[이 학파가 뒤에 ‘유가’라고 불렸다]를 만들고 항상 구제도에 자신의 이상을 더해, 이를 고취하고 실습했다. 그는 또 당시에 종법(宗法)조직이 구제도와 함께 무너지고 있었기 때문에, 효도를 제창하여 생전에 부모를 섬기는 방법과 사후에 상장(喪葬)의 방법을 논하여, 친자(親子)의 애정을 빌려 종법(宗法)조직을 유지하는 수단으로 삼았다. 그 후 제국(諸國)의 내

외병합이 점점 격렬해지고 전쟁이 연중 계속되었고, 살아남은 귀족은 또 사치를 극(極)했으며, 인민은 도탄에 빠졌다. 그런데 이러한 위급함을 구원하려면 어찌해야 좋을까라는 사명에 봉착하자, 유가에서는 역시 끝까지 책임지지는 않았다. 그래서 묵자(墨子)가 나타나 공자의 구제도 유지정책을 타파하고, 아주 명쾌하게 '겸애(兼愛)'를 주장하여 종법조직을 파괴시켰으며, 상현(尙賢)을 주장하여 봉건조직을 파괴시켰다.* 그는 귀족성을 띤 예악 따위보다도, 평민들이 모두 끼니를 거르지 않게 해서 성실한 생활이 가능하도록 할 것을 주장했다. 묵자(墨子)는 사방으로 바쁘게 뛰어다니며 전쟁을 중지시키고 오로지 인민의 일만 생각하여 자기의 일은 잊었다. 그런데 곧 양주(楊朱)라는 인물이 나타나서 구세(救世)의 문제에 대해 별도의 견해를 폈다. 그는 이렇게 생각했다.

"세상이 어지러운 것은 모두 마음이 바깥에 있기 때문이다. 한 사람의 욕망도 영원히 만족시킬 수 없는데, 모든 사람이 완전한 만족을 얻으려 하기 때문에 많은 싸움이 일어나는 것이다. 사람들이 다른 사람의 물건을 빼앗아 자기 것으로 하지 않고 다른 사람에게 자기 물건을 빼앗기지도 않는다면, 그때 세상은 태평해진다. 묵자는 물론 훌륭한 마음을 가진 사람이지만, 다른 사람만 보고 자기를 보지 않는 것은 역시 마음이 밖에 있는 것이며, 욕망대로 날뛰는 사람과 똑같은 결함이 있다."

그래서 양주(楊朱)는 주장했다. 자기의 정신과 몸을 보전하여 외물(外物)의 유인을 받지 말라. 한 터럭(毛)을 뽑아 천하의 사람들에게 이익이 된다 해도 그런 일은 하지 말라. 천하의 것을 자기 자신의 사용에 바치는 것도 하지 말라. 그의 주의(主義)는 그래서 '자신만을 위한다'라고 불리게 되었다.[1] 당시에 공(孔)·묵(墨)·양(楊)의 3파는 정립(鼎立)하여 대치했다. 1파는 복고를, 1파는 자신을 버려 세상을 구할 것을, 1파는 세상을 버려 자신을 구할 것을 주장한 것이다.

3파가 분립하고 있으면, 뒤의 사람들은 어디에 따르면 좋을지 모르게 된다. 이즈음에 맹자(孟子)라는 인물이 나타났다. 그가 태어난 곳은 공자가 태어난 곳에 극히 가까웠으며, 그는 일찍부터 유가의 고례(古禮)에 의한 교육을 받았다. 맹자가 만난 시대의 형세는 묵자에 비해 더욱 나빴고, 또 묵가(墨家)의 구세(救世)의 기풍에 감염되어 있었다. 맹자는 하나의 주의(主義)를 고안하여* 이를 왕정(王政)이라 부르고, 새로이 왕명(王名)을 칭한 몇 나라에 이르러 국왕에게 말했다.

"당신께서는 왕이라고 칭하면서 천하통일을 생각하지 않으십니까? 이 목적을 달성하려 한다면 우선 제가 말하는 왕정을 행해야만 합니다."

그의 주장에는 특별한 것은 없었고, 귀족의 권리를 제한하고 평민에게 의식(衣食)이 풍족한 생활을 영위하게 하며, 또 덕행이 가장 뛰어난 인물을 정치적 위치가 가장 높은 사람으로 삼는다는 것뿐이었다. 이러한 의견은 모두 묵자(墨子)의 설에 극히 가깝다. 그런데 일단 가족제도에 이르면, 맹자는 완전히 공자의 설을 답습하여 부권(父權)의 유지와 후장(厚葬)과 3년상(三年喪)을 제창했다. 따라서 겸애(兼愛)를 주장하는 묵자를 '아버지를 없이 한다'고 비난했다.[2] 동시에 맹자는 개인주의를 반대했기 때문에, 오직 자신의 몸을 이롭게 하라고 주장하는 양주(楊朱)도 역시 '임금을 없이 한다'고 비난했다.[여기서 말하는 임금은 대권을 장악한 군주가 아니고 널리 국가와 사회를

1) 양주의 설에 대해서는 『열자(列子)』의 양주편, 『맹자(孟子)』의 진심(盡心) 상(上) 등문공(滕文公) 하편에 근거한다.

2) 『맹자』 등문공 하편.

지칭한다. 양주가 타인을 위해 힘쓰지 않고 국민으로서의 책임을 다하지 않는다고 말한 것이다.] 맹자는 결코 순수한 공자 추종자는 아니었고, 오히려 공(孔) · 묵(墨) 2가(家)를 조화시켰다고 말하는 편이 옳을 것이다. 맹자의 시대에 또 한 사람, 묵가(墨家)와 양주(楊朱)를 조화시킨 송견(宋鈃)이라는 사람이 있었다. 그의 학설에는 밖으로는 '공격을 금하고 병사들을 쉬게 하며, 안으로는 정욕(情欲)을 줄인다'는 두 가지 면이 있었다.[3] 이것은 결국 묵자의 학(學)에 의해 행동하고 양주의 학에 의해 심신을 수련한다는 것이다. 송견은 타인과 자기 쌍방에 관심을 분배하고 쌍방에 같은 만족을 주려고 했다. 그는 말했다.

"사람이 타인과 싸우는 것은 타인에게 모욕을 받기 때문이다. 그러나 자신의 인격은 결코 타인의 모욕에 의해 손상될 수 없으므로, 타인으로부터 받은 모욕은 결코 진정한 모욕이 아니다. 또 본래 사람의 욕망은 많은 것이 아니기 때문에, 만약 마음이 집중된 곳이 있어 외물(外物)에 의해 마음이 어지럽혀져 욕망이 늘어나는 일이 없다면, 타인을 범하지 않을 뿐만 아니라 타인에게 범함을 당하는 일도 없게 될 것이다." [4]

이리하여 서로 간에 용납하지 않는 3대파(大派)도 맹자와 송견 두 사람의 조합(調合)에 의해 차츰 접근해간 것이다.

양주와 송견은 모두 인성(人性)의 본질, 인간과 외물(外物)과의 관계, 그리고 자신의 진실된 성(性)의 보전법 등에 대한 문제를 의논했다. 전국시대의 사상해방과 학술계의 급속한 진보로, 이러한 추세는 학자들을 현실적인 정치론을 초월해 철학의 영역으로 향하게 했다.

---

3) 『장자(莊子)』 천하(天下)편.
4) 송견설의 이 부분은 『순자(荀子)』 정론(正論)편 등에 근거하고 있다.

그들은 우주의 실체, 지식의 진실성, 인생의 궁극적 의의 등을 의논했다. 이리하여 어떤 사람은 청허(淸虛)를 목표로 하여, 자기 주장을 세우기를 원하지 않고, 거울같이 만물을 비출 것만을 생각했다. 어떤 사람은 지식은 방법이 없는 것이며 또한 궁극에까지 연구할 수도 없는 것이므로, 어느 것도 스스로 구하여 고민할 필요가 없으며, 마음이 가는 대로 맡겨두면 된다고 말했다. 그들은 모든 관념은 상대적이기 때문에 대소(大小) · 고하(高下) · 시비(是非) · 수요(壽夭) 등등의 차별이 있지만, 실제는 절대적이며 차별이 존재하지 않는다고 생각했다. 그들은 이 절대적인 실체를 도(道)라 부르고, 도를 얻은 사람의 마음에는 이러한 차별이 존재하지 않으며, 따라서 그로부터 보면 만물은 모두 제일(齊一)이라 했다. 그들의 주장은 모두 극히 오묘해서 잘 이해할 수 없더라도, 반박할 수는 없다. 그렇지만 그들은 최고의 도(道)를 얻으려 해서 세상일을 경시했기 때문에, 사회규범이 모르는 사이에 타파되어 국가 통치자는 이것이 위험하다는 생각을 하게 되었다. 또 일반 인민이 그들의 변론술(辯論術)을 얻어서 애매한 말을 했기 때문에, 고정된 선악시비 등은 아무것도 없게 되어 한층 통치자를 고민스럽게 했다. 그래서 전국시대 말기가 되면 법가(法家)라고 불리는 새로운 학파가 대두하여, 오로지 통치만을 위해 변론했다. 그들은 사가(私家)의 학(學)을 억압하여 함부로 주장을 펴는 것을 금지하고, 평민은 모두 농업에 힘써서 함부로 의논해서는 안 된다고 주장했다. 이 주장을 가장 명확하게 편 것은 『한비자(韓非子)』의 「오두(五蠹)」 · 「현학(顯學)」 2편이며, 그 후 진시황의 분서멸학(焚書滅學)은 이 정책을 실행한 것이다.

전국시대 학술계의 대세를 대략 서술했으므로, 다시 노자에 대한 이야기로 돌아가 보자. 노자는 유약(柔弱)과 겸손을 주장했다. 그가 그렇게 주장한 것은, 결코 그러한 태도를 좋아해서가 아니고, 그 수단을 사용하면 강한 자를 이긴다는 목적이 달성될 수 있기 때문이다. 노자의 생각으로는, 남에게 업신여김을 당하지 않기 위해서는 먼저 상대방을 업신여기는 마음을 갖지 않아야 했다. 이쪽이 유약하다면, 이기기 좋아하는 사람도 이쪽과 싸움을 일으키지 않게 된다. 만약 상대방이 단호하게 이쪽을 업신여기려 하는 경우에는, 이쪽이 그에게 양보하면 그는 원한 것을 얻게 되어, 일단 일은 끝난다. 그러나 그가 일을 너무 쉽게 성취하고 다른 사람을 업신여기는 것이 쉽다고 믿어서 더욱더 자기 힘을 과시하려 한다면, 결국에는 그보다 더 강폭(强暴)한 적에게 타도될 운명에 처하게 된다. 따라서 이쪽이 상대방에게 양보하는 것은 결코 이쪽의 손해가 아니며, 상대방을 약화시키도록 유인하는 제1보이고, 이것은 곧 이쪽의 승리를 의미한다. 또 나아가 손해를 입으면 그것만으로 타인의 동정을 얻게 되어 지위도 높아진다. 그래서 노자는 말했다.

"세상일은 왕왕 상반되는 경우가 있다. 손해 입는 것이 이익을 얻는 것이고, 이익을 얻는 것이 손해를 입는 것이다." 5)

이러한 견해는 송견의 '모욕을 당해도 치욕이 되지 않는다'는 설(說)의 전개이며, 양주의 '생(生)을 완수한다'는 학설의 변형이라고 나는 생각한다. 만약 이 생각이 옳다면 노자는 송견의 후배가 된다. 그러므로 공자 · 맹자 · 묵자의 글 중에 노자가 나타나지 않는 것도 이상할 것이 없으며, 노자가 공자의 스승이라는 것은 있을 수 없다. 『노자(老子)』라는 책이 왜 노자의 저작이 아닌가 하면, 책 속에 "성(聖)을 끊고 지(知)를 버린다." [19장], "학(學)을 끊으면 근심이 없어진다." [20장], "옛날의 선도(善道)를 닦는 사람은 그것으로 백성들을 지혜롭게 하려는 것이 아니고, 어리석게 만들려는 것이다. 백성을 다스리는 어려움은 그들의 지다(知多)에서 생긴다." [65장] 등의 말은 완

---

5) 『노자(老子)』 제58장. "禍兮福之所倚, 福兮禍之所伏, 孰知其極."

전히 전국시대 말기의 사상이기 때문이다. 그 시대 이전의 성(聖)·지(知)는 사회에서 숭배된 것이며, 민간에서 폐해를 일으킨 것도 아니었으므로, '버린다' 거나 '끊는다' 거나 할 필요가 없었다. 또 전국시대 사람이 노자를 언급할 때는, 그가 유약함을 주로 한다고 말할 뿐 문화를 소멸시키려 했다고는 말하고 있지 않다. 그러므로 이러한 말은 노자 본래의 것은 아닌 것이다. 그렇다면, 노자는 전국시대 말기의 사람이고 이런 생각을 자기 책에 썼다고 왜 말하지 않는 것인가? 그것은 전국말기에 노자가 공자의 스승이라는 전설이 이미 생겨났고, 연대면에서 오인하는 사람은 그를 더욱 과거의 인물로 여겨서, 노자를 그리 후세[전국시대 말기]의 인물로 하지는 않았기 때문이다. 이러한 이유로, 우리는 노자라는 인물이 전국시대 중기 사람이며, 『노자(老子)』라는 책은 전국시대 후기의 것이라고 생각한다. 전국시대 후기 사람이 지은 책이 왜 노자의 이름으로 가탁(假託)되었을까? 아마 그것은 이 책에서 노자의 말이 가장 많이 채용되었기 때문에, 그를 대표로 한 것일 것이다. 또는 작자(作者)는 유독 노자에게만 가탁할 생각이 없었는데, 후세인이 오인한 것인지도 모른다.

우리들에게는 또 노자가 어떻게 해서 공자의 스승이 되었는가 하는 문제가 제출된다. 나는 이것이 잘못 전해진 헛소문이 아니고 계획적인 선전이었다고 생각한다. 노자학파는 아마 당시 상당한 세력을 가지고 있었던 것 같지만, 늦게 발생했기 때문에 아무래도 유가(儒家)에는 필적할 수 없었다. 그들은 만약 자기들의 개조(開祖)와 유가의 개조 사이에 사제(師弟)관계가 맺어진다면, 적어도 외부인의 이목(耳目)을 놀랍게 만들고 학술적인 지도권을 어느 정도 탈취할 수 있다고 생각했다. 이렇게 해서 그들은 하나의 고사(故事)를 조작했다.

"공자가 일찍이 주(周)에 갔을 때, 노자에게 가르침을 청한 적이 있었는데, 공자는 덕(德)이 높지 못하고 또 다소 교만한 기운이 있었기 때문에, 곧 노자에게 심한 꾸지람을 받게 되었다. 공자는 자기의 교양이 열세하다는 것을 알고, 부끄러워 얘기를 하지 못했다. 집에 돌아가서는 노자를 앙모(仰慕)하여 찬양하고 탄식할 뿐이었다." 6)

공자의 입을 빌려 노자와 공자의 고하(高下)관계를 판정한다면, 두 사람의 문도(文徒) 사이에도 같은 관계가 분명하게 성립되며, 도가(道家)의 가치는 그만큼 높아진다. 그들의 이러한 선전은 원하는 대로 되었을 뿐만 아니라, 예상을 훨씬 뛰어넘어 유가(儒家)에서 사실로서 인정되어 버렸다. 오히려 유가도 하나의 고사(故事)를 증가시켜, 공자가 일찍이 노자에게 많은 예제(禮制)에 대해 물었다고 말하여, 노자까지도 유가화(儒家化)시켜 버렸던 것이다. 애석하게도 『노자(老子)』에는 "예(禮)는 충신(忠信)이 부족하고 난(亂)의 시초가 된다." [38장]라는 말이 있는데, 『예기(禮記)』[曾子問]에는 또 묘주(廟主)와 장례(葬禮)에 관한 공자의 질문에 노담(老聃)[노자의 이름]이 대답하는 말이 있어서, 노자는 결국 이중인격자가 되어 자가당착을 범하는 경우에 빠진 것이다. 도가(道家)들은 이 공작(工作)이 성공하자, 생각을 일보 더 전진시켜 황제(黃帝)를 끌어내는 방법을 사용했다. 그들은 자기 학파 중의 명분을 모조리 황제의 몸에 붙여서, 마침내는 황제도 노자와 같은 자리에 위치시켰다. 그래서 후세의 도가에 있어서는 노자가 '태조고황제(太祖高皇帝)'로, 황제(黃帝)가 '조조원황제(肇祖原皇帝)'로 되어, 그 학파의 개창시대가 유사(有史)의 시초로까지 올라가버렸다. 지령(指令)을 발한 양주(楊朱) 등은 특히 고무의 대상이 되어버려, 학술상의 계통이 이로부터 혼란해졌다. 『한서(漢書)』「예문지(藝文志)」에 열거된 도가의 저작에는 『황제사경(黃帝四經)』·『황제명(黃帝銘)』 등의 편이 있는데, 『황제군신(黃帝君

6) 『사기』 권63 노자한비열전(老子韓非列傳), 『장자(莊子)』 천운(天運)·천도(天道)편 등에 보인다.

臣)』의 주(注)에는 "6국(國)시대에 일어나 『노자(老子)』와 서로 비슷하다" 라고 되어 있다. 이것은 황제와 노자가 결합된 성과였으며, '황로(黃老)' 라는 단어도 그 이후 분리되지 않았다.

『노자』라는 책에는 군주(君主)는 청정무위(淸靜無爲)해야 하며, 인민에 대해서는 충분히 포식(飽食)시켜서 어떠한 야심도 품지 못하게 하라는 주장이 있다. 이것은 대란(大亂)의 뒤를 이어서 백성과 함께 휴식하려는 한초(漢初)의 조건에 극히 일치하는 것이다. 또 『노자』의 문장은 간결하고 운(韻)을 달아 기억하기 쉬웠기 때문에, 일세(一世)에 유행했다. 조참(曹參)이 제왕(齊王)의 재상이 되었을 때는[7] 천하가 이제 가까스로 안정된 때였기 때문에, 인민이 아직 유망(流亡)하고 있었다. 이때 교서(膠西)에 있었던 개공(蓋公)이라는 인물이 황로(黃老)사상에 능통함을 듣고서, 후한 예물로써 초빙하여, 조참 자신이 거처하는 정당(正堂)을 그에게 양보하고 항상 찾아가 가르침을 청했다. 그러기를 9년간 계속하는 중에 과연 제국(齊國)은 안정되고, 그는 크게 현상(賢相)이라 칭해졌다. 후에 한(漢)의 승상(丞相) 소하(蕭何)가 죽자, 혜제(惠帝)는 조참을 후임으로 임명했다. 그는 모두 소하가 한대로 따라서 자신을 눈에 띄게 하려는 속리(屬吏)는 모두 면직시키고 박눌(樸訥)한 인물을 불러들였다. 그는 스스로 매일 순주(醇酒)를 마시고 정무를 돌보지 않았다. 그에게 집무를 권하려는 사람이 있었는데, 조참은 그 사람이 오면 즉시 술을 내었고, 그 사람이 얘기를 시작하면 또 술을 따라주어 취하도록 마시게 해서, 끝까지 얘기할 기회를 주지 않았다. 승상부(丞相府)의 후원(後園)은 속리(屬吏)들의 숙사(宿舍)에 가까웠는데, 그들이 항상 술을 마시고 고함을 질렀기 때문에 조용하지 못했다. 이를 싫어하는 사람이 있어서, 승상에게 후원에 가볼 것을 권했다. 승상이 그것을 들으면 분명히 그치게 하리라 생각했기 때문이다. 그런데 그는 즉시 원중(園中)에서 잔을

---

7) 이하 조참에 대한 것은 『사기』 권54 조상국세가(曹相國世家)에 근거한다.

기울이기 시작하여, 똑같이 고함지르고 노래를 불러서 결국 담을 사이에 둔 속리(屬吏)들과 화답했다. 혜제는 조참이 정무를 아무것도 안함을 보고 의심하여 "내 나이가 젊어서 가벼이 여기는 것인가?" 라고 물었다. 조참은 "폐하는 자신을 고조(高祖)와 비교해서 어떻다고 생각하십니까? 저를 소하와 비교해서 어떻다고 생각하십니까? 우리 두 사람 모두 그들에게 미치지 못하기 때문에, 그들이 한대로 따르기만 하면 되는 것입니다. 아무쪼록 옷자락을 늘어뜨리고 두 손을 모은 상태로 가만히 계십시오." 라고 말했다.

문제(文帝)는 즉위 후 대단히 성질이 소박했다. 한번은 노대(露臺)를 만들려고 장인(匠人)을 불러 견적(見積)을 뽑도록 했는데, 그는 백금(百金)이 필요하다고 했다. 뜻밖에도 그 작은 금액이 이 황제를 놀라게 했다. 황제는 큰 소리로 "백금(百金)이라면 중산계급 10호(戶)분의 재산이 아닌가?" 라고 해서 짓지 않았다.[8] 이러한 태도는 물론 개인의 성질에 유래하지만, 한초(漢初)에는 도가세력이 상당히 유행하고 있었으므로, 역시 황로(黃老)의 '과욕(寡慾)'의 유훈(遺訓)이 계승되어 있었기 때문인지도 모른다. 문제의 황후인 두씨(竇氏)는 극히 황로(黃老)사상을 좋아해서, 자식인 경제(景帝)와 실가(實家)[두씨] 일족에게 모두 반드시 『노자』를 읽게 했다.[9] 그때 『시경(詩經)』박사(博士)인 제인(齊人) 원고생(轅固生)은 『노자』를 가벼이 여겨, 가인(家人)의 말이라고 비판했다. 그러자 두태후는 이를 듣고서 크게 노하여, 그를 짐승의 우리에 넣고 멧돼지(豕)를 죽이라고 명했다. 경제(景帝)는 원고생이 위험하다는 것을 알았지만 모친인 태후의 명령을 바꿀 수도 없어서, 할 수 없이 좋은 칼 한 자루를 택해 그에게 주었다. 그가 우리에 들어가 힘을 집중하여 한 번 찌르자 멧돼지는 심장을 찔려 쓰러졌고, 태후도 원고생을 어찌할 수 없었다.[10] 후에 무제가 즉

8) 『사기』 효문본기(孝文本紀) 후(後)6년조.
9) 『한서(漢書)』 권97 외척전(外戚傳)상.

위하였다. 무제는 화려함을 좋아하여 조부 문제와 달랐으며, 그가 유생을 잘 임용한 것은 조모인 두태후와 달랐다. 그래서 이 두태후는 다시금 자기 손자와 충돌하게 되었다. 건원(建元) 원년[B.C. 140년] 조관(趙綰) 등이 명당(明堂)을 지어 제후(諸侯)를 조견(朝見)하는 장소로 삼자고 건의하자, 태후는 내심 전혀 불필요한 것이라고 불만스럽게 생각했다. 조관은 태후가 분명히 자기들의 일을 방해하리라 생각하여, 다음해에 무제에게 태후의 처소인 장락궁(長樂宮)에서 일을 아뢸 필요가 없다고 요청하여, 여러 가지 귀찮은 것을 피하려 했다. 그런데 이를 태후가 알게 되자 즉각 호된 조치가 취해져서, 승상(丞相) 두영(竇嬰)과 태위(太尉) 전분(田蚡)은 면직되고 어사대부(御史大夫) 조관도 옥중에서 자살했다.[11] 이 경우에서 보듯이, 한초(漢初)의 유가(儒家)는 도가의 세력에 한참 미치지 못했던 것이다.

도가의 흥기와 『노자』의 성행에는 물론 많은 원인이 있지만, 한초의 상황이 실로 그 중요한 조건을 이루고 있다. 춘추시대 말기 이래로, 인민은 귀족계급을 타도하기 위해서 250년간의 고난과 희생을 겪었고, 이때에 이르러 천하가 비로소 평화롭게 되자 이제는 확실히 휴식할 필요가 있었다. 황로사상을 휴식의 이론으로 삼는 것은 사실 적당한 것이었다. 유감스럽게도, 이러한 유약과 퇴양(退讓)의 사상이 우리 중국민족의 골수에까지 침투하여, 우리들은 열의 없는 타율과 순종, 그리고 경쟁 없는 정체성만 가지게 되었다. 또 대사에 직면하면 그것을 소사(小事) · 무사(無事)로 일관해 버렸고, 어려운 일에 직면하면 무변법(無辨法)을 변법(辨法)으로 삼아 자연의 변화에 맡겨서, 그 풍조가 현재에 이르렀던 것이다.*

10) 『사기』 권121 유림열전(儒林列傳) 원고생전.
11) 이상은 『사기』 효문본기 및 『한서』 무제본기(武帝本紀)에 근거한다.

2. 유학의 존중

묵자(墨子)의 정치적 주장에 의하면, 천자는 세상에서 가장 훌륭한 사람이어야 하며, 그 인물은 인민 중에서 선거되어야 한다고 한다. 천자가 출현하면, 이번에는 천자 쪽에서 훌륭한 인물을 찾아 3공(三公)과 제후로 삼는다. 선거 이외에 선양(禪讓)이라는 방법도 있었다. 천자가 나이가 들면 가장 훌륭한 인물 한 사람을 찾아서, 그를 후계자로 삼는 것이다. 묵자는 근본적으로 귀족의 존재를 인정하지 않았고, 하층민중 가운데서도 능력만 있다면* 지위가 최고인 천자가 나올 수 있다고 생각했다. 그가 제시한 고인(古人)의 그러한 예는 요(堯)와 순(舜)이다. 그는 말했다.

"순(舜)은 원래 역산(歷山) 기슭의 농부였고, 황하(黃河)변에서 도공(陶工)일을 하고 뇌택(雷宅)에서 고기를 잡기도 했으며, 상양(常陽)에서 장사를 한 적도 있는 일개 순수한 평민이었다. 그러나 그의 덕행과 재능을 요(堯)가 알게 되어, 요의 선양을 받았다.[1)]"

이 애기는 묵자의 선전에 의해 뜻밖에도 사실(史實)이 되었으며, 귀족의 지위를 인정하는 유가조차도 인용하게 되었다.

---

1) 『묵자(墨子)』 상현(尙賢) 하편.

유가(儒家)의 본지(本旨)는 구래의 계급을 유지함에 있었다. 그들은 군주의 극악스러움이 걸(桀) · 주(紂) 정도에 이르지 않는다면 결코 타도될 수 없다고 생각했다. 타도된 후 새로운 군주가 추대되어도, 계급제도는 본래대로인 것이다. 이 점이 유(儒) · 묵(墨) 2가 사이에 절대로 일치하지 않는 점이다. 따라서 묵가는 천자와 제후가 성립하는 유래를 문제 삼은 데 비해서, 유가는 그것을 문제 삼지 않았다. 유가가 문제 삼은 것은 조정의 의식을 어떻게 할 것인가, 귀족의 계승 규정을 어떻게 할 것인가, 왕국(王國)과 후국(侯國)의 제도는 어떻게 다른가, 왕조마다 예악(禮樂)은 어떻게 다른가, 귀신(鬼神)에 대한 제사 · 빈객(賓客)과의 연회 · 열국(列國)과의 외교관계 · 관계(冠笄)[성인식] · 혼인 · 상장(喪葬)은 어떻게 행해야 하는가에 지나지 않았다. 좋게 말하면*, 유가는 윗사람[君과 父]이 자녀와 백성을 지배하고 양육하며 아랫사람이 윗사람을 존경하게 하여, 모두가 궤도를 벗어나지 않고 쟁란(爭亂)없이 풍속을 점점 순후(淳厚)하게 하려고 한 것이다. 그러나 나쁘게 말하면, 그들은 바로 민중을 마취시켜* 노예상태에 안주하게 만들려고 했던 것이다.

진시황은 천하를 통일하고서 역시 사상통일의 작업을 시도했다. 그는 학문을 황실에 집중시켜, 민간에서 『시서(詩書)』를 함부로 말하는 자는 사형에 처한다는 가혹한 법령을 반포했다.[2)] 이 법령이 내려지자, 유가는 빛을 잃었다. 4년 후[B.C. 209년] 진섭(陳涉)이 거병(擧兵)하자, 노(魯)의 유생은 울분을 풀기 위해 공가(孔家)의 예기(禮器)를 가지고서 진섭의 본거지로 도망쳤으며, 공자의 8세손인 공부(孔鮒)도 거기서 박사(博士)가 되었다. 반년도 못 되어[B.C. 208년] 진섭은 살해되고, 공부도 함께 죽었다.[3)] 그러나 노(魯)의 유생은 그 이후에도 예악(禮樂)을 강습하는 자유를 획득했던 것이다. 그 후 한

2) 『사기』 진시황본기 34년조.

3) 『사기』 유림열전(儒林列傳).

고조(漢高祖)는 서초패왕(西楚覇王)인 항우(項羽)를 멸망시키고 서초(西楚)땅을 전부 빼앗아 버렸는데, 노(魯)만은 유독 항복하지 않았다. 그러자 고조는 대군을 이끌고 노성(魯城)[曲阜]을 10중 · 20중으로 포위했다. 그런데 이들의 유생은 의연히 성 안에서 예악을 강습하여, 현가(絃歌)의 소리가 성 밖까지 들려왔다. 고조도 이에 감동하여, 차마 진격하여 그들을 살육하지 못하고, 항우의 머리를 걸어놓아 그들에게 보이자, 비로소 그들은 항복했다.[4)]

그런데 고조(高祖)는 평민 출신이며, 그의 마음속에는 귀족의 품격 따위는 없었다. 따라서 그는 이러한 서재파(書齋派) 유학자들을 매우 싫어했다. 고조가 거병(擧兵)한 초기에는, 유관(儒冠)을 쓰고 그에게 알현하는 자가 있으면, 항상 그 관을 강제로 빼앗아 그 안에 소변을 보아 모욕의 뜻을 나타냈다.[5)] 진(秦)의 박사(博士) 숙손통(叔孫通)은 관중(關中)에서 탈출하여 전전한 끝에 고조의 근거지에 이르렀는데, 고조에게 이런 괴상한 성벽이 있음을 알고, 곧 유관(儒冠)을 벗어 던지고 초국풍(楚國風)의 단의(短衣)로 갈아입었다.[6)] 고조는 과연 크게 기뻐하여* 그를 박사로 임명했다. 한(漢)이 건국하고 5년 만에 [B.C. 202년] 천하가 통일되자, 제후들은 한왕(漢王)[高祖劉邦]을 존중하여 황제로 삼았는데, 그 즉위의식은 숙손통이 정한 것이다. 당시 군신(君臣)의 명분은 정해졌다고 해도, 군신(君臣)은 대부분 미천한 출신이어서 예절 따위는 이해하지 못했다. 그들은 전상(殿上)에서 술을 마시면 공로를 서로 다투며 언쟁했고, 거나하게 취하면 큰소리를 지르면서 검을 뽑아 기둥을 베었다. 평민 출신의 고조는 자신이 황제의 신분이 되었으므로, 이런 천박한 행위에 차츰 혐오를 느끼게 되었다. 숙손통은 이 기회를 틈타서 진언했다.

---

4) 『사기』 유림열전 및 항우본기(項羽本紀).
5) 『사기』 권97 역생육가열전(酈生陸賈列傳)의 역식기(酈食其)의 이야기.
6) 이하 『사기』 권99 유경(劉敬)숙손통열전에 근거한다.

"유자(儒者)는 원래 진취적인 것을 기도하지는 못하지만, 수성(守城)할 수는 있습니다. 원컨대 명령을 내려, 노(魯)의 유생과 저의 제자들을 불러들여 함께 조정의 의식을 협의토록 하십시오. 저로서는 현재 고례(古禮)와 진의(秦儀)를 채집하여 새로운 제도를 만들어야 한다고 생각합니다."

고조는 "시험해보라. 다만 너무 번잡하게 하지 말고 실행하기 쉬운 것부터 하라" 고 말했다. 숙손통은 그 뜻을 받들어 즉시 몸소 노(魯)로 가서 유생을 소집했다. 모두 기뻐하는 중에 두 사람의 유생만이 가기를 허락하지 않고 말했다.

"이제 겨우 천하가 안정되었을 뿐이고, 죽은 자는 아직 장사지내지 못했으며 부상자는 아직 치료하지 못했는데, 어떻게 예악 따위를 일으킬 수 있겠는가? 예악을 일으키는 것은 100년 동안 덕을 쌓은 다음의 일이다."

숙손통은 그것을 듣고 웃으며 말했다. "너희들은 정말 세상물정에 어두운 촌놈들이다." 그는 소집한 33인을 즉시 데리고 도읍에 이르렀다. 그리고 자신의 제자 100여 인과 함께 긴 새끼줄로 야외에 빙 둘러싼 모양을 만들고, 많은 띠(茅)를 지면에 세워 군신(君臣)의 위계의 표시로 삼아서, 예법을 연습했다. 1개월 후 숙손통이 고조에게 예(禮)의 시범을 해보였을 때, 고조는 이 정도면 됐다고 하여 군신(群臣)에게 그대로 연습하도록 명령했다. 한 건국 후 7년[B.C. 200년] 10월[즉 정월]에 장락궁(長樂宮)이 준공되고, 신하들은 모두 연하(年賀)를 드리러 그곳에 왔다. 하늘은 매우 맑았고, 알현하는 자들은 문무(文武)관료의 등급에 따라서 차례로 전문(殿門)에 들어갔다. 그때

정중(廷中)에는 이미 수레가 늘어서고 무기가 놓여지고 깃발이 펄럭이고 있었다. 위로부터 "들어서라" 라는 소리가 전해졌다. 이에 전하(殿下)의 낭중(郎中)들 수백인은 계단을 끼고 양옆에 늘어섰고, 공신(功臣) · 열후(列侯) · 제장군(諸將軍) · 군리(軍吏)는 모두 동쪽을 향해 섰으며, 문관(文官)의 승상(丞相) 이하는 모두 서쪽을 향해 섰다. 이리하여 황제가 손으로 끄는 수레에 타고서 자리를 나서자, 백관(百官)은 전호(傳呼)하며 호위했다. 제후왕(諸侯王) 이하 녹봉 600석의 관리에 이르기까지 서열에 따라 연하(年賀)를 올렸는데, 한 사람도 황송해 하며 엄숙해 하지 않는 자가 없었다. 예식이 끝나자 전상(殿上)에서 주연이 베풀어졌는데, 그들은 모두 머리를 숙이고 술을 마셨으며, 한 사람도 소란스럽게 예를 범하는 자가 없었다. 술잔을 기울이기를 9번 하고, 알리는 자가 "마시기를 그만두라" 하고 큰 소리로 말하자 그들은 가만히 자리를 떴다. 그러자 고조는 "나는 오늘 처음으로 황제의 존귀함을 깨달았다" 라고 말했다. 그래서 그는 숙손통을 태상(太常)으로 임명하고 금 500근을 하사했다.

이보다 앞서 숙손통이 한(漢)에 귀속했을 때 100여 인의 제자들이 그를 따랐는데, 그들은 모두 여러 가지 관리가 되어 있었다. 그런데 이 스승은 한왕(漢王)의 앞에 있지 않은 사람만 추천할 뿐, 이 무리에 대해서는 거의 말을 꺼내지 않았다. 그들은 이를 책망하면서, 항상 은근히 숙손통을 비난했다. 숙손통은 이를 알자 그들에게 말했다.

"한왕(漢王)은 시석(矢石)을 무릅쓰고 적[項羽]과 천하를 다투는 와중에 있어서, 구하고 있는 것은 장수를 목 베고 깃발을 빼앗을 수 있는 병사이다. 이러한 것이 제군들에게 가능하겠는가? 제군들은 이대로 가만히 기다리고 있으라. 나는 결코 제군들을 잊지 않을 것이다."

장락궁(長樂宮)에서의 조하(朝賀)가 끝나자 숙손통은 고조에게 말했다.

"이 제자들은 저를 오랫동안 따르고 있습니다. 이번 조의(朝儀)는 그들 공동의 공적입니다. 원컨대 그들에게 관직을 더해 주십시오."

고조는 곧 허락하여 그들 모두를 랑(郎)에 임명했다. 숙손통은 물러나오자, 하사받은 황금 500근을 모두 그들에게 분배해 주었다. 그들은 크게 기뻐하여 "숙손(叔孫)선생은 진정 세상물정에 밝은 사람이다"라고 말했다.

고조가 세상을 떠나고 혜제(惠帝)가 즉위하여, 또 숙손통을 태상(太常)에 임명하고, 그에 대해 "선제(先帝)의 원릉(園陵)과 침묘(寢廟)의 의식에 대해서 군신(群臣) 중에는 정할 수 있는 자가 없다. 역시 선생에게 기초(起草)를 부탁하고 싶다"라고 말했다. 한초(漢初)의 여러 가지 제도는 모두 그가 태상이었던 때에 의논되어 정해진 것이다. 그는 오덕설(五德說)의 영향을 받지 않은 것 같으며, 따라서 그가 정한 예에는 오행(五行)의 색채가 보이지 않는다.

진(秦)은 통일 후 새로운 법제를 많이 만들지 않은 채로* 나라가 망해버렸다. 한(漢)이 일어나면서 각종의 제도가 모두 창립을 기다리고 있었으며, 따라서 예악(禮樂)에 대해 말하기를 좋아하는 유가(儒家)는 급속히 그들의 포부를 발전시키려 했다. 그런데 문제(文帝) · 경제(景帝) · 두태후(竇太后)는 모두 황로(黃老)와 형명(刑名)을 좋아했으며, 또한 역대로 집정한 승상인 소하(蕭何) · 조참(曹參) · 진평(陳平) · 주발(周勃) · 장창(張蒼) 등은 도필(刀筆)의 리(吏)라든가 무장(武將) · 책사(策士) · 도가(道家) · 음양가(陰陽家) 등의 출신이었으므로, 유가에 대해서는 누구도 전혀 신봉하지 않았다. 제도에 대해서도 그때그때 임시변통만 했을 뿐이어서, 옛 것을 답습할 뿐 새로이 창조하려고는 하지 않았다. 따라서 숙손통이 죽고서는 이 제정(制定)작업은 정지해 버렸다. 가의(賈誼)와 공손신(公孫臣) 등의 개제(改制)에 대한 고취가 있었지만 효과가 없었다.

이때를 당해서 유학자들은 언제까지고 기다릴 수만은 없었다. 동중서(董仲舒)는 오로지 『춘추(春秋)』에 능통했는데, 그의 문장 중에서 다음과 같이 서술하고 있다.

"『춘추』의 도리에 의하면 신왕(新王)은 반드시 개제(改制)한다. 왜인가? 그것은 신왕은 하늘로부터 명(命)을 받은 것이지 전왕(前王)을 계승한 것은 아니기 때문이다. 만약 모든 것을 전왕의 제도대로 한다면, 그것은 전왕을 계승한 것과 차이가 없게 돼버린다. 수명(受命)한 왕은 원래 하늘이 특별히 발탁한 인물이다. 사람은 자기 부친을 섬기는 경우에도 그 뜻을 존중하는데, 하물며 하늘을 섬김에 있어서랴! 지금 하늘이 특별히 우리 임금[漢 왕조]을 발탁했는데, 우리 임금은 구제도를 전혀 바꾸지 않고 있다. 이 발탁에 대한 호의를 드러내지 않는 것이 어찌 하늘의 의사일 것인가? 그러므로 도성(都城)을 옮기고 칭호를 바꾸며 정삭(正朔)을 고치고 복색(服色)을 바꾸는 것은 다름이 아니라 하늘의 의사에 따라 자기가 새로이 수명(受命)한 사람이라는 것을 나타내기 위한 것이다." 7)

이 서술에 의하면, 이런 제도개정사업은 민중의 요구에 답하기 위한 것이 아니고 단지 상제(上帝)를 기쁘게 하려는 것이었다. 좀더 정직하게 말한다면, 황제를 위한 장식에 힘을 기울여, 신비적인 과장을 통해 그 지위를 한층 초월적으로 만들려 한 것에 지나지 않는다.

한이 일어나고 무제대(武帝代)에 이르는 60여 년[B.C. 206~140년]은 노(魯)의 두 유생이 말한 '백년의 덕을 쌓는다'는 말에 거의 일치한다. 무제는 공업(功業)을 매우 좋아하는 인물이어서, 도가풍(道

---

7) 『춘추번로(春秋繁露)』 삼대개제질문(三代改制質文)편.

家風)의 담백한 생활에 만족하지 않고, 유가에서 말하는 '천화난추(天花亂墜)'의 각종 제도에 흥미를 가졌다. 그래서 즉위와 동시에 조관(趙綰) · 왕장(王臧) 등의 유학자를 공경(公卿)으로 삼았다. 그들이 공경이 되고서 최초의 사업은 장안성(長安城) 남쪽에 명당(明堂)을 지어 제후가 황제를 조견(朝見)하는 장소로 삼는 준비였다. 이 제도는 『예기(禮記)』[明堂位]에도 기록이 남아 있다. 그 책에 다음과 같이 쓰여 있다.

"명당은 제후의 존비(尊卑)를 명백히 하는 건물이다. 이 건물 안에서 천자는 병풍을 뒤로 하고 남쪽을 향해 선다. 3공(三公)은 중계(中階)의 앞에서 북쪽을 향해 선다. 제후는 동쪽 계단의 동편에서 서쪽을 향해 선다. 제백(諸伯)은 서쪽 계단의 서쪽에서 동쪽을 향해 선다. 제자(諸子)는 정문(正門)의 동쪽 구석에 서며, 제남(諸男)은 정문의 서쪽 구석에 서서 함께 북쪽을 향한다. 구이(九夷)는 동문(東門)의 밖에서 서쪽을 향해 서며, 팔만(八蠻)은 남문(南門)의 밖에서 북쪽을 향해 서며, 육융(六戎)은 서문(西門)의 밖에서 동쪽을 향해 서며, 오적(五狄)은 북문(北門)의 밖에서 남쪽을 향해 서며, 구주(九州)의 지방관은 2중문[應門]의 밖에서 북쪽을 향해 선다."

이렇게 '만국(萬國)이 의관을 착용하고 몸을 단정히 하여 천자에게 절한다'면 천자의 존엄이 어떨 것인가? 여기서 숙손통의 조회례(朝會禮)를 돌아보면, 겨우 문무백관의 순서를 배열한 것에 지나지 않음과 그 규모의 협소함을 알게 될 것이다.

건원(建元) 원년[B.C. 140년] 겨울 10월, 무제는 승상 · 어사(御史) · 열후(列侯) 등의 대관(大官)에게 명하여 각각 현량방정(賢良方正) · 직언극간(直言極諫)의 인물을 추천시켰다. 이것이 과거제(科擧制)의 기원이다.* 추천된 100여 인에 대해서 무제는* 몇 번에 걸쳐 책문(策問)했다. 그 결과 동중서(董仲舒)의 대책이 가장 우수했는데, 이것이 유명한 '천인삼책(天人三策)' 이다. 그의 삼책 말미에서는 다음과 같이 말하고 있다.

"공자는 『춘추』를 지었는데, 일통(一統)을 가장 중시했다. 지금 백가(百家)는 사람마다 설이 달라 각각의 주의(主義)가 있어서, 국가는 일정한 법제를 세우지 못하고 민초(民草)도 누릴만한 도(道)를 알지 못하고 있다. 내 생각으로는 무릇 6경(經) 중에 없는 것과 공자의 도리에 합치되지 않는 것은 모두 금지해야 한다. 사설(邪說)이 없어져야, 정치가 획일화되며 법제가 명확해지고 백성도 바른 도(道)를 누릴 수 있게 될 것이다." [8]

이때는 바로 무제가 유가에 심취하던 때였으므로, 무제는 동중서의 설을 과연 옳다고 생각하여, 승상 위관(衛綰)에게 시켜서 "추천된 현량(賢良) 중에서 상앙(商鞅) · 한비(韓非)의 형명(刑名)의 주장을 신봉하는 자와 소진(蘇秦) · 장의(張儀) 등 종횡가(縱橫家)의 주장을 배운 자는 국정을 어지럽힐 위험이 있으므로, 모두 쫓아버렸으면 합니다" 라고 아뢰게 했다.[9] 그리하여 이번의 추천에서는 유가만이 남은 것이다. 건원 5년[B.C. 136년] 무제는 또 오경박사를 두어, 유학 제창의 색채는 점점 확실하게 되었다. 인민들은 자신의 입신출세를 위해서 모두 유학의 도(道)에 매진했다. 무제는 유가가 제창한 순수(巡狩) · 봉선(封禪) · 교사(郊祀) · 개제(改制) 등의 대전(大典)을 모두 거행했다. 무제는 천지(天地)를 교사(郊祀)하는 예를 정하고서, 가곡(歌曲)을 위한 한 집단을 만들어 '악부(樂府)' 라 부르고, 이연년(李延年)을 협률도위(協律都尉)로 삼았다. 또 사마상여(司馬相如) 등 수십 인

---

8) 『한서(漢書)』 권56 동중서전(董仲舒傳).
9) 『한서』 무제(武帝) 건원(建元) 원년조.

에 명하여 시부(詩賦)를 짓게 했다. 무제가 매년 정월 최초의 신일(辛日)에 감천(甘泉)에서 상제(上帝)를 제사지낼 때에는 동남동녀(童男童女) 70인이 일제히 이를 불렀으며, 저물 무렵부터 새벽까지 계속했다.[10] 유가가 몇백 년에 걸쳐 고취해온 예악이 무제의 손에 의해 실현된 것이다.

그러나 무제에게 백가(百家)를 내쫓으라고 권한 동중서는 진정 공자의 신도(信徒)였을까? 이 점은 내가 자세히 말할 것도 없이, 동중서가 지은 『춘추번로(春秋繁露)』와, 무제의 사적(事蹟)을 가장 상세히 기술한 『사기(史記)』의 「봉선서(封禪書)」를 『논어(論語)』에 비교해 보면 알게 된다.

진시황의 사상통일은 인민에게 서적을 읽지 못하게 했고, 그 수단은 형벌에 의한 제재였다. 한무제의 사상통일은 인민에게 한 종류의 서적만을 읽게 하려 했고, 그 수단은 이록(利祿)에 의한 유인이었다. 그 결과 시황은 실패했고 무제는 성공했다. 시황에게 사상통일을 권한 이사(李斯)는 유가의 대사(大師) 순경(荀卿)의 제자였으며, 무제에게 사상통일을 권한 동중서는 『춘추』의 전문가였다. 그들의 공자에 대한 존경의 정도는 달랐지만, 정책에서는 일치하고 있었다. 유가는 복고(復古)를 주장하고 계급의 존재를 승인했다. 이 우상은 무제가 국교로 정한 이후 현재까지 유지되었다. 그리하여 봉건제도는 전국시대 말에 타파되었지만, 봉건사상은 의연히 유가에 의해 전해져서* 무수한 종법(宗法)으로 구속된 '가족'을 만들어내어, 인민에게 위로는 국가를 잊고 아래로는 자기를 잊게 한 것이다.

10) 『한서』 권22 예악지(禮樂志).

3. 경서의 편찬

유가는 복고(復古)를 주장하여, 고대에 관한 기록이라면 모두 수집 · 보존하려 했다. 그러나 유감스럽게도 전래된 고대의 기록은 극히 적었다. 그들은 그 이유를 알 수 없었고, 후대인들도 알 수 없었으며, 현대의 우리들에 이르러서야 겨우 알게 되었다. 원래 상(商) 이전에는 아직 문자가 없는 시대여서, 당시 사람들은 세상일을 기록할 수단이 없었다. 상(商)대에 처음 만들어진 상형문자(象形文字)는 자체(字體)가 항상 변화하고 기록된 것이 극히 간단하여 몇월 몇일에 무엇을 했다는 것뿐이었으며, 작은 칼로 거북의 복갑(腹甲)과 소의 견갑골(肩胛骨)에 새긴 것이었다. 그들의 기록은 대체로 점친 형태였기 때문에, 현재 그것을 '갑골복사(甲骨卜辭)'라고 부른다. 이것은 청말(淸末)에 안양(安陽)에서 출토된 이후 현재 중앙연구원(中央硏究院)의 정식발굴에 이르기까지 3만 편(片) 이상 발견되었으며, 이로써 정리된 상대사(商代史)를 쓸 수 있게 되었다.* 우리들은 이 3천년 전의 것을 볼 수 있지만, 진한(秦漢)시대인은 볼 수 없었다.

그 후 기록하는 기술은 점점 진보하여, 몇월 몇일에 무엇을 했다는 외에 사람의 이야기도 기록할 수 있게 되었다. 이때 마침 야금(冶金) 기술이 진보하여 대량의 청동기(靑銅器)가* 제조되자, 이러한 기록을 청동기* 위에 새겼다. 청동기는 잘 부서지지 않기 때문에, 진한시대인들도 이를 볼 수 있었다. 진섭(陳涉)이 거병하자, 노(魯)의 유생이 공가(孔家)의 예기(禮器)를 가지고서 그의 본거지에 가서 몸을 맡겼는데, 이 예기는 전시대의 청동제 용구였다. 대략 말하면 악기에는 종(鐘)*, 식기에는 정(鼎)·력(鬲)[발이 밖으로 굽은 솥]·돈(敦)[기장을 담는 제기]·보(簠)[곡물 담는 제기], 음기(飮器)에는 준(尊)[술 담는 그릇]·이(彝)[술통]·호(壺)·뇌(罍)[雲雷무늬 그린 술잔]·작(爵)[참새 모양의 술잔]·고(觚)[술잔], 관세기(盥洗器)에는 반(盤)[세숫대야]·이(匜)[손대야] 등이 있었다. 모든 생활의 의식이 예의 범위에 포함되었으며, 또 유가는 복고를 주장했으므로 고인(古人)의 일용품들을 모두 '예기'라고 부를 수 있었던 것이다. 이 예기들 중에서 종(鐘)과 정(鼎)이 가장 중요했으므로, 후대에는 이들 기물을 연구하는 학문을 '종정학'이라 불렀고, 그 문자를 '종정명사(鐘鼎銘辭)'라고 불렀다. 현재는 이를 '금문(金文)'이라 부르고 있다. 이러한 기물은 물론 진·한 시대인들도 보았지만, 그들이 본 것은 도리어 우리들보다 많지 못했다. 한무제 때에 분음(汾陰)에서 대단히 큰 정(鼎)이 발굴되었는데, 문자는 없었다. 사람들은 놀라 상서롭게 여겼으며, 그래서 무제는 원정(元鼎)이라고 개원(改元)했다.[1] 후에 선제(宣帝) 때에 미양(美陽)에서 또 정이 발굴되자, 관리들은 또 상서롭다고 말하여 황제에게 원정(元鼎)의 고사(故事)를 되풀이하라고 권했다. 장창(張敞)이라는 총명한 인물은 고문자의 지식이 있었는데, 그가 아뢰어 반박했다.

"그들의 주장은 옳지 않습니다. 이 정의 명문은 다음과 같습니다. 「왕이 신하에게 명령했다. "이 순읍(栒邑)의 관리가 되어라. 너에게 기(旂)[깃발]·난(鸞)[난새]·보불(黼黻)[수놓은 예복]·조과(琱戈)[아로새긴 창]를 하사하노라." 신하는 두손을 모아 절하고 머리를 조아리며 말했다. "감히 천자의 훌륭하신 명령에 답하여 그 뜻을 널리 알리겠나이다."」

---

1) 『사기』 봉선서(封禪書). 『한서』 교사지(郊祀志)상. 본서 I-5장 p. 59 참조.

미양은 서주(西周)의 왕기(王畿)입니다. 그러므로 이것은, 주왕(周王)이 많은 기물을 대신에게 주고서, 그 대신의 자손이 선조가 받은 은총을 선양하기 위해 그 기물 중 정에다 새겨 조묘(祖廟) 안에 안치한 것입니다. 이것은 구장품(舊藏品)의 발견이지 상서로움이 하늘에서 내린 것은 아닙니다."

그가 이렇게 분명하게 말했기 때문에, 선제도 할 수 없이 단념했다.[2] 송대(宋代)가 되면 이러한 고기(古器)가 차츰 많이 수집되었다. 거기다 휘종(徽宗)의 제창에 힘입어 종정학(鐘鼎學)이 성했고, 600여의 기명(器銘)이 몇 책(冊)의 전서(專書)로 편찬되었다.[3] 청대(淸代)가 되면 고문자학과 고사학(古史學)의 발달에 의해 종정학의 연구는 한층 깊어졌으며, 하나의 고물(古物)이 발견되면 곧 많은 사람이 고증을 행했다. 현재 우리가 알고 있는 명문이 있는 고기(古器)는 약 삼천 개에 이른다. 이러한 안목의 폭은 진 · 한 시대인에게는 전혀 음미되지 못했던 것이다. 우리가 이러한 자료를 사용하게 되면서 정리된 서주사(西周史)를 쓸 수 있다는 희망을 가지게 되었다. 상대(商代) 이후, 기록의 기술이 다시금 진보하여 사람들 간의 서신왕래가 가능해지고, 많은 분량의 사건과 이야기도 문장으로 써서 철할 수 있게 되었다. 당시의 기록도구는 대[竹]와 나무로 만든 간(簡)에 칠(漆)로 쓴 것이었으며, 한 매의 간에는 대략 10여 자 내지 20여 자 정도 쓸 수 있었다. 실과 가죽끈으로 많은 간을 이어붙이면 책(冊)과 편(篇)이 된다. 진(秦)의 장군 몽염(蒙恬)이 토끼털붓을 발명하고부터는 글씨쓰기가 더욱 용이해졌다.* 전한(前漢)대에는 간과 비단[帛]이* 병용되었다. 비단은 말 수 있었기 때문에 권(卷)이 되었다.

---

2) 이상 장창에 대한 것은 『한서』 교사지(郊祀志)상에 근거한다.

3) 구양수(歐陽脩) 『집고록(集古錄)』, 조명성(趙明誠) 『금석록(金石錄)』, 여대임(呂大臨) 『고고도(考古圖)』 등을 가리킬 것이다.

갑골(甲骨)에서 종정(鐘鼎)으로, 죽목간(竹木簡)으로, 그리고 비단으로라는 소재상의 편리함이 점점 증가하고, 기록되는 것도 점점 많게 되었다. 후세 사람들은 이러한 것을 사용하는 데 익숙해져 있기 때문에, 마치 귀족의 자제가 농사의 힘겨움을 이해하지 못하는 것처럼, 고대인들도 똑같이 기록했을 것이기 때문에 당연히 많은 것이 전해질 것이라 생각한다. 그래서 고서(古書)와 고사(古史)에 대해 과대한 희망을 품는다. 그때에도 만약 오늘날 같이 발굴을 해서 다수의 지하유물을 통해 2 · 3책(冊)의 고대사를 정리할 수 있다면, 물론 이보다 좋은 것은 없다. 그러나 그들은 이러한 방법을 알지 못했고, 귀로 들은 것을 고사(古史)로 보거나 또는 자기 마음에 생각한 것을 고사로 보았다. 그래서 그들이 듣거나 생각한 것을 책으로 쓰고, 그것을 진정한 고서(古書)라고 생각한 것이다. 따라서 고대인에게는 당시의 사실을 후세인에게 써 남길 수단이 없었기 때문에, 도리어 후대인의 방법이 그것을 보충하여 더욱 완비된 것으로 만들고 있다. 『한서(漢書)』 예문지(藝文志)를 펴면 옛 제왕(帝王)과 명신(名臣)의 저작이 많이 있는데, 아마 이들의 저작은 그들의 진면목과 크게 다를 것이다.

고대의 학문은 모두 귀족이 있는 곳에 집중되었으며, 당시의 지식인은 모두 귀족의 기생자였다. 귀족은 하늘과 귀신을 신봉하여 항상 제사를 지낼 필요가 있었기 때문에, 그들의 종자(從者)에는 무(巫) · 축(祝)이 있었다. 귀족은 축문(祝文) · 책명(策命)과 인사(人事) · 천의(天意)의 기록을 만들 필요가 있었기 때문에, 그들의 종자에는 사(史)가 있었다. 귀족은 제사와 연회 때에 음악을 연주할 필요가 있었기 때문에, 그들의 종자에는 사(師)[악사]가 있었다. 이들 무(巫) · 축(祝) · 사(史) · 사(師)는 직업상의 필요와 장기간의 담당에 의해서, 천문 · 지리 · 음악 · 정치제도 · 역사에 대한 지식이 당연히 매우 많게 되었고, 이 지식들이 차츰 체계적인 학문이 되어갔다. 그러나 일반 민중은 계급의 제약을 받아 이러한 문화의 혜택을 받을 수 없었으며, 따라서 학문 따위에는 생각이 미칠 수도 없었다. 역시 하늘은 문운(文運)을 열기 마련인지,* 공자는 당시에 뜻을 얻지 못하고 일개 개인으로서 학문을 펴서 제자들을 모았다. 그가 말한 학문은 극히 일반적인 것이었는데, 귀족에게 독점되었던 학문을 그가 처음으로 민중에게 공개하여, 민중도 고도의 문화를 누릴 수 있게 되었다. 그래서 공자는 위연(巍然)히 중국 학통(學統)의 선두에 서서, 2,400년이 지나도록 모두가 극히 위대한 사람으로 인정하고 있는 것이다.

『논어』에서 공자는 자주 『시(詩)』와 『서(書)』를 인용하고 또 자주 예(禮) · 악(樂)을 찬양하고 있다. 『시』와 『서』는 당시 두 종류(2類)의 서적이었다.[왜 2部라고 말하지 않는가 하면, 당시의 책은 竹簡으로 쓰여져 대단히 부피가 컸으며, 현재 1篇이라는 것이 당시의 1册이고 현재 1部라는 것은 당시에는 산더미 같이 큰 양이었기 때문이다. 따라서 서적에 대한 관념도 우리는 部로 셀 수 있지만, 그들은 그럴 수 없었다. 그들로서는 이런 종류의 것은 그저 『시』라고 부르고, 저런 종류의 것은 『서』라고 부를 수밖에 없었다.] 예와 악은 책이 아니고 일에 대한 것이었다. 여러 가지 일의 처리방법이 예이며, 시를 노래하는 방법이 악이었다. 따라서 『시』는 악의 텍스트이고, 악은 『시』의 동작이었다. 이러한 『시』는 원래 악사(樂師) 소관이었으며, 종묘(宗廟)에서 제사 때에 사용되는 것은 '송(頌)'이라 부르고 빈객(賓客)과의 연회시에 사용된 것은 '풍(風)', '아(雅)'라고 불렀다. 풍 · 아 · 송의 시초로서는 사대부(士大夫)가 지은 것도 있고 악사(樂師)가 지은 것도 있었으며, 민간의 가요를 악사가 채용한 것도 있었다. 이러한 시는 매우 많은 수였을 것이지만, 상용된 것은 300편 전후에 불과했다. 『서』는 사관(史官)이 담당하는 기록이었다. 국왕이 신하에게 하는 얘기, 신하가 국왕에게 하는 얘기, 전쟁 때 출정의 서사(誓詞), 왕실의 중요한 전례(典禮) 등 사관이 중요하다고 생각한 것이 기록되었으며, 한 가지 일이 1책(册)의 서(書)가 되었다. 그리고 그 중에서 몇 글자를 뽑아서 각각의 제목(篇名)으로 삼았다. 오늘날의 용어로 말하면 공문서 내지 관청의 기록에 해당한다. 이런 류의 것은 『시』에 비해 분량이 매우 많았다. 죽간 · 목간은 부패하기 쉽고 『시』가 가창에 의해 사람들의 입으로 전해지지 못했으므로, 공자가 당시 이를 실제로 어느 정도 보았는지 알 수 없다. 공자에게는 중유(仲由)[子路]라는 솔직한 제자가 있어서 한번은 공자에게 "왜 항상 서(書)를 읽은 후에 학문을 하라고 하십니까?" 라고 질문한 적이 있듯이[『논어』 先進篇], 공자가 학생을 지도할 때에는 그들에게 서(書)를 많이 읽게 했다. 그러나 유감스럽게도, 당시 실제로는 읽을 수 있는 서(書)가 결코 많지 못해서, 겨우 이 3백편의 『시』와 약간의 『서』의 잔간(殘簡)만으로는 대의도 파악할 수 없었다. 그래서 공자가 후세에 끼친 영향이 고문화(古文化)를 널리 전했다고 해도, 실제로 그것은 그 자신이 주장한 실천윤리로서의 '예(禮)' 에 의한 것이었다.*

『역(易)』이라 불리는 주(周)시대의 점복서(占卜書)가 있다. 그것이 '역' 이라는 명칭을 가지게 된 것은, 아마 시(蓍)[시초]를 사용하는 점복법이 갑골(甲骨)을 사용하는 것에 비해 간편했기[易] 때문일 것이다. 이것도 고서(古書)라고 생각되므로, 공자는 복관(卜官)이 있는 곳에서 이를 본 적이 있었는지도 모른다. 그러나 그가 이것을 언급하지 않은 것은, 사람을 중시하되 신(神)을 중시하지 않고 점복법의 허구성을 간파하여, 이것을 세상에 널리 전하려고 생각하지 않았기 때문이 아닐까? 또 『춘추(春秋)』라 불리는 노국(魯國)의 편년체(編年體) 사서(史書)가 있는데, 아마 간책(簡冊)이 떨어져 나가버렸기 때문인지 노은공(魯隱公) 이후밖에 남아 있지 않다. 이 책은 공자도 분명히 보았을 테지만, 『논어』에서는 언급되어 있지 않다. 뒤의 유가는 이 『역』, 『춘추』를 모두 모아 기록했다. 그들은 말했다.

"『춘추』는 공자가 지은 것이다. 공자가 『춘추』를 지은 것은 강상명

교(綱常名敎)를 바로잡기 위한 것이었다. 공자는 천하가 매우 혼란한 것을 보고 분개하여, 천자의 직권을 대행하여 당시의 제후 · 대부(大夫)에게 포폄(褒貶)을 가했다. 물론 문자상으로는 확실하게 쓰여져 있지 않지만, 문자의 이면에는 모두 공자의 포폄의사가 담겨 있다. 『춘추』는 원래 노(魯)의 사서(史書)였는데, 공자가 이렇게 개수했기 때문에 공자의 정치철학이 되었고, 또 후세의 천자를 위해 공자가 제정한 법전이 되었다. 공자는 당시 권세가들의 노여움을 사서 신변안전에 위협을 느꼈으므로, 이러한 의사를 구두로만 제자들에게 전했다. 제자들의 구전(口傳)이 각기 달랐기 때문에, 이것이 뒤에 문자화될 때에는 이것이 다른 『춘추전(春秋傳)』이 되었다."

그들은 또 말했다.

"『역(易)』은 공자가 만년에 처음 연구했다. 천도(天道)는 오묘하여 깨닫기 어려웠으므로, 고심하여 열심히 읽었기 때문에, 결국 죽간(竹簡)을 연결한 가죽끈이 세 번이나 떨어져 버렸다. 공자는 『역』의 원리를 명확히 하기 위해 『역전(易傳)』 10편을 지었다. 이들 전은 『역』에 대한 보충이기 때문에 『역십익(易十翼)』이라고도 불린다."

공자가 『역』과 『춘추』에 대해 직접 손을 댔다면, 『시(詩)』와 『서(書)』에 대해서도 손을 대는 것은 당연하다. 그래서 그들은 말했다.

"『시』는 원래 삼천여 편이었는데, 공자에 의해 구 할이 삭제되었다. 『서』는 더 많이 삭제되어, 원래 삼천이백 편이었던 것이 백 편도 남지 않았다."

또 관혼상제(冠婚喪祭)의 예를 서술한 17편의 『의례(儀禮)』가 있는데, 그들은 이것도 공자가 지었다고 말했다. 이들 유가의 말에 따르면, 공자의 일생 동안에 걸친 학술사업은 『시』와 『서』를 줄여 정리하고 『춘추』와 『예의』를 짓고, 또 『역』에「전(傳)」을 단 것이 된다. 공자가 이 다섯 가지를 저작한 데서 '5경(五經)'이 탄생했다. 악(樂)은 공자의 저작이 없었지만, 역시 공자는 이를 정리하는 시간을 가진 적이 있으므로, 아울러 말하면 '6경'이 된다. 전국시대 말기로부터 오늘에 이르기까지 이 5경6경의 관념은 학술계에서 전혀 변하지 않았다.*

공자의 저작을 '경'이라 칭한 것이 그것에 대한 존중을 표시한다는 생각에는 여태까지 의문의 여지가 없었다. 그러나 오늘날 이해하고 있는 바로는 '경(經)'의 원래 뜻은 실[糸]이다. 많은 죽간 목간이 실로 이어지면 그것이 '경'이라 불렸다. 경이라는 것은 서적의 통칭이었으며, 후대의 소위 '천경지의(天經地義)'적인 관념은 여기에 조금도 포함되어 있지 않았다. 죽간에는 장단(長短)이 있어, 관청용은 길이 2척(尺) 4촌(寸)이었다. 5경 등은 공자의 저작이라고 해도, 원본은 관서(官書)였기 때문에, 역시 길이 2척 4촌이었다. 개인용에는 길이 1척 2촌과 8촌이 있었다. 또 6촌의 목판도 있어서 그때그때의 필기에 이용했다. 이것은 바로 우리의 필기부(筆記簿)와 같은 것이어서 '부(簿)'라고 칭했는데, 또 '전(專)'이라고도 불려 가차자(假借字)를 사용해 쓰면 '전(傳)'이 되었다. 전은 경보다 엄정하지 않았기 때문에, 후세인들은 이를 경의 보조독본(讀本) 또는 참고자료로 이용했다. 그들은 말했다.

"공자가 『춘추(春秋)』를 지은 후, 그의 제자 세 사람이 공자의 생각을 기억했다가, 이 기억이 대대로 전해져 한(漢)대에 이르러 3종류의 『춘추전(春秋傳)』이 되었다. 공자가 『상서(尙書)』를 엮었을 때 많은 해석을 남겼는데, 이 해석이 한대에 전해져 『상서대전(尙書大傳)』이 되었다. 공자가 『시(詩)』 300편을 엮었는데, 한대에 이르면 제(齊)와 노(魯) 및 연(燕) 한영(韓嬰)의 텍스트가 생기고 그들 해석도 각각 달랐기 때문에, 제 · 노 · 연 3가(家)의 전(傳)이 있다. 『예(禮)』에는 공자의 제자인 복상(卜商)[子夏]이 지은 「상복전(喪服傳)」이 있고, 또 72제자의 후학(後學)들이 지은 백여 편의 「기(記)」가 있다. 『역(易)』은 문왕(文王)과 주공(周公)이 지은 경(經)이며, 공자가 전(傳)을 지었다. 따라서 5경(經)에는 모두 전이 정리되어 있다."

유가는 효도를 대단히 중시했는데, 공자의 제자 중에서 증삼(曾參)의 효가 가장 유명했기 때문에, 저작자 및 저작연대가 확실하지 않은 『효경(孝經)』은 공자가 증삼에게 가르친 것이라고 이야기되었다. 『시(詩)』는 원래 『시』라고 불리고 『서(書)』는 원래 『서』라고 불렸을 뿐이므로, 『시경』 『서경』이라 불린 것은 뒤의 일이다. 유독 이 『효경』의 '경' 자(字)만은 '효' 자(字)와 분리할 수 없다. 이것은 분명히 '경' 이라는 말이 숭고한 의미를 얻은 후에 출현한 것이다. 『효경』은 작은 책이고 읽기 쉬웠으며 또 군주의 제창으로 천하에 보급되었으므로, 한대인은 이 책을 대단히 신봉했다. 후한(後漢) 말에 장각(長角)이 반란을 일으켰을* 때, 시중(侍中)인 향허(向栩)가 아뢰어,

"국가[천자]가 군사를 일으켜 토벌하는 것은 불가능합니다. 황하(黃河)변에서 북쪽을 향하여 『효경』을 읽기만 한다면, 난적들*[장각 등의 黃巾軍]은 자연히 소멸될 것입니다."

라고 말했다.[4)]

또 『논어』라는 책이 있는데, 이 책은 공자와 동시대인 및 제자들 간의 대화를 기록하고 또 그들의 일상적인 잡사(雜事)를 기록하고 있다. 이 책은 대략 공자를 이은 제자들이 편집한 것이기 때문에 제(齊)

---

4) 『후한서(後漢書)』 권81 독행열전(獨行列傳)의 향허전.

와 노(魯)의 판본 사이에 차이가 있었는데, 한대에 이르러 합쳐져 하나가 되었다. 비록 그 속에는 몇 군데 개찬(改竄)이 가해진 곳이 있지만, 우리가 공자의 진상을 알려고 할 때, 이것은 가장 중요한 원자료이다. 『논어』라는 말도 죽간에서 유래한다. '論' 자(字)는 옛날에는 다만 '侖'이라 썼는데, 그것은 죽간을 모아서 하나의 책(冊)으로 한다는 의미였다.

이상에서 서술한 것은 5경에 대한 것이다. 이들 경에는 한 개 내지 몇 개의 전(傳)이 있다. 또 특별히 만들어진 『효경』과 공자의 언행을 기록한 『논어』는 모두 유가의 것이지만, 성격은 각각 다르다. 그러나 중요한 것으로 말하면 역시 이 5경뿐이다. 후에 공자를 존중한 나머지 이것들의 전(傳)마저 모두 경으로 격상시켜, '13경'이라는 말이 출현하게 되었다. 13경은 한 번에 만들어진 것은 아니다. 전국(戰國)시대 이전에는 『시(詩)』『서(書)』『예(禮)』『악(樂)』의 4경이었다. 전국시대 이후 『역(易)』『춘추(春秋)』가 더해져 6경이 되었다. 한대인은 『악(樂)』에 악보만 있고 경(經)이 없기 때문에 이를 제외해 5경으로 하고, 다시 『논어』『효경』을 더해 7경으로 했다. 당(唐)대에는 『의례(儀禮)』『주례(周禮)』『예기(禮記)』를 3경으로 세고, 또 『춘추』의 3전(傳)을 3경으로 세는 한편 『역(易)』『서(書)』『시(詩)』를 더해, 9경으로 했다. 송(宋)대에는 당(唐)대의 9경에 또 『논어』『효경』『맹자』『이아(爾雅)』를 더해 13경이 되었다. 그러므로 13경이라는 것은 5회에 걸친 변천을 통해 만들어진 것이다.

한학(漢學)의 중심은 경학이었기 때문에, 우리가 한학의 지위를 이해하려면 소위 경(經)이 무엇인지를 먼저 분명히 해야 한다. 유감스럽게도 지면이 부족하여 전부 서술할 수가 없다.

4. 박사관(博士官)

박사(博士)는 오늘날에는 학위의 명칭이지만, 고대에는 관명(官名)이었다. 이 관직은 전국시대에 이미 있었는데, 그 상세한 내용은 알 수 없다. 진시황(秦始皇) 때에는 박사가 70인이었으며, 그들의 직무는 '고금(古今)에 능통한다' 는 것이었다. 진시황 33년[B.C. 214년]에, 북방에서는 흉노(匈奴)의 하투(河套)지역을 빼앗았고, 남방에서는 남월(南越)의 육량(陸梁) 땅을 빼앗았다. 다음해 함양궁(咸陽宮)에서 주연을 베풀어 축하했을 때, 박사 70인이 나아가 수사(壽詞)를 바쳤다. 복사(僕射)[박사의 長]인 주청신(周靑臣)이 송사(頌詞)를 올려 말했다.

"지금 해와 달이 비추는 곳으로서 황제폐하의 위령(威靈)에 굴복하지 않는 땅은 없습니다. 이제 제후국(諸侯國)을 군현(郡縣)으로 바꾼다면, 앞으로 전쟁의 재난을 면할 수 있을 것입니다. 이것은 상고(上古) 이래 아직 일찍이 없었던 성대한 일입니다."

진시황은 그것을 듣고 매우 기뻐했다. 이때 갑자기 한 사람의 완고하고 대담한 박사인 제(齊)의 순우월(淳于越)이 일어나 말했다.

"은왕(殷王)과 주왕(周王)은 자제들과 공신(功臣)을 봉(封)했기 때문에 천여 년 동안 천하를 지배할 수 있었던 것입니다. 지금 폐하의 자제분들은 필부(匹夫)에 지나지 않는데, 만일 권신(權臣)이 나라를 찬탈하는 사태가 벌어지면 대체 누가 황실을 도울 수 있겠습니까? 일을 행할 때에 옛 사람을 표본으로 삼지 않으면, 결코 오래 유지할 수 없습니다. 주청신은 폐하의 면전에서 아첨하고 있는 것이니 충신이 아닙니다."

진시황이 이 주장을 군신(群臣)에게 의논시키자, 승상(丞相) 이사(李斯)가 말했다.

"고금(古今)의 제도가 다른 것은 근간이 상반된 것이 아니라 시세(時勢)가 변했기 때문입니다. 우리가 세운 것은 만세(萬世)에 걸치는 대업입니다. 그러므로 하(夏) 상(商) 주(周) 3대의 사례밖에 모르는 순우월(淳于越) 따위가 어떻게 이러한 신제도(新制度)를 이해할 수 있겠습니까? 이전에 천하가 아직 통일되지 않았을 때, 군주가 정한 제도는 사가(私家)의 학(學)에 의한 공격을 자주 받았습니다. 그들이 옛날의 사례로 말한 것은 실은 허구로 꾸며낸 말에 지나지 않습니다. 지금 천하가 이미 통일되었음에도 불구하고, 이러한 분위기는 아직 고쳐지지 않았습니다. 만약 이를 엄중하게 금지하지 않는다면, 아래에서는 당파가 생기고, 위에서는 권위가 땅에 떨어질 것입니다. 제가 제안을 드리겠습니다. 사관(史官)이 보관하는 것 중에서 진(秦)의 사서(史書)[秦記] 이외에는 모두 태워버리십시오. 박사관(博士官)이 보관하는 것 이외에 개인 소장의『시』『서』와 백가(百家)의 주장에 관한 책은 모두 지방관에게 보내어 태워버리게 하십시오. 감히 사람을 모아서『시』『서』를 말하는 자가 있으면 사형에 처하십시오. 감히 고사(古事)를 인용해서 지금의 제도에 반대하는 자가 있으면 일가(家)를 모두 사형에 처하십시오. 관리가 알면서도 적발하지 않는 경우에는 똑같이 형벌에 처하십시오. 법령이 반포되고 30일이 지나서도 아직 태워버리지 않는 자가 있으면, 곤겸(髡鉗)[머리를 깎고 목에 칼을 씌

움]하여 장성(長城)의 축조에 동원하십시오.[1] 남기는 것은 의약(醫藥) 복서(卜筮) 종수(種樹)의 서적에 한하게 하십시오. 법령을 배우려는 자는 관리가 있는 곳에 가서 학습하도록 하십시오."

진시황은 곧 이를 옳다고 했다.[2] 이것은 물론 사상통일을 주장하는 이사(李斯)의 집정하에서는 일어날 수 있는 일이다. 그러나 실제적인 발단은 '옛날에 능통하고 지금에 능통하지 못한' 박사가 '옛날 것을 옳다 하고 지금 것을 그르다고 한' 것에 기인했던 것이며, 순우월이 저지른 재난이라 할 수 있다. 그런데 이상한 것은 사관(史官)이 소장한 역사서적 중에서 진(秦)의 기록 이외에는 모두 태워버렸으면서, 『시』『서』와 백가(百家)의 주장에 관한 것이라도 박사관이 가지고 있는 것은 모두 태우지 않았던 것이다. 왜 이 '옛 것을 옳다 하고 지금 것을 그르다고 하는' 주장의 뿌리를 남겨 놓으려 한 것일까? 아마 그것은 관제(官制)와 관계가 있을 것이다. 박사관을 없애지 않더라도, 그들에게 고서(古書)를 읽히고 그들이 시의(時誼)에 맞지 않는 의논을 함부로 하지 않으며 조용히 황제의 장식품이 되기만 한다면, 상관이 없었던 것이다.

당시 박사는 『시』『서』와 백가(百家)의 주장에 관한 책을 담당했는데, 『시』『서』는 고대부터 전해진 경서였으며, 백가에 관한 것은 전국시대 제가(諸家)의 학설이었다. 백가라는 것은 당연히 잡다해서, 그 중에는 신선가(神仙家)도 있고 술수가(術數家)도 있었다. 진시황 36년[B.C. 211년]에 운석(隕石)이 동군(東郡)에 떨어졌는데, 누군가가 그 위에 "시황제가 죽어 땅이 갈라진다"라는 어귀를 새겼다. 진시황은

---

1) 『사기』 진시황본기에는 '黥爲城旦' 이라고 되어 있다. '黥' [얼굴이나 팔 등에 글씨를 새기는 형벌]을 '髡鉗' 이라 한 것은 여순주(如淳注)에 인용된 율설(律說)에 따른 것이라고 생각한다.

2) 이상 진시황본기 34년조.

그것을 듣고서 그 운석 부근의 주민을 모두 죽이고 운석도 태워버렸지만, 마음속은 민망하여 유쾌하지가 못했다. 이리하여 그는 박사들에게 명하여 '선진인시(仙眞人詩)'를 짓게 하고, 순행할 때에는 어디서든지 악인(樂人)들에게 명하여 노래하게 했다. 왜 '선진인(仙眞人)'이라 부른 것일까? 그것은 진시황이 진인(眞人)을 흠모하여 스스로 '진인'이라 칭했고, 사람들이 이 시를 노래하는 것을 들으면 그는 마치 자기가 정말 선진인(仙眞人)이 되어 불사(不死)를 얻은 것처럼 생각했기 때문이다. 다음해 그는 회계(會稽)에 이르고 다시 바다에 연하여 낭사(琅邪)에 이르렀는데, 도중에서 해신(海神)과 싸우는 꿈을 꾸었다. 이 꿈을 점몽박사(占夢博士)에게 물었더니 박사가 말했다.

"수신(水神)은 볼 수 없지만 그 종자(從者)인 대어(大魚) · 교룡(蛟龍)[이무기]은 종종 모습을 나타냅니다. 만약 이 악신(惡神)을 제거하려 한다면 우선 대어(大魚)를 잡아야만 합니다."

진시황은 즉시 어획도구를 준비하고 몸소 연노(連弩)[일시에 많은 화살을 쏘는 활]의 제작을 독려해서 지부(之罘)에 이르렀을 때, 과연 한 마리의 대어를 사살했다. 그런데 이 박사의 얘기는 효험이 없었고, '선진인(仙眞人)'의 시도 역할을 다하지 못해서, 진시황은 해안에 오르자마자 병에 걸려 얼마 후 여행 도중 죽었다.[3)]

한(漢) 원년[B.C. 206년] 고조(高祖)가 진군(秦軍)을 격파하고 함양(咸陽)에 진격했을 때, 많은 장병들은 앞다투어 금백재물(金帛財物)의 창고에 몰려가 약탈했다. 그러나 유독 소하(蕭何)만은 승상(丞相)과 어사(御史)의 집무소로 가서 율령(律令)과 도서(圖書)[즉 지도 · 호적]를 접수하여 군중(軍中)으로 가지고 돌아왔다. 후에 고조가 천하의 요해(要害) · 호구(戶口)의 수와 민간의 질고(疾苦)를 알 수

3) 이상 진시황본기 36년조.

있었던 것은 이들 문서의 덕택이었다.[4] 박사의 관저에 있었던 고서적에 대해서는, 하급관리 출신의 이 인물[소하]은 물론 주의를 기울이지 않았다. 1개월 남짓 후에 항우(項羽)가 들이닥쳤을 때, 항복한 왕자 영(嬰)을 죽이고 함양의 인민을 살육했으며 진(秦)의 궁실을 불태웠는데, 그 불길이 3개월이 지나도 꺼지지 않았다. 이러한 정세 아래서 박사관 소장의 『시』『서』와 백가의 주장에 대한 서적은 남김없이 소실되었다. 진시황이 민간의 서적을 태우고 항우가 다시 박사의 서적을 불태운 것은 8년 내내 두 번에 걸친 서적의 대재난이었다.

서적은 두 번의 대재난을 만났지만, 책을 읽는 사람이 모두 죽어버린 것은 아니었다. 진의 박사 숙손통(叔孫通)은 100여 인의 제자를 이끌고 한(漢)에 귀속했는데, 그와 함께 관중(關中)에 온 사람 중에는 또 노(魯)의 유생 33인이 있었다. 그들이 한 왕조의 각종 제도를 정한 것이다.[5] 진(秦)의 어사(御史)로서 주하방서(柱下方書)를 담당했던 장창(張蒼)은 천하의 도서 · 계적(計籍)에 능통했으며, 한에 귀속한 후에 승상(丞相)에 이르렀다.[6] 무엇보다도 중요한 사실은 노(魯)의 공자묘당(廟堂)에 간직된 공자의 의(衣) · 관(冠) · 금(琴) · 거(車) · 서(書)가 대대로 전해져, 한에 이르기까지 200년간 끊어지지 않았던 것이다.[7] 유가들은 또 향음(鄉飮)과 대사(大射)의 예를 공자의 구묘(丘墓)에서 거행했으며,[8] 이 구묘의 넓이는 100무(畝)나 되었다.[9] 따라서 이 두 번의 대재난으로 서적은 물론 대손실을 입었지만, 주의해서 찾기만 하면 아직 복원은 어렵지 않았다.* 다만 초한

---

4) 『사기』 권53 소상국세가(蕭相國世家)

5) 본서 Ⅱ-2장 p.p. 90~93 참조.

6) 『사기』 권96 장승상열전 및 『한서』 권42 장창전.

7) 『사기』 권47 공자세가(孔子世家)의 「太史公曰」에, "適魯, 觀仲尼廟堂車服禮器……"라고 했다.

8) 『한서』 권88 유림전(儒林傳).

9) 『사기』 공자세가 「孔子葬魯城北泗上」의 집해주에서 인용한 『황람(皇覽)』에 보인다.

(楚漢) 때에는[항우와 유방이 대결하던 때에는] 사방에서 병란이 8년간이나 계속되었고, 그 후 흉노(匈奴)를 방어하고 반란[韓信 · 彭越 등의 반란]을 평정하는 데 많은 힘을 기울였기 때문에, 문화의 건설을 돌볼 여력은 아직 없었다. 게다가 진시황이 사가(私家)의 장서를 금지한 법률은 한초(漢初)에도 그대로 계속되었으며, 혜제(惠帝) 4년[B.C. 191년]에 겨우 폐지되었다. 실권을 장악한 대신(大臣) 주발(周勃) · 관영(灌嬰) 등은 모두 무인(武人) 출신이어서 역시 학문의 제창을 좋아하지 않았다. 전국시대 말기의 대격동으로부터 한왕조의 안정까지는 약 6 · 70년간의 기간인데, 이 시기에는 문화적 분위기는 침체되고 연구활동도 정체되었다. 어떤 것이든 수십 년간 제창하는 사람이 없으면 사라져버리는 것이다. 과거시험의 팔고문(八股文)과 시첩시(試帖詩)[作詩]가 좋은 예이다. 과거(科擧)제도가 폐지된 지 현재 30년도* 안 되었는데, 벌써 노인은 이를 말하지 못하고 중년층은 이해하지 못하며 청년층은 그런 것이 있었는지도 모르게 되었다. 또 30년이 흐르면 허드레물건을 파는 노점상조차 보지 못하게 될 것이다.* 그런데 아직 과거제도가 폐지되지 않았을 때라고 해서, 아무리 쓸쓸한 분위기에서도 소위 독서인(讀書人)이 연찬(硏鑽)에 힘을 기울였을 것인가? 6경은 물론 팔고문 같이 단순한 입신출세의 수단은 아니었지만, 이 장기간에 걸친 정체 속에서 이해할 수 있는 사람이 날로 줄고 남은 텍스트도 격감한 것은 진정 필연의 사태였다. 이것이 한대의 경학(經學)이 분기(分岐)한 주원인이다.

문제(文帝) 때 황룡(黃龍)이 출현하여 공손신(公孫臣)의 예언이 적중했기 때문에, 문제는 그를 박사로 임명하고 여러 유학자와 함께 토덕(土德)의 제도를 기초하도록 했다.[10] 공손신은 음양가(陰陽家) 추연(鄒衍)의 설을 전한 사람이면서 박사가 되었다. 결국 당시는 아직 진(秦)의 유풍을 받아 백가(百家)에도 각각 박사가 두어진 것이다.

---

10) 본서 Ⅰ-4장 p. 47에 보인다.

문제의 박사는 70여 인이었다고 하므로 숫자 면에서는 진시황과 거의 같은데, 문제는 황로(黃老)를 존중했으므로 도가(道家)의 박사가 훨씬 많았을 것이다. 그러나 고학(古學)은 유가(儒家)가 중심이었으며, 천하가 점차 안정됨에 따라서 6경이 당연히 제창되게 되었다. 『시』와 『서』는 고대인이 가장 잘 인용한 것이므로, 문제도 이 2경의 박사를 세우려 했다. 당시 『시』를 말하는 자에는 노(魯)의 신공(申公), 연(燕)의 한영(韓嬰)이 있었으므로, 문제는 그들을 『시』박사에 임명했다. 『서』에 대해서는 읽을 수 있는 자가 전국적으로 거의 없었다. 탐문 끝에 겨우 제남(濟南)에 복생(伏生)이라는 사람이 있다는 것을 알게 되었다. 그는 원래 진(秦)의 박사로 오로지 『상서(尙書)』를 담당했었으며, 나이가 이미 90을 넘어 도읍까지 올 수가 없었다. 그래서 태상장고(太常掌故)인 조착(晁錯)에게 명하여 복생의 집에 이르러 가르침을 받도록 했다.[11] 그러나 복생의 집에 있었던 『서』도 많은 부분은 없어지고 20여 편밖에 전해지지 않았기 때문에, 춘추 · 전국시대의 사람들이 인용한 『서』의 문장 중에는 현재의 『서경(書經)』에서 찾아지지 않는 것이 많은 것이다. 만약 복생이 이미 몇년 일찍 죽었다면, 이 『상서』라는 경도 잃게 되었을 것이다. 이윽고 조정은 복생의 제자 구양생(歐陽生)을 『서』박사로 임명했다. 경제(景帝) 때에 또 원고생(轅固生)을 『시』박사로 동중서(董仲舒) · 호무생(胡毋生)을 『춘추(春秋)』박사로 임명했다. 원고생은 제(齊)인이며, 그가 말한 『시경(詩經)』과 신공(申公) · 한영(韓嬰)이 말한 그것과는 각각 차이가 있어서, 『노시(魯詩)』 · 『한시(韓詩)』 · 『제시(齊詩)』가 정립(鼎立)하는 3파가 되었다. 『춘추』는 동중서와 호무생의 사이에 어떠한 차이도 없다.*

무제(武帝)는 건원(建元) 원년, 현량방정(賢良方正)한 사람을 추천하는 기회를 타서 유학을 존중하고 백가(百家)를 쫓아냈다. 건원 5년,

---

11) 『사기』 권101 원앙(袁盎)조착(晁錯)열전 및 권121 유림열전(儒林列傳).

무제는 또 5경박사를 두었다.[12] 이후 박사는 처음으로 유가와 경학(經學)의 영역에만 전념하게 되어, 진시황시대의 박사가 『시』『서』와 백가의 주장에 관한 것을 담당했던 것이 변화된 것이다. 이것은 하나의 급격한 변화였으며, 이후 박사의 임무는 '고금(古今)에 능통한다'는 것이 아니고 '경사(經師)가 된다'는 것이었다. 바꿔 말하면, 그 후부터 학술의 길이 경학 하나로 한정되어 버린 것이다. 이것은 진시황이 정치력으로* 사상을 통일한 것 이상으로 가혹한 것이라 말할 수 있다. 이천 년간의* 생기 없는 학술사상은 이때 정초식(定礎式)을 거행한 것이다. 무제가 세운 것이 왜 '5경박사'라고 불렸을까? 문제·경제의 시대에는 겨우 『시』『서』『춘추』 세 가지가 세워졌을 뿐이었고, 아직 『예(禮)』와 『역(易)』은 박사관이 없었기 때문에 무제가 이를 보충했던 것이다. 박사의 수는 원래 극히 많았는데, 이때에 백가(百家)의 박사는 폐지되었기 때문에, 남은 것은 몇 사람 안 되었다. 후에 선제(宣帝)·원제(元帝) 때에 또 몇 가(家)의 박사가 증가했다. 당시에는 한쪽에서 설명하는 경(經)과 다른 쪽에서 설명하는 경 두 가지가 있고 양쪽의 설에 모두 근거가 있다고 생각되면, 각각 박사가 두어지고 모두 제자원(弟子員)이 두어졌다. 박사라는 관직은 낮은 것이 아니었기 때문에,[한초에는 매년 녹봉이 400石이었으며, 그 후 증가하여 거의 600석이 되었다. 중앙에서 轉任하면 太常·侍中이 되었고, 지방관으로 전출하면 郡·國의 守·相, 諸侯王의 太博士 등이 되었다.] 사람들에게 선망의 대상이 되었다. 그리하여 서로가 새로운 이설(異說)을 세워 지위를 얻으려 한 결과, 경서의 강설(講說)은 점점 혼란해졌다. 이것도 한대의 경학이 분기(分岐)된 하나의 주원인이다.

박사는 원래 제자(弟子)를 가질 수 있었다. 예를 들어 숙손통(叔孫通)의 아래에는 제자가 백여 명이나 있었다. 무제 때[13] 박사가 감소

12) 본서 Ⅱ-2장 p. 96 참조.

13) 이하 『한서』 권88 유림전(儒林傳)에 근거한다.

하자 제자도 감소하였고, 정원을 50명으로 정하여 태상(太常)에게 명하여 인민들 중 18세 이상의 용모단정한 자 가운데서 이를 뽑게 했다. 1년을 배우고 시험을 실시하여 만약 1경에 능통하다면 문학장고(文學掌故)의 자리에 앉혔고, 시험성적이 최고인 자는 낭중(郎中)이 될 수 있었다. 그 후 소제(昭帝) 때에는 100인으로 증가했고, 선제(宣帝) 때에는 또 200인으로 증가했다. 원제(元帝)는 유학을 좋아하여 특히 천 명으로 증가시켰다. 성제(成帝) 때에 "공자는 벼슬이 없어도 삼천 명의 제자를 길렀다. 현재 국립 태학(太學)의 제자 숫자가 도리어 공자에 비교해서 더 적은 것은 진정 납득할 수 없다"라고 말하는 사람이 있었다. 그의 설이 받아들여져서 다시 삼천 명으로 증가시켰다. 후한(後漢)이 되면 태학의 제생(諸生)은 놀랍게도 삼만여 명에 달했다.[14] 반고(班固)는 『한서(漢書)』「유림전(儒林傳)」찬(贊)에서 적절히 지적하고 있다.

"한무제가 5경박사를 세워 제자원(弟子員)을 뽑고서 백여 년이 지나자, 업(業)을 전하는 것이 점점 성하고 그 지엽적인 것이 무성하게 되었다. 한 경서의 해설이 백여 가지에 이르고, 태사(太師)의 숫자는 천여 명에 이르렀다. 이렇게 된 이유는 전적으로 그것이 이록(利祿)에 이르는 수단이었기 때문이다."

경학이 융성하게 된 것은 이록에 유인된 것이며, 당시 경학의 성격은 명(明) · 청(淸)의 팔고(八股)와 원래 다르지 않았다. 고학(古學)을 연구하고 있는 사람들은 아무쪼록 "한인(漢人)은 옛 것에 가깝고 그 말에는 반드시 근거하는 바가 있다"라는 따위의 꿈을 결코 두 번 다시 가지지 말기 바란다.*

---

14)『후한서(後漢書)』 권79 유림열전(儒林列傳).

5. 경학의 금고문(今古文) 문제

무제(武帝)의 시대는 진정 태평성대였다. 무제는 서적의 수장에 극히 열심이었으며, 궁정 내의 장서(藏書) 장소에는 천록각(天祿閣) · 연각(延閣) · 광내(廣內) · 비실(秘室)이 있었고 궁정 밖에는 태사(太史)와 박사(博士)의 업무소가 있었다.[1] 또 사서관(寫書官)을 두어 많은 서적을 베끼게 했다. 성제(成帝) 때에는 그것으로도 부족해서, 하평(河平) 3년[B.C. 26년] 알자(謁者) 진농(陳農)에게 명하여 사방에 견서채방(遣書採訪)을 하러 보냈다. 또 광록대부(光祿大夫) 유향(劉向)에게는 6경 · 전기(傳記) · 제자(諸子) · 시부(詩賦)를, 보병교위(步兵校尉) 임굉(任宏)에게는 병서(兵書)를, 태사령(太史令) 윤함(尹咸)에게는 수술(數術)[天文 및 占卜 등]의 책을, 시의(侍醫) 이주국(李柱國)에게는 방기(方技)[의학]의 책을 각각 교정시켰다. 유향은 가장 박학(博學)한 사람이었기 때문에, 한 책의 교정이 끝나면 그때마다 그 편목(篇目)을 열거하고, 또한 요점을 기록해서 한 편의 평론을 작성하여 보고했다. 이것은 고대의 학술에 대한 총괄의 사업이었으며, 대단히 가치가 있었다. 그런데 이 총편집자는 20년간 그 직에 있으면서 사업을 완성하지 못하고, 수화(綏和) 2년[B.C. 7년]에 죽었다. 그의 아들 유흠(劉歆)도 학문이 극히 깊고 넓어서 어떤 일에도 능통한 인물이었으며, 오랫동안 교정사업을 거들었다. 그래서 애제(哀帝)는 그를 크게 총애하여 아버지의 사업을 계승하라고 명했다. 유흠

1) 이 전후의 기술은 『한서』 권30 예문지(藝文志)에 근거한다.

은 그 직에 취임하자 각종 서적을 종합하여 『7략(七略)』을 편성했다. 즉, ① 집략(輯略)[全書의 통론], ② 6예략(六藝略)[6경과 傳記], ③ 제자략(諸子略), ④ 시부략(詩賦略), ⑤ 병서략(兵書略), ⑥ 술수략(術數略), ⑦ 방기략(方技略)이었다. 이것은 중국 최초의 목록서(目錄書)이다. 후에 반고(班固)는 『한서(漢書)』 예문지(藝文志)를 만들 때에 그것을 원본으로 삼았다. 현재 우리가 고학(古學)과 고서적의 상황을 대략 알 수 있는 데에는 이 책이 실로 큰 역할을 담당하고 있다.

유흠은 이전에 교정사업을 거들었을 때에, 고문자(古文字)로 쓰여진 『춘추좌씨전(春秋左氏傳)』을 발견하여 읽고서 크게 기뻐했다. 그가 전(傳)의 문장을 인용하여 경(經)을 해석했기 때문에, 『좌씨전(左氏傳)』은 단락이 생기게 되었다. 유흠은 말했다.

"이 책을 지은 좌구명(左丘明)은 직접 공자를 만난 적이 있으며, 취향이 공자와 완전히 같았다. 따라서 『춘추』를 설명하는 것 중에서 이것이 가장 신뢰할 수 있는 전(傳)이다. 『공양전(公羊傳)』과 『곡량전(穀梁傳)』과 같이, 지은이가 공자의 72제자 이후에 태어나고 『춘추』의 본지가 전문(傳聞)에 의해 기록된 것과는 비교도 안 된다."[2)]

이것을 서술할 경우, 우리가 먼저 알아야만 할 것은 소위 『춘추공양전』이라는 명칭과 『춘추곡량전』이라는 책은 실제로는 모두 상당히 후에 만들어진 것이라는 사실이다. 공자가 『춘추』를 지었다는 것은 공자 자신은 말한 적이 없었으며, 처음으로 언급한 것은 맹자(孟子)였다.[3)] 맹자 때에 『춘추』에 이미 전(傳)이 있었는지 없었는지는 알

---

2) 『한서』 권36 초원왕전(楚元王傳)의 유흠전.
3) 『맹자(孟子)』 등문공하(滕文公下)편에 "孔子懼作春秋", "孔子成春秋, 而亂臣賊子懼"라 했다.

수 없다. 그러나 전국시대의 제자(諸子)로부터 한대인에 이르기까지 『춘추』라고 인용하고 있는 것은 항상 『공양전』의 문장이었으므로, 이 전이 극히 일찍 성립되어 있었던 것을 알 수 있다. 경제(景帝) 때에 임명된 동중서(董仲舒) · 호무생(胡毋生) 두 사람의 『춘추』박사도 모두 소위 공양학(公羊學)에 속했다.[4] 『공양전』에는 많은 『춘추』의 선사(先師)의 설이 인용되어 있으며, 노자(魯子) · 침자(沈子) · 사마자(司馬子) 등등 외에 또 공양자(公羊子)가 두 번 인용되어 있다. 따라서 공양자라는 것은 『춘추』의 선사 중 한 사람에 지나지 않으며, 결코 공양전의 작자는 아니다. 그것이 『공양전』이라 불리기 시작한 것이 언제쯤인지는 알 수 없다.

『공양전』이라는 호칭이 생기자, 거기에 관련해서 소위 『곡량전(穀梁傳)』이 생겼다. '곡(穀)' 과 '공(公)' 은 쌍성(雙聲)이며, '량(梁)' 과 '양(羊)' 은 첩운(疊韻)이다. 어떻게 해서 『춘추』전의 이 두 작자가 모두 복성(複姓)[공양 · 곡량]이며, 또한 거의 같은 음의 복성인가? 세상일은 대체 이렇게 멋지게 진행되는 것일까? 현재로서 알 수 있는 것은 다음과 같다. 당시 『춘추』를 연구하는 사람이 다른 경(經)은 몇 가(家)로 나누어져 있는데 『춘추』는 나누어지지 않은 것을 보고서, 스스로 문호(門戶)를 확장하려고 생각하여, 원래부터 있었던 『춘추전』을 『공양전』이라 개칭하여, 그것이 1가(家)의 말에 지나지 않으며 유일의 『춘추전(春秋傳)』은 아니라는 것을 밝히려고 했다. 또 새로운 『춘추전』을 써서 별도의 계통을 세우는 데에, 『공양전』의 간판을 차용하여 『곡량전』이라고 한 것이다. 이것은 북경(北京)에 왕마자(王麻子)가 있으면 또 왕마자(汪麻子)가 있고, 항주(杭州)에 장소전(張小全)이 있으면 또 장소천(張小泉)이 있는 것 따위와 완전히 같은 이치이다. 『곡량전』에는 재이설(災異說)이 극히 많고 또 박사관(博士官)이 성립된 것이 선제(宣帝) 말년[甘露 3년, B.C. 51년]이었던 것을[5]

---

4) 『사기』 권121 유림열전(儒林列傳).

생각하면, 그것이 전한(前漢) 중기 이후의 작품임에 틀림없다는 것을 알 수 있다.

따라서 『좌씨전』이 진본의 고서이다. 사마천(司馬遷)은 『사기(史記)』를 지을 때에 그것을 대단히 많이 근거로 삼았는데, 그가 두 번에 걸쳐 "좌구(左丘)는 명철함을 잃었으되 그 국어(國語)를 가졌다" 라고 말하고 있는[6] 것에 의하면, 이 책은 『국어』라 불리고 있었던 것이다. 유흠이 궁정도서관에서 『국어』를 발견했는데, 거기에 서술된 춘추시대의 역사가 상세하고 또 흥미 깊었다. 『공양전』과 『곡량전』이 오로지 문자의 천착(穿鑿)으로 공자의 저작 의도를 추구한 것과는 크게 다름을 보고서 이것을 세상에 널리 보급하려 한 것은, 원래 학술계에서 당연히 있을만한 일이다.* 그러나 당시는 경학의 전성시대로서, "이것은 전국시대의 좌구명(左丘明)이 엮은 춘추시대의 분국사(分國史)이다" 라고 말한다면, 누구도 주의하지 않을 것이다. 그러나 "이것은 춘추시대의 좌구명(左丘明)이 『춘추경』을 위해 만든 전(傳)이며, 그가 전을 만들 때에는 공자와 상담했다. 따라서 이 전은 공자의 본의(本意)를 가장 잘 전한 것이다" 라고 고쳐 말한다면, 그 지위는 『곡량전』과 『공양전』을 초월할 뿐만 아니라 진정 『춘추경』과 대등한 지위를 얻게 된다. 그렇지만 『국어』의 원본은 사실(史實)을 서술하고 있을 뿐인데, 어떻게 『춘추』의 전에 개작을 할 수 있을 것인가? 그래서 유흠은 할 수 없이 『좌씨전』 즉 『국어』의 문장을 인용하여 경(經)을 해석하고, 동시에 거기에 많은 경의 해설을 덧붙인 것이다. 따라서 『좌씨전』은 진재료(眞材料)를 포함하는 위서(僞書)이며, 그 진짜 이름은 『국어』이고, 그 위조물은 경설(經說) 부분이다. 그것이 경에 대한 해설의 형태를 띠지 않았다면 그 가치는 『공양전』 이상이었겠지

5) 『한서』 권8 선제기 감로3년조.

6) 『사기』 태사공자서(太史公自序) 및 『한서』 권62 사마천전(司馬遷傳)에 인용된 「보임안서(報任安書)」에 이 문구가 보인다.

만, 일단 경에 대한 해설의 형태를 취했기 때문에 도리어 『곡량전』의 아류가 되어버렸다. 현재의 『국어』라는 것은 유흠이 삭제한 나머지 부분이다. 『좌씨전』이 다시 『국어』와 합체(合體)될 수 있는지 없는지는 우리들의 장래의 노력 여하에 달려 있다.[이 문제에 관해서는 淸 劉逢祿의 『左氏春秋考證』, 康有爲의 『新學僞經考』, 崔適의 『春秋復始』 『史記探源』, 현대인인 張西堂의 『穀梁眞僞考』를 참고할 수 있다.]

유흠은 『춘추좌씨전』을 편성하고서 후에 또 『모시(毛詩)』 『일례(逸禮)』 『고문상서(古文尙書)』를 찾아냈다고 한다.[7] 그는 아버지의 직을 이어서 학술의 중책을 맡게 되자, 이것들을 모두 박사관(博士官)에 더하자고 천자에게 청했다. 애제(哀帝)는 우선 그에게 명하여 5경박사와 토론시켰는데, 박사들은 모두 반대했다. 어떤 사람은 감히 의견을 표명하지 않았고, 어떤 사람은 『상서(尙書)』 29편이 이미 완비되어 있으므로 그 위에 『고문상서』를 세울 필요가 없다고 말했다. 어떤 사람은 좌구명(左丘明)은 『춘추』에 전을 쓰지 않았으므로, 『춘추좌씨전』 따위는 존재하지 않는다고 말했다. 그래서 유흠은 한 통의 대단히 긴 편지를 써서 박사들을 책망했다. 그 요지는 다음과 같다.

"공자는 자기의 도(道)가 행해지지 않자 6경을 수정했는데, 전국시대의 전란과 진(秦)의 분서(焚書)를 거치면서 공자의 원본은 이미 볼 수 없게 되었다. 한(漢)이 일어나고서도 모든 제도에는 근거로 할 만한 것이 없었는데, 다행히도 숙손통(叔孫通)이 나타나 몇 가지 예의(禮儀)가 정해졌다. 당시 천하의 서(書)에는 복서용(卜筮用)의 『주역(周易)』이 있을 뿐 그밖에는 없었다. 혜제(惠帝) 때 장서(臧書)의 금지령이 폐지되었다고는 해도, 대신(大臣)들은 역시 경서에 뜻을 두지 않았다. 문제(文帝)는 조착(鼂錯)에게 명하여 복생(伏生)이 있는 곳에 가서 『상서(尙書)』를 배우게 했다. 이것은 이 책이 당시 장벽(牆

7) 이하 『한서』 권36 초원왕전(楚元王傳)의 유흠전.

壁) 속에서 방금 나왔는데, 썩어 떨어져나가고 산란되어 있었기 때문이다. 무제(武帝)시대에 점차 추(鄒) · 노(魯) · 양(梁) · 조(趙) 등에서 『시(詩)』『예(禮)』『춘추(春秋)』의 선사(先師)가 출현했다. 이때에는 혼자 힘으로 하나의 경(經)을 완전히 취급하는 것은 불가능했다. 『시』를 예로 들면, 「아(雅)」만을 취급하는 사람과 「송(頌)」만을 취급하는 사람이 있어서, 몇 사람이 함께 하여 비로소 완전한 『시경(詩經)』이 되었던 것이다. 뒤에 「태서(泰誓)」를 얻었을 때에도, 많은 박사들이 모여서 겨우 그것을 해독했다. 당시는 한이 일어나고서 이미 칠팔십 년이 되었으므로, 완전한 경(經)에서는 멀리 떨어져 있었다. 뒤에 노(魯)의 공왕(共王)이 자기 궁전을 만들기 위해서 공자의 구택(舊宅)도 헐어서 장벽(牆壁)을 해체했는데, 돌연 고문자로 쓰여진 많은 간책(簡冊)이 출현했다. 정리해 보았더니, 그 속에는 『예(禮)』 39편, 『서(書)』 16편이 있다는 것을 알게 되었다.[이 『예』는 박사들이 가지고 있던 17편과는 다른 것이었기 때문에 『逸禮』라고 부르며, 이 『서』는 고문자로 쓰여졌기 때문에 『古文尙書』라고 부른다. 거꾸로 『古文禮』『逸書』라고 불러도 같은 것이다.] 천한(天漢) 연간[B.C. 100년~97년] 이후에 공자의 12세손 공안국(孔安國)이 이것을 헌상했는데, 때마침 여태자(戾太子)의 무고사건(巫蠱事件)을 만나서 시행되지 않았다. 한편 『춘추좌씨전』은 좌구명의 작이며 역시 고문자로 쓰여진 구서(舊書)로서, 비부(秘府) 안에 보관되어 있었다. 성제(成帝)는 우리들에게 교정(校定)을 명했는데, 이 3종의 새로 발견된 문서를 박사관의 것과 비교해 보면[예를 들면 박사의 29편은 『고문상서』 속에도 있었다] 어떤 경(經)은 몇 매의 간(簡)이 탈락해 있고, 어떤 전(傳)은 배열이 착란되어 있다. 민간의 경전을 조사해 보아도 이것들과 같은 것이 있었다. 이미 이렇게 뛰어난 원전이 발견되었는데, 왜 박사관을 세우지 않는 것인가? 이전에 박사관이 세워진 경과 전은 대부분 구송(口誦)으로 전해진 것이었는데, 지금 이미 고인(古人)의 진본(眞本)이 입수된 것이다. 대체 당신들은 구송(口誦)쪽을 믿고 원본은 믿지 않는 것인가? 당신들은 최근의 경사(經師)만을 믿고 진짜 고대인은 믿지 않는 것인가? 당신들은 잔결(殘缺)로 남은 불완전한 경전들에 매달릴 뿐이며, 선(善)을 따르고 의(義)에 굴복할 마음이 없다. 이것은 내가 깊이 부당하다고 생각하는 바이다."

이 서한이 보내진 후, 많은 유학자들은 유흠(劉歆)을 증오했으며, 몇 사람의 대관(大官)은 그에 대해 특히 격렬하게 공격했다. 다행히 애제(哀帝)가 그를 비호했기 때문에, 그가 즉시 실각하지는 않았다. 그는 예측할 수 없는 화가 미칠 것을 두려워하며, 전출을 청하여 하내군(河內郡) 등에서 몇 년간 태수(太守)로 근무했다.

유흠(劉歆)이 비부(秘府) 안에서 몇 부(部)를 찾아낸 것은, 바로 우리가 오늘날 돈황(敦煌) 천불동(千佛洞) 안에서 많은 당(唐)대인의 사본을 찾아내거나, 북경도서관의 난잡한 서적의 산더미 속에서 몇 부의 대각대고(大閣大庫) 구장(舊藏)의 송판본(宋版本)을 찾아내는 것과 같다. 현재의 입장에서 보면 이것은 기뻐할 일일지언정 원망과 공격을 받을 이유가 없다. 따라서 그가 이러한 처지를 당한 것은, 상세한 고대의 경전에 박사관이 설치되면, 최근의 불완전한 경전이 타도되어 자기들의 생활기반이 무너지지 않을까 하고 한(漢)의 유학자들이 질투했기 때문일 것이다. 우리가 유흠을 공격하는 것은 그가 객관적으로 고서를 정리하지 않고 주관적으로 고서를 정리했으며, 많은 자료의 진위(眞僞)를 혼란시켜 신구(新舊)를 착란시킨 점에 있다. 그의 일시적인 생각에 의한 가필(加筆) 때문에, 우리는 무한한 시간을 쓰지 않으면 복원이 불가능하다. 게다가 대조할 수 있는 원본이 없기 때문에, 복원한 것이 옳은지 그른지를 역시 알 수 없는 것이다. 그의 작위(作爲) 흔적은 극히 명백하다. 이를테면 그의 편지 중에서 말하고 있는 노(魯)의 공왕(共王)이 공자 구택(舊宅)의 장벽(牆壁)을 헐어 고문경(古文經)을 얻었다는 얘기는 『사기(史記)』에는 보이지 않는다. 공왕은 무제(武帝) 초년에 죽었고 무고사건은 무제 말년에 일어났으니, 30여 년이라는 장기간이 경과하고 있다. 고문경(古文經)의 가치는 매우 컸을 것이며 또 무제는 기꺼이 6경을 세상에 보급했기 때문에, 그 수십 년간에 걸쳐서 조용히 아무런 평판도 나오지 않았을 리가 없다. 또 서적을 바친 공안국(孔安國)은 이미 죽은 상태여서, 무고사건까지는 살아 있지도 않았다. 그가 쓴 편지 안에서조차 서슴없이 엉터리로 쓴 곳이 있으므로, 몰래 서적 속에 꾸며 써넣은 것은 말할 것도 없다. 그에게 사정이 좋았던 것은 한대인이 아직 역사지식이 결핍했고, 몇 사람의 박사가 자기의 파본(破本)을 바쳐 강경하게 반대할 수 있을 뿐이었으며, 역사 속에서 증거를 찾아내어 물어서 바로잡는 것이 불가능했기 때문이다. 그래서 상당히 오랫동안 상당히 많은 사람들이 그에게 속아온 것이다.

유흠은 경서에는 모두 누락된 부분이 있으므로, 고문(古文)의 진본(眞本)으로 교정 · 보충해야 한다고 했다. 그러나 박사들은 그에 반대하여 경서가 모두 완전하다고 했다. 이것은 쌍방의 관념이 완전히 상반된 점이다. 유흠이 세상에 보급한 몇 부의 책은 모두 고대인이 고문자(古文字)로 쓴 것이라 하므로 고문경(古文經)이라 불린다. 한대의 문자로 쓰여진 것은 그에 대비하여 '금문(今文)'이라 부르게 된다. 따라서 금문이라는 명칭은 뒤에 나온 것이며, 고문경이 그것과 대립하는 시대가 되면서 처음 생겨난 것이다. 이후에 경학은 2파로 나뉘었으며, 금문가(今文家)와 고문가(古文家)는 경전이 다를 뿐만 아니라, 경전의 해석과 고대의 제도에 대한 주장도 모두 달랐다. 후한(後漢)시대에 허신(許愼)은 금고문(今古文)의 동이(同異)점을 분류하여 특히 『오경이의(五經異義)』라는 책을 지었다. 이 책에서 우리는 경서의 내용이 한대인에 의해 어떻게 제각각 해석되었는지를 볼 수 있다.

6. 통경치용(通經致用)

지금 만약 많은 경서를 우리 앞에 쌓아놓고 어떠한 사용방법이 있겠는가라고 묻는 사람이 있다면, 우리는 간단히 무용(無用)하다고* 대답할 수 있다. 왜냐하면 『시경(詩經)』의 시는 이미 노래하는 사람이 없고, 『역경(易經)』의 점괘를 우리는 믿지 않기 때문이다. 『예경(禮經)』 또는 『예기(禮記)』의 번잡한 예절은 보기만 해도 두통이 생긴다. 『춘추(春秋)』의 포폄(褒貶)은 완전히 계급사상을 표현하고 있으며,* 결코 현대적인 윤리는 아니다. 『상서(尙書)』에 기록된 얘기는 항상 상제(上帝)와 선조(先祖)에게 호소하고 있으며, 우리의 이지(理智)로는 도저히 이러한 신봉을 따를 수 없다. 이러한 것에는 실은 무용(無用)의 용(用),* 결국 그 사료적 가치밖에 없는 것이다. 한(漢) 이전의 자료로서 오늘날까지 남아 있는 것은 극히 적으며, 갑골문(甲骨文)과 종정문(鐘鼎文)을 제외하면 볼 수 있는 것은 이들 몇 부의 경서밖에 없다. 갑골 · 종정의 자료는 물론 신뢰할 수 있지만 모두 단편적이며, 몇 부의 경서 쪽이 다소 계통성이 있다. 이 다소 계통성 있는 서적의 자료를 계통성 없는 지하의 실물(實物)과 연결지어 상호간에 증명할 수 있다면, 어느 정도 진실한 상고사(上古史) — 완전하게 진실된 것은 불가능하겠지만 — 를 쓸 수 있다. 그리하여 사람들에게 우리나라[중국] 고대의 민족과 사회는 대체 어떠했는지, 그리고 우리의 선조가 고생하여 조직하고 우리에게 전해준 것이 무엇이었는지를 이해시킬 수 있을 것이다. 이것이 그 유일한 이용방법이다. 이 이용방법을 세상에 널리 퍼뜨리는 것 또한 우리가 맡은 새시대의 사명이다.

위에서 서술한 것은 현대의 우리 이야기에 지나지 않는다. 만약 이러한 생각을 한대(漢代)인에게 들려주더라도, 그들은 결코 이해하지 못할 것이다. 그들의 생각으로는, 어떤 대도리(大道理)도 모두 경서 안에 있고 또 이러한 도리는 영원성이 있어서, 소위 '천(天)이 변하지 않으면 도(道)도 변하지 않는다'는 것이며, 경(經)은 도(道)를 기록한 것이기 때문에 역시 변하지 않는 것이었다. 역학가(易學家)는 이렇게 말한다. "역리(易理)는 천지 속에 보편적으로 행해지고 있으며, 만물의 현상은 모두 역리의 변화에서 생겨난다. 모든 인간사도 역시 성인(聖人)들이 역의 괘상(卦象)을 보고서 만들어낸 것이다." 춘추가(春秋家)는 이렇게 말한다. "『춘추』의 제1구(句)는 '원년(元年)'인데, '원'이라는 것은 근원을 뜻하며 천지의 존재 이전부터 존재했고, 만물의 근본을 이루고 있다. 따라서 『춘추』의 도(道)는 '원'의 정밀하고 깊음에 의해 하늘의 단조(端兆)를 바로잡고, 또 하늘의 단조에 의해 왕의 정사(政事)를 바로잡는 것이다." 이런 이야기는 매우 이해하기 어렵지만, 경학의 신묘성(神妙性)은 이렇게 이해하기 어려움에 의존하고 있는 것이다. 이런 얘기에 따르면, 경서는 '천경지의(天經地義)'가 아니고 무엇이겠는가? 경(經)이 천경지의가 되면, 당연히 모든 응용방법이 그 속에서 도출되지 않을 수 없다.

그들의 응용방법은 간단히 몇 가지 예를 들면, 소위 (1) 『춘추』로써 옥(獄)을 판결하는 것, (2) 『우공(禹貢)』으로 하천을 다스리는 것, (3) 305편[『詩經』]으로 간언하는 글에 적용하는 것 등이었다.

(1) 어떻게 『춘추』로 옥을 판결한다는 것인가? 그것은 『춘추전(春秋傳)』에서 기술하기를, 공자가 『춘추』를 지어 사람들에게 포폄(褒貶)을 가한 것에는 각각 그 근거가 있는데, 그것은 당사자들의 공(功)과 죄(罪), 그리고 공자가 정한 법률에 의한 것이었다고 했기 때문이다. 판결할 때에 공자가 직접 정한 법률을 인용한다면, 얼마나 존엄하고 시원스러울 것인가? 그래서 장탕(張湯)은 정위(廷尉)가 되자[武

帝 元朔 4년, B.C. 125년] 『상서(尙書)』와 『춘추』를 배운 박사(博士) 제자를 등용하여 정위의 속관(屬官)으로 임명하고, 고의(古義)를 이용하여 대사건의 판결을 행했던 것이다.[1] 회남왕(淮南王)의 모반사건[元狩 원년, B.C. 122년]이 일어나자, 무제는 동중서(董仲舒)의 제자 여보서(呂步舒)를 파견해 조사시켰다. 그는 상주(上奏)한 것의 재가를 기다리지 않고 곧 『춘추』의 뜻을 이용해 일일이 죄명을 판정했는데, 무제는 그의 독단을 책하지 않았다.[2] 정화(征和) 2년[B.C. 91년] 강충(江充)의 참언(讒言)을 들은 무제는 태자(太子) 거(據)[衛太子]가 무술(巫術)을 이용해 천자가 일찍 죽도록 저주하고 있다고 의심했다. 태자는 대단히 화가 나서 강충을 죽여버렸다. 한때 장안(長安)은 소란해지고, 승상(丞相) 유굴리(劉屈氂)는 군사를 동원하여 태자를 쳤다. 태자는 호현(湖縣)[漢 京兆尹의 동부, 현재 河南省 閿鄕縣에 해당한다]으로 도망하여 자살했다. 이것이 소위 '무고(巫蠱)의 난(難)' 이다. 그러나 태자가 도읍의 밖으로 도망한 것 때문에, 태자는 죽지 않았다는 풍문이 끊이지 않았다.[바로 明의 建文帝와 같은 경우이다] 소제(昭帝) 시원(始元) 5년[B.C. 82년][3], 한 남자가 머리에 황색 모자를 쓰고 몸에 황색옷을 입고 황소가 끄는 수레에 타고 수레에 황색기를 세우고 궁궐문에 이르러, 자신이 무제의 태자라고 주장했다. 이때 장안(長安)의 관리와 백성들은 태자가 20년 만에 다시 돌아왔다고 듣고서 크게 놀라 이상히 여겼으며, 구경하러 쇄도한 사람이 수만 명에 이르렀다. 소제는 신하들에게 조사를 명했는데, 한 사람도 사실인지 아닌지를 말하는 자가 없었다. 경조윤(京兆尹)의 준불의(雋不疑)가 마지막으로 와서 곧 종자(從者)들에게 명령해 그 남자를 결박했다. 곁에 있던 대관(大官)들이 나아가 그만두라고 하면서 말했

1) 『한서』 권59 장탕전.
2) 『사기』 권121 유림열전(儒林列傳).
3) 이하 『한서』 권71 준불의전(雋不疑傳)

다. "이 남자가 전의 태자인지 아닌지 아직 결정되지 않았는데, 왜 이렇게 거칠게 다루는가?" 준불의가 대답했다.

"설령 진짜 태자라도 여러분은 두려워할 필요가 없다. 옛날 위(衛) 영공(靈公)의 태자 괴외(蒯聵)가 부친에게 죄를 지어 진(晋)으로 도망했다. 후에 영공이 죽자 손자인 첩(輒)[괴외의 아들]에게 명하여 위를 계승시켰다. 진(晋)이 영공의 부보(訃報)를 듣고 괴외를 위(衛)에 돌려보내려 하자, 첩은 거부하여 들여보내지 않았다. 『춘추』에서는 첩의 행위를 극히 바르다고 하고 있다. 왜냐하면 조부인 영공의 명령에 따르면 이렇게 해야 하기 때문이다. 전(前) 태자는 아버지인 무제에게 죄를 얻어 도읍의 밖으로 도망했다가 죽지 않고 지금에 이르러 돌아오더라도, 여전히 죄인인 것이다. 진정 법에 비추어 처분해야 한다는 것에는 의문의 여지가 없다."

정위(廷尉)의 조사 결과 이 태자는 과연 가짜였으므로, 요참(腰斬)의 형에 처해졌다. 소제와 대장군(大將軍) 곽광(霍光)은 이를 듣고 준불의의 유능함에 감복하여, "경서를 배운 자를 기용하여 공경대신(公卿大臣)으로 삼았더니 이렇게 대도리(大道理)가 분명하게 되었다"라고 말했다. 이 사건의 처치는 물론 바른 것이었지만, 『춘추』의 학(學)이 '마음을 책망함[誅心]'을* 좋아한 것은* 사실은 폐해도 면할 수 없었다. 예를 들면 『춘추』경(經)에 "허(許)의 세자(世子)[태자] 지(止)가 임금 가(賈)를 죽였다"[昭公 19년]라고 쓰여져 있는 것에 대해, 공양전(公羊傳)은 다음과 같이 말하고 있다.

"허(許)의 태자는 결코 임금을 죽이지는 않았다. 공자가 이렇게 기록한 것은, 예법에 의하면 아버지가 병에 걸려 약을 먹을 경우에 자식이 먼저 맛을 보아 아버지가 독(毒)에 중독되지 않도록 해야 하기 때문이다. 지금 허(許)의 도공(悼公)이 약을 먹을 때 태자가 스스로 맛보지 않았고, 이 때문에 아버지 도공은 약을 잘못 먹고 죽어버렸다. 이것은 태자가 자식으로서의 도리를 다하지 못한 것이며, 아버지를 죽인 책임을 져야 할 것이다."

이렇게 가혹한 주심론(誅心論) 아래에서, 무죄가 될 수 있는 사람이 얼마나 많이 억울한 죄로 죽었는지 알 수 없다. 만약 현재까지 한대 정위(廷尉)의 서류가 보존되어 있다면, 우리는 분명히 많은 예를 찾아낼 수 있었을 것이다. 생각건대, 당시의 경학화(經學化)한 법률은 오늘날 군정(軍政)시대의 법률과 같지 않았을까?『한서(漢書)』 예문지(藝文志)에 나오는 『공양동중서치옥(公羊董仲舒治獄)』 16편은 '『춘추』로 옥(獄)을 다스린' 원리서(原理書)인데, 애석하게도 현재 볼 수가 없다.

(2) 우(禹)가 홍수를 다스렸다는 것은 고대의 극히 중요한 고사(故事)이다. 「우공(禹貢)」편은 그의 치수과정을 기록한 것이며, 『상서(尙書)』「우하서(虞夏書)」속에 들어가 있다. 물론 이 편(篇)은 정말로 우가 지은 것은 아니지만, 역시 중국지리학(中國地理學) 사상 최초의 대문장(大文章)이다. 경서 중에서 가장 체계적이고 가장 진실성 있게 지리(地理)를 설명한 것으로서는, 역시 「우공」을 들 수 있다. 한대인이 치수(治水)에 그것을 근거로 한 것은, 과학적 지리학과 하해(河海)의 공사기술이 없었던 시대에서는 역시 하나의 방법이긴 했다. 다만 「우공」의 본문은 심히 간략하여 강줄기의 대강을 알 수 있을 뿐이며, 치수의 전체계획을 보여주지는 않는다. 황하(黃河)는 제방이 가장 많이 붕괴된 하천이며, 무제(武帝) 원광(元光) 3년[B.C. 132년]에는 호자(瓠子)[河北省 濮陽縣의 남쪽]에서 붕괴했다.[4] 20여 년 후[元封 2년, B.C. 109년] 무제는 태산(泰山)에서 봉선(封禪)을 행하고 돌아

---

4) 이하 『한서』 권29 구혁지(溝洫志).

오는 길에, 붕괴된 곳에 이르러 그곳을 막기로 결심했다. 즉시 따르던 관리들에게 명하여 각각 섶나무를 짊어져다가 막게 했는데, 공사에 동원된 사람이 수만 명이었다. 섶나무가 떨어지면 대나무를 사용했다. 이리하여 붕괴된 곳을 틀어막았다. 그 위에 궁전을 짓고 선방(宣防)이라 이름했다. 그들은 또 황하의 물을 이끌어 북쪽으로 흐르게 해서 2수로(水路)로 나누어 그 수세(水勢)를 감쇄시키고, 우(禹)의 옛 수로가 회복되었다고 했다. 그러나 얼마 후 황하는 또 관도(館陶)[山東省 臨淸縣의 서남쪽에 있던 한대의 현명]에서 붕괴되어, 물길이 나뉘어 둔씨하(屯氏河)가 되어 바다로 흘러들었다. 원제(元帝) 영광(永光) 5년[B.C. 39년]에 황하는 또 명독구(鳴犢口)에서 붕괴되어, 둔씨하도 소멸해 버렸다. 이러한 하류의 변천은 사람들에게 「우공」속의 구하(九河)를 상기시켰다. 이 구하라는 것은 바로 9개의 하천을 뜻하는지, 그 숫자가 많음을 뜻하는지, 아니면 긴 하천의 흐름을 뜻하는지, 황하가 바다로 유입하는 지점이 삼각주(三角洲)인 것을 나타내는지 알 수 없다. 요컨대 황하 하류의 분류(分流)가 대단히 많은 것은 우가 수세(水勢)를 약화시키기 위해 분산시켰기 때문이라는 것이다. 따라서 당시 사람들은 항상 구하를 파서 우의 업적을 계승하려 생각했다. 그렇지만 「우공」에는 구하라는 총칭이 제시되어 있을 뿐, 이것이 어느 하천인지는 서술되어 있지 않다. 그들의 많은 노력에 의해서도 겨우 도해(徒駭) · 호소(胡蘇) · 력진(鬲津)의 3하(河)가 찾아졌을 뿐이다. 그때 허상(許商)이라는 박사(博士)가 있었는데, 오로지 『상서(尙書)』에 전념하고 또한 수학(數學)에도 밝아서 장작대장(將作大匠)에 임명되었다. 전임(轉任)하여 하제도위(河隄都尉)가 되었으며, 다년간 황하의 치수대책을 연구하고 있었다. 애제(哀帝) 초년에는 이전에 역시 박사였던 평당(平當)이 「우공」에 대해 깊이 연구하고 있었기 때문에, 그에게 황하의 제방사업을 관장시켰다. 평당은 다음과 같이 아뢰었다.

"우의 구하는 현재 거의 모두 없어졌습니다. 경의(經義)에 의한 치수(治水)에는 물길을 나누는 것[分水]과 강바닥을 파내는 방법[浚渫] 밖에 없으며, 제방으로 막는 것은 없습니다. 현재 황하 하류의 물길은 범람 때문에 심히 불분명하게 되어 있습니다. 물길을 열 수 있는 인재를 구해야 합니다."

그러나 그 당시의 학술은 오랫동안 유학만 존중해 왔던 터라, 「우공」을 읽는 사람은 많아도 물길을 열 수 있는 사람은 없었다. 따라서 왕망(王莽)의 시대가 되면, 황하의 물길은 다시금 크게 이동한 것이다.

(3) 소제(昭帝)가 세상을 떠났는데[B.C. 74년] 자식이 없었으므로, 곽광(霍光)은 창읍왕(昌邑王) 하(賀)[무제의 손자]를 맞이해 황제로 삼았다. 창읍왕은 자기의 왕국에 있을 때 방탕에 빠져 있었기 때문에, 낭중(郎中)인 공수(龔遂)가 왕에게 간언한 적이 있었다.

"대왕께서는 『시(詩)』 305편을 읽은 적이 있고 인간사에 밝아, 왕도(王道) 또한 이해하고 있을 것입니다. 여쭙건대, 대왕이 되시는 것은 『시』의 어느 편(篇)에 합치되겠습니까? 대왕은 위(位)는 왕이면서도 품행은 평민에도 미치지 못하는 것 같습니다." [5]

창읍왕 하(賀)가 천자가 되고서 점점 보기 고약하게 되어가는 것을 본 곽광은 그를 폐위시켜버렸다. 하(賀)가 데리고 온 가신(家臣)들은 모두 감옥에 보내졌고, 많은 사람이 죽게 되었다. 공수(龔遂)와 한두 사람만은 이전에 하(賀)를 몇 번인가 간언했다고 해서, 사형에서 한 등급을 감하여 고역형(苦役刑)에 처해졌다.[6] 또 한 사람 하(賀)의 태

5) 『한서』 권63 무오자전(武五子傳)의 창읍왕전.

부(太傅)였던 왕식(王式)이 있었는데, 조사해도 간언한 글이 없었다. 취조관(取調官)이 "너는 왜 간언하지 않았는가?" 묻자, 왕식이 대답했다.

"예전에 나는 『시』 305편을 아침저녁으로 왕에게 가르쳤습니다. 충신효자(忠臣孝子)의 시에 대해서는 항상 왕에게 몇 번이나 반복하여 읽어주었습니다. 위망실도(危亡失道)의 임금에 관한 시에 대해서는 또한 항상 눈물을 흘리며 설명을 했습니다. 나는 간언하는 글을 전부 시 305편으로 대신했기 때문에 그 외에 간언하는 글은 쓰지 않았습니다."

취조관이 이 얘기를 아뢰어 왕식(王式)도 죽을 죄를 면했다.[7] 뒤에 성제(成帝) 때에, 『제시(齊詩)』를 배운 광형(匡衡)이라는 인물이 있었는데, 후비(后妃)를 경계하는 상소를 올렸다.

"부부관계는 평생의 시작이며 만복(萬福)의 근원입니다. 따라서 혼인의 예를 바르게 해야 비로소 천명(天命)을 보전할 수 있는 것입니다. 공자가 『시』를 편찬했을 때, 왜 「관저(關雎)」를 제일 맨앞에 두었겠습니까? 그것은 후부인(后夫人)의 품행이 천지에 부합하지 않는다면 신령(神靈)의 통(統)을 이을 수 없기 때문입니다. 『시』에 '요조숙녀는 군자(君子)의 훌륭한 짝이다' 라고 했습니다. 이것은 여성의 정숙한 덕은 그 절조를 지키며 애정의 자극도 그 용모에 나타냄이 없이 이렇게 깊고 그윽해야만, 지존(至尊)이신 황제의 배우자가 될 수 있다는 의미입니다. 이것이야말로 인륜기강(人倫紀綱)의 시작이며 교화(敎化)의 단서입니다……"[8]

---

6) 『한서』 권89 순리전(循吏傳)의 공수전.
7) 『한서』 권88 유림전(儒林傳)의 왕식전.

시는 감정의 표현을 중심으로 하는 것이며, 감정과 이지(理智)가 항상 균형을 유지하는 것은 쉽지 않다. 따라서 이 305편 중에는 분노 · 퇴폐 · 낭만이 모두 있으므로, 본래 모두를 도덕적인 규범으로 볼 수는 없다. 권두(卷頭)의 「관저(關雎)」의 경우도 원래는 단편적인 서정시였으므로, 후부인(后夫人)이 황제의 배우자가 되는 것과는 아무 관계도 없었다. 그러나 당시의 경학가(經學家)는 '통경치용(通經致用)'을 추구한다는 환상 속에서 항상 도덕적 관점에 서서 『시경(詩經)』 전체를 훈계의 목적 하에 인용하여, 그들의 간서(諫書)의 자료로 삼으려 했다. 따라서 그들은 이지(理智)적인 작품[예를 들면 「雅」·「頌」 중의 文王 · 武王을 찬미한 것]에 대해서는, 이것은 태평성대의 모범이며 공자가 왕도(王道)의 고취를 위해 뽑은 시라고 했다. 감정적인 작품[예를 들면 「國風」 중의 수십 편의 서정시]에 대해서는 '어진 인재를 생각하는' 시라고 억지로 설명하기도 했고, 공자가 특별히 남겨서 훈계로 삼은 것이라고 판정했다. 또 그들은 군주를 유도하기 위해 모든 개인의 희노애락의 감정도 군주의 선악(善惡)에 대한 감응이라고 주장하여, 인민은 단지 목우(木偶)가 되어버렸다. 만약 누구든 후한(後漢) 초기의 위굉(衛宏)이 지은 『모시서(毛詩序)』를 한번 읽으면, 생기 넘치는 『시경(詩經)』이 그에 의해 어떻게 발라내어져 간서(諫書)가 되어버렸는지 알 수 있을 것이다.

'치용(致用)'이라 할 때, 가장 중대한 것은 정치의 경우이다. 여기서 경학(經學)을 응용한 예를 하나 들어본다. 선제(宣帝) 신작(新爵) 4년[B.C. 58년], 흉노(匈奴)인들은 선우(單于)*의 자리를 다투어 국내가 크게 어지러웠다. 많은 사람들은 흉노는 오랫동안 중국을 침략해 왔는데, 지금 내란이 일어난 기회를 타서 이를 멸망시키는 것이 좋겠다고 생각했다. 대홍려(大鴻臚)인 소망지(蕭望之)만이 이론을 제기해

8) 『한서』 권81 광형전(匡衡傳).

말했다.

"춘추(春秋)시대에 진(晋)은 사개(士匃)[范宣子]를 파견하여 제(齊)를 치게 했는데, 사개는 도중에서 제(齊) 영공(靈公)이 죽었다는 소식을 듣고 즉각 군대를 이끌고 귀국했다.[9] 공자는 그를 대단히 칭찬했다. 그것은 적국이 불행히도 상(喪)을 당했을 때에 동정의 뜻을 표시하여 정벌을 중지하는 것이 위대한 정신이기 때문이다. 전해에 악연선우(握衍單于)는 사신을 파견해 화친(和親)을 구했는데, 중국 사람들은 전쟁이 없음을 알고 대단히 기뻐했다. 지금 선우(單于)가 내란으로 죽었는데 우리가 도리어 군대를 출동시켜 그들을 정벌한다면, 그것은 진정 타인의 재난을 기뻐하는 심리이다. 의롭지 못한 군대는 성공한 예가 없다. 우리로서는 조문사(弔問使)를 파견하여 그들의 재난을 구제해야 할 것이다."

이러한 태도는 분명히 명성을 떨칠만한 것이었으므로, 선제(宣帝)는 그의 의견에 따랐으며, 후에 호한사선우(呼韓邪單于)는 스스로 와서 귀순했던 것이다.[10] 또 하나의 예를 들어본다. 무제(武帝)가 남월(南越)을 평정하고서, 오늘날의 광동성(廣東省) 경주도(瓊州島)에* 담이(儋耳) · 주애(珠厓) 2군(郡)을 설치했다. 그 땅의 풍속은 강하고 사나워서 한(漢)관리의 간섭을 받아들이지 않았으며, 몇 년이 지나자 곧 반란이 일어나서 관리가 살해되었다. 반란의 횟수가 특히 많았으므로, 조정(朝廷)에서는 아무리 많은 관리를 파견해 다스리더라도 소용없다고 느끼고, 담이군을 주애군에 병합시켰다. 원제(元帝) 초원(初元) 원년[B.C. 48년] 주애군이 또 반란하자, 즉시 대군(大軍)을 내어 공격하려 했다. 대조(待詔)인 가손지(賈損之)가 건의하여 그럴 필요

---

9) 『좌전(左傳)』 양공(襄公) 19년.
10) 이상 『한서』 권78 소망지전(蕭望之傳)에 근거한다.

가 없다고 말하자, 원제는 사람을 파견하여 그에게 묻게 했다. "네 의견은 경의(經義)상에서 어떤 근거가 있는가?" 그가 대답했다.

"요(堯) · 순(舜) · 우(禹)는 최대의 성인(聖人)이었으면서도 그들의 통치영역이 수천 리에 지나지 않았으며, 『상서(尙書)』「우공(禹貢)」에는 그 경계가 명시되어 있습니다. 사방의 이적(夷狄)에 대해서는, 물론 항복해오면 받아들였지만 항복해오지 않아도 무리해서 강요하지는 않았습니다. 진시황(秦始皇)은 성인의 행동방식을 배우지 못해서 사방으로 영토를 개척하는 것만 궁리하여, 그 결과 천하 도처에서 반란이 일어나고 그 본국도 패한 땅으로 점철되어 버렸습니다. 주애군은 해중(海中)의 외딴 섬으로 독초(毒草)와 사충(蛇蟲)이 많고 그 주민은 짐승같이 우둔하여,* 원래 군현을 설치할 가치도 없습니다. 제 생각으로는, 무릇 관대(冠帶)를 착용하고 중국인과 유사한 지역 이외에는, 또한 「우공」에 기록되고 『춘추(春秋)』에 기록된 지역 이외에는 모두 우리의 통치기관을 철수해도 좋다고 생각합니다."

원제는 이 의견에 따라서, 경주도(瓊州島)는 당시 중국의 지역으로 보지 않게 되었다.[11] 이에 대한 공(功) · 죄(罪)는 극히 어려운 문제이다. 진시황과 한무제의 영토확장은 물론 무력을 과시할 야심에 의한 것이었다.* 그러나 그들이 황하 하류의 문화구역만을 사수했다면, 오늘날 이미 한(漢)민족은 존재하지 않았을지도 모른다. 왜냐하면 한(漢)민족의 수명이 연장된 것은 이 대외발전과 이민족 동화(同化)에 의존했기 때문이다. 한대인은 현재의 경서에 쓰여진 도리(道理)를 천지와 영원히 함께 한다고 보았으며, 경서에 대외발전이 주장되어 있지 않기 때문에, 그 암시를 받아서 자연히 「우공」의 경역으로 만족하게 되어 버렸던 것이다. 오늘날에 이르러 동삼성(東三省)[滿洲, 오늘

---

11) 이상 『한서』 권64 가손지전에 근거한다.

날의 중국 동북지역]이 타인[일본]의 생명선이 되고 우리의 생명선이 되지 않은 것은[이 책이 처음 나온 1930년대 당시 일본이 중국을 침략한 사실을 가리킴], 아마 「우공」이 이 땅을 언급하지 않은 것도 잠재적인 원인이 아닐까?*

이상에서 서술한 개제(改制) · 봉선(封禪) · 순수(巡狩) · 교사(郊祀)부터 재이(災異) · 정상(禎祥)에 이르는 제설(諸說)은 모두 '통경치용(通經致用)'과 관계가 없지 않다. 물론 경서 속에 없는 것도 많지만, 교활한 경학가(經學家)는 뭔가 수단을 이용해서 그것이 있는 것 같이 설명하거나 또는 허위자료를 진서(眞書)에 삽입까지 해서 이를 확실한 증거로 삼으려 했다.

경서 속에 쓰여 있는 사항은 고대에서 모두 발생할만한 배경이 있었다. 그 하나하나를 후세에 재현시키려 한다 해도 물론 전혀 무가치하지는 않겠지만, 결코 그대로는 할 수 없다. 그것은 시대적 배경이 이미 변해 버렸기 때문이다. 한대인이 5경을 천경지의(天經地義)로 본 이래, 또 자기의 의견과 시대적 요구를 5경 위에 윤색해 바른 이래, 고(古)와 금(今)이 혼란해져 버렸다. 그래서 이를 이용하려 해도 고금(古今)이 다르고 진(眞)인지 위(僞)인지가 확실하지 않기 때문에 항상 장애에 직면했다. 연구하고 학문한다고 해도 학문의 기초가 진실의 추구에 근거하지 않고 선성선사(先聖先師)의 권위가 매우 컸기 때문에, 그들의 한계를 벗어나지 못할 뿐만 아니라 진보의 희망도 가지지 못했다. 결국 경(經)에도 통달하지 못하고 실용에도 적합하지 못한 채로, 사람들이 일삼은 것은 장구(章句)를 마구 주무르는 기술과 사이비 지식에 지나지 않았던 것이다.

7. 왕망(王莽)의 수선(受禪)

묵가(墨家)가 상현설(尙賢說)을 제창하여 군주의 자리는 선양제(禪讓制)여야 한다고 주장하고 그 근거를 요(堯) · 순(舜)에 의탁한 이래, 그 학설은 당시 크게 유행하여 귀족정치를 주장하는 유가(儒家)조차도 이를 받아들였다.[1] 한 학설이 고취되면 당연히 실행하는 자가 출현한다. 연왕(燕王) 쾌(噲) 때 자지(子之)가 재상이 되었는데, 이들 군신(君臣) 간에 호흡이 잘 맞았다. 그래서 연왕 쾌는 국사(國事)를 자지에게 맡기고, 그를 왕으로 삼았다. 즉 선양을 한 것이다. 자지가 왕이 되고서 3년 후 연(燕)은 크게 혼란했는데, 제왕(齊王)은 이 기회를 틈타 병력을 파견하여 대승리를 거두고 연을 거의 멸망시켰다.[2] 이리하여 선양제(禪讓制)의 제1회 실험은 대실패로 끝났다.

한(漢) 무제(武帝)의 무력남용과 재정낭비는 천하의 혼란을 초래했다. 오덕설(五德說)과 삼통설(三統說)을 믿는 사람은 한(漢)의 기운은 이미 다하여 왕조가 교체될 것이라고 생각했다. 소제(昭帝) 원봉(元鳳) 3년[B.C. 78년], 『춘추(春秋)』 학자인 휴홍(眭弘)은 태산(泰山)의 바위가 저절로 일어났다는 기적을 구실삼아 동중서(董仲舒)의 수명설(受命說)에 근거해서, 현인(賢人)에게 양위하라고 소제에게 건의했다. 그러나 그 결과는 요(堯) · 순(舜)의 간판도 한(漢) 황제의 실권에는 역부족이어서, 휴홍은 요사스런 말로 민중을 현혹한다는 죄로 사형당했다.[3] 선제(宣帝) 신작(新爵) 2년[B.C. 60년]에 사예교위(司

---

1) 본서 Ⅱ-2장 p. 88 참조.

2) 『사기』 권34 연소공세가(燕召公世家).

隸校尉) 개관요(蓋寬饒)가 또 『한씨역전(韓氏易傳)』에 근거하여, 오제(五帝)가 '천하를 관(官)으로[公的으로] 여겼다' 는 것을 배울 것이며 삼왕(王)이 '천하를 가(家)로[사사로이] 여겼다' 는 것은 배우지 말라고 선제에게 청했다. 그런데 선양이라는 것은 말하는 것 자체로는 좋지만, 실제로 실행하려고 하면 '호랑이와 가죽을 도모하는 것' [이해가 상반되는 상대와 흥정을 하는 것]과 같다. 따라서 그도 대역부도(大逆不道)의 죄를 짓게 되었으며, 옥에 갇히기를 사양하고 스스로 목을 자르고 죽어버렸다.[4] 민중은 한왕조에 대한 신임을 완전히 잃었음에도 불구하고, 선양설이 실행되지 않고 혁명(革命)도 일어나지 않아서, 손을 쓸 수 없는 막다른 상태에 빠졌다. 그리하여 그들은 경학가(經學家)가 재이설(災異說)을 주장하고 한의 황제를 철저하게 공격하는 것에 날마다 귀를 기울였다. 감충가(甘忠可)가 하나의 조정방법을 생각해 내어 "한의 기운이 다하긴 했지만 상제(上帝)는 아직 그 재수명(再受命)을 허락하고 있다" 고 주장했다. 애제(哀帝)는 그를 믿어서 개원(改元) 개제(改制)하여 새로운 기풍이 생겨난 듯이 보였지만, 불행히도 2개월도 못 돼서 다시 폐지되었다.[5] 이렇게 답답한 상태로 80년이 지나도록 누구도 출구를 찾아내지 못했다.

원제(元帝)의 황후 즉 성제(成帝)의 생모(生母)는 왕정군(王政君)이다.[6] 왕씨(王氏)가문은 이 여자 때문에 항상 최고 권력을 장악하고 있었다. 이 왕태후에게 생질(甥姪)이 한 사람 있었는데, 이름은 왕망

---

3) 본서 Ⅰ-7장. p.p. 67~68 참조.
4) 『한서』 권77 개관요전(蓋寬饒傳).
5) 본서 Ⅰ-7장. p.70 참조.
6) 이하 왕망 관계의 기술은 『한서』 권99 왕망전상(上)에 근거한다. 또한 원저자의 기초논문인 「오덕종시설(五德終始說) 하의 정치와 역사」에 의하면, 왕망 관계의 부분은 전목(錢穆) 「유향흠부자연보(劉向歆父子年譜)」[『燕京學報』 제7期, 1930년 原載. 『古史辨』 제7책상(上) 및 錢穆 저 『兩漢經學今古文平議』에 수록되어 있다]를 이용했다고 한다.

(王莽)이고 예학(禮學)의 전문가였다. 그의 종형제들은 모두 가문 때문에 출세하고 교사부화(驕奢浮華)를 극했지만, 그는 절검공경(節儉恭敬)하여 학구적인 유생(儒生)과 같은 행동을 행했다. 영시(永始) 원년[B.C. 16년]에는 신도후(新都侯)로 봉해졌다. 그는 작위가 높아질수록 태도가 더욱 겸손해서 평판이 매우 좋았다. 애제(哀帝)가 세상을 떠나자, 왕태후는 그를 대사마(大司馬)로 임명하고, 9살인 중산왕(中山王)을 맞이해 황제로 삼았다. 이것이 평제(平帝)이다. 원시(元始) 원년[기원 원년], 왕망은 익주(益州) 변방의 만이(蠻夷)를* 시켜서, 스스로 월상씨(越裳氏)라 칭하고 여러 단계의 통역을 거쳐서 한조정(漢朝廷)에 이르러 백치(白雉) 한 마리와 흑치(黑雉) 두 마리를 바치게 했다. 왜 스스로 월상씨라 칭하고 백치를 바치게 한 것인가? 그것은 『상서대전(尙書大傳)』[太平御覽 인용]에 다음과 같이 기록되어 있기 대문이다.

"교지군(交趾郡) 남쪽에 월상(越裳)이라는 나라가 있다. 주공(周公)이 섭정(攝政)하기를 6년에 예악을 만들고 천하가 태평해지자, 그들은 세 마리의 코끼리를 타고 여러 단계의 통역을 거쳐 중국에 와서 백치(白雉)를 바쳤다. 성왕(成王)은 그들을 주공에게 보냈다. 주공이 '너희들은 왜 우리 땅에 파견되었는가?' 라고 묻자 그들 사절(使節)이 대답했다. '최근 몇 년간 우리나라에서는 폭풍과 장마가 전혀 없어서, 많은 노인들이 모두 이상스러워 하며, 아마 중국에 성인(聖人)이 나타난 것 같다고 해서, 저희들을 보내어 조공하게 한 것입니다.' "

한대 경학가의 말에 의하면, 무왕(武王)이 죽은 후 성왕(成王)이 아직 어려, 주공이 어린 왕을 도와 섭정하기를 7년에 태평성대가 되었다고 한다. 이때 왕망의 지위는 바로 주공과 흡사했다. 그래서 왕망은 경전을 근거로 해서 이 역사상의 미담을 재연하려 한 것이다. 월상씨가 이렇게 오면 왕망은 살아 있는 주공이 되는 셈이다. 주공은 '주(周)'를 넣어 이름 지은 것이므로, 그도 '한(漢)'을 넣어 이름 지을 만했다. 그래서 왕태후는 그에게 안한공(安漢公)이라는 칭호를 주었다. 이후에 각지에서 연달아 상서(祥瑞)가 출현하여, 5년간 700여 건에 이르렀다. 무제 이후 한왕조의 국운은 재이설의 공격을 받아 소멸해 가고 있었는데, 이때에 대량의 상서(祥瑞)가 와르르 출현한 것은 진정 민중의* 눈앞에 전개된 극히 큰 변화였으며, 그들의 찬란한 희망을 불러일으키기에 충분한 것이었다. 그러나 이전의 재이설(災異說)은 한(漢)이 그 화를 향유했다고 한 데 비해, 이번의 상서설(祥瑞說)도 한에 유익하지는 않았다. 그것은 이 설을 고취한 사람이 원래 자신의 타산에 목적을 두었기 때문이다.

왕망은 예가(禮家) 출신이었으므로, 소위 예제(禮制)를 모두 자기 생각대로 고치고 그것을 완전하게 정비된 일대 체계로 만들려 했다. 그는 국가의 종묘(宗廟) · 사직(社稷) · 봉국(封國) · 차복(車服) · 형벌 등의 제도로부터 인민의 양육 · 송사(送死) · 혼인 · 노비 · 전택(田宅) · 도구 등의 등급에 이르기까지 모두 개정시키려 했다. 이것은 확실히 일생일대의 대사업이었으며, 그는 저 '삼왕(三王)을 겸해서 사사(四事)를 베풀려 했다' [孟子 離婁下]는 주공에 한층 흡사하게 된 것이다.

원시(元始) 4년, 왕망의 딸이 황후가 되었다. 태보(太保) 왕순(王舜) 등은 태후에게 아뢰어 "지덕대현(至德大賢)의 사람은, 이를테면 은(殷)의 아형(阿衡) 이윤(伊尹)과 주(周)의 태재(太宰) 주공(周公) 같이, 살아서는 대상(大賞)이 있고 죽어서는 종신(宗臣)이 되는[太廟에 배향되는] 것입니다. 안한공(安漢公)도 그들 같이 위(位)를 올려주어야 할 것입니다"라고 말했다. 인민 8천여 명의* 상소도 같은 내용이었다. 그래서 왕태후는 '아형(阿衡)'과 '태재(太宰)'에서 두 글자를 뽑아서 왕망에게 '재형(宰衡)'의 칭호를 주어, 그가 이윤과 주공을 합친

인물임을 나타내었다. 또 신야(新野) 등의 봉지(封地)를 더해주었다. 그는 재형의 칭호는 받았으나 봉지는 사양했다. 이 사양 때문에 또한 고사(古史) 상의 미담이 재연된 것처럼 되었다. 『사기(史記)』[周本紀]에 다음과 같은 얘기가 있다.

"주(周) 문왕(文王)은 인품이 대단히 뛰어나서, 제후들 사이에 해결되지 않는 문제가 있으면 문왕에게 판단을 구했다. 한번은 우(虞)와 예(芮)의 사람이 소송을 제기하여 서로 양보하지 않고 함께 문왕에게 왔다. 그들이 주의 국경 안으로 들어오자, 농사꾼들은 농지의 경계를 서로 양보하고 길가는 사람들은 연장자에게 길을 양보하는 것을 보고서, 내심 부끄러움이 생겨 탄식해 말했다. '놀랍게도 우리가 싸우고 있었던 것이 주(周)사람들에게는 부끄러운 일이었다. 갈 필요가 없다. 간다면 진정 부끄러움을 느끼게 될 것이다.' 그들은 서로 양보하여, 이 소송은 취소되었다."

고대에 이런 고사(故事)가 있었기 때문에, 왕망이 한번 가봉(加封)된 땅을 사양하자, 곧 촉군(蜀郡)의 남자 노건(路建) 등이 소송을 취소하고 스스로 부끄러워하며 물러갔다. 왕순(王舜) 등은 또 급히 아뢰어, 안한공(安漢公)의 지극한 덕이 사람들을 감동시킨 점은 문왕이 우(虞)와 예(芮)의 소송을 그만두게 한 것 이상의 일이라고 말했다.

이 1년 동안, 왕망은 상주(上奏)하여 명당(明堂) · 벽옹(辟雍) · 영대(靈臺)를 짓고 학자들을 위해 1만 실(室)의 건물을 지었으며, 또 시장을 만들고 항상 창고를 가득하게 하여, 제정(制定)작업이 심히 성하게 되었다. 신하들은 또 아뢰어 요구했다.

"옛날에 주공은 문왕의 아들로서 공후(公侯) 중에서 제1위(位)였으면서도, 7년이나 지나서 겨우 제도를 정했습니다. 명당(明堂)과 벽옹(辟雍)의 제도가 폐지된 이래 1천년 동안 이를 부흥할 수 있는 사람이 없었습니다. 안한공(安漢公)은 민간에서 일어나 집정한 지 겨우 4년 만에 공덕(功德)이 이미 이렇게도 찬란하게* 되었습니다. 요(堯)·순(舜)·주공도 이보다 낫지 못할 것입니다. 재형(宰衡)의 위(位)를 제후왕(諸侯王)의 상위(上位)에 위치시켜야 한다고 생각합니다."

이때 인민 중에서,* 왕망이 신야(新野)의 토지를 사양한 것 때문에 상소한 자가 전후 48만 7천 명에 달했으며, 모두 그에게 거듭 상을 내리라고 청했다. 왕망은 번번이 사양하고, 예악(禮樂)제정의 사업이 끝나기를 기다려 그렇게 하는 것이 좋겠다고 청했다. 그러나 태후는 허락하지 않고, '구석(九錫)'의 전례(典禮)를 의논시켰다. 이는 공경(公卿)·대부(大夫)·박사(博士)·의랑(議郎)·열후(列侯) 등 903인이 『주관(周官)』, 『예기(禮記)』 등의 책에 근거하여 의논해 정했기 때문에, 왕망은 녹불(綠韍)[인끈]·곤면(袞冕)[곤룡포와 관]·난로(鸞路)·용기(龍旂) 등 많은 존귀한 물품들을 받았다.

왕망의 이러한 행동방식은 당시의 천하에 태평성대가 도래한 듯한 분위기를 갑자기 조성시켰다. 그는 서방의 강족(羌族)이 아직 의사표시를 안 하는 것을 보고, 중랑장(中郎將) 평헌(平憲) 등을 파견하여 많은 금품을 주어 그들을 달래어, 땅을 바쳐 내속(內屬)하게 했다. 이것은 과연 성공했다. 평헌 등은 다음과 같이 아뢰었다.

"강족(羌族)의 우두머리인 양원(良願) 등 1만 2천 명은 선수해(鮮水海)·윤곡(允谷)·염지(鹽地)를 바치고, 평지의 좋은 풀이 있는 지역을 모두 한인(漢人)의 거주지로 양보하고, 자기들은 험준한 땅으로 이주하여 우리의 번병(藩屛)이 되고자 원하고 있습니다. 우리들은 양원(良願) 등에게 왜 귀순하려 하는지 물었더니, 그들이 대답했습니다.
'태황태후(太皇太后)[왕태후]께서 성명(聖明)하시고, 게다가 안한공

(安漢公)은 인애(仁愛)가 극히 돈독하십니다. 그래서 천하는 태평하며, 오곡이 잘 익고 씨 뿌리지 않아도 자생하는 곡류가 있고 사육하지 않아도 저절로 끊임없이 자라는 것이 있습니다. 감로(甘露)가 하늘에서 내리고, 맛좋은 샘이 땅에서 솟아났습니다. 4년간 강족(羌族)이 매우 안락하게 된 것은 모두 조정(朝廷)의 덕택이라고 생각했기에 귀순을 원하게 되었습니다.' "

왕망은 그들의 소원을 받아들여, 곧 강족(羌族) 땅에 서해군(西海郡)을 설치했다. 이어서 그들은 또 경의(經義)를 이용하여 12주(州)의 명칭을 개정했다.

왕망의 세력과 명망이 이 정도로 높게 되면, 그는 황제가 될 수밖에 없다. 그래서 종실(宗室)인 천릉후(泉陵侯) 유경(劉慶)이 상소하여 간결명쾌하게 말했다.

"『상서(尙書)』에서는, 주(周) 성왕(成王)이 연소하여 '유자(孺子)'라 칭하고, 그때 주공(周公)이 천자의 업무를 대행했습니다. 지금 황제[平帝]도 연소하므로, 안한공이 주공의 방식에 따라서 천자의 위(位)에 올라 다스려야 한다고 생각합니다."

유경이 이렇게 제의하자, 신하들은 자연히 목소리를 같이하여 "그렇습니다" 라고 말했다. 그러나 왕망이 천자의 위치에 선다면, 대체 평제(平帝)를 어떻게 처리하면 좋을 것인가? 그래서 평제는 그해 12월 중에 요절하지 않으면 안 됐던 것이다. 평제가 병상에 누웠을 때, 왕망은 축문(祝文)을 만들어 하늘에 명(命)을 기원하여 병의 신대(身代)를 기원했다. 기도가 끝나자 축문을 금등궤(金縢櫃)에 넣고 봉했다. 왜 이렇게 했을까? 그 이유는 이러한 고사(故事)가 『상서(尙書)』 금등편(金縢篇)에 있어서, 무왕(武王)이 병에 걸렸을 때 주공(周公)이 이렇게 했기 때문이다.

평제는 14세로 죽었다. 그래서 원제(元帝)의 계통이 끊어져 버렸다. 선제(宣帝)의 증손은 53명이고 현손(玄孫)은 23명이었다. 왕망이 인상(人相)을 점쳐보니 현손 중에서 가장 어린 광척후자(廣戚侯子) 영(嬰)이 가장 길(吉)했으므로, 그가 위(位)를 계승하게 되어 '孺子嬰'이라 칭했다. 겨우 2살이었다. 이로부터 1개월이 못 돼서 전휘광(前輝光) 사효(謝囂)가 아뢴 바에 따르면, 무공현(武功縣)의 현장(縣長)인 맹통(孟通)이 우물을 파다가, 위는 둥글고 아래는 모났으며 위에 8글자의 빨간 글씨로 '告安漢公莽爲皇帝' [안한공 왕망에게 황제가 되라고 이르노라]라고 쓰여진 흰 돌을 발견했다. 이 사실이 발표되자 왕순(王舜) 등은 태후에게 조서(詔書)를 내리라고 청해 말했다.

"황제가 매우 어린 지금 대현인(大賢人)이 없으면 천하가 안정될 수 없습니다. 안한공의 덕행과 공적은, 주공과 시대를 달리 하지만 성격은 같습니다. 지금 우물 속에서 나타난 흰 돌의 글자에 대해 우리가 생각건대, '황제가 되라'는 것은 황제의 업무를 섭행(攝行)하라는 것이므로, 안한공이 천자의 지위에 올라서 주공의 고사를 따라야 할 것입니다."

이때부터 왕망은 천자의 곤룡포와 면류관을 몸에 걸치고, 남면(南面)하여 신하들의 조회(朝會)를 받았다. 출입시에는 벽제(辟除)를 하며 길을 다녔고, 사람들은 그에 대해 스스로 '신(臣)', '첩(妾)'이라 칭했다. 모든 것을 천자와 똑같이 한 것이다. 천지와 조종(祖宗)에 제사지낼 때에는, 그는 가황제(假皇帝)라 자칭하고 인민은 그를 섭황제(攝皇帝)라 불렀다.

한의 종실(宗室) 중에서도, 왕망에게 천자의 일을 행하라고 권한 유경(劉慶)이 있는 반면에, 왕망이 한의 황제가 되는 것을 두려워한 유숭(劉崇)도 있었다. 1년 후 동군(東郡) 태수(太守)인 적의(翟義)는 엄향후(嚴鄕侯) 유신(劉信)을 천자로 세우고 군국(郡國)에 격문을 돌려 왕망이 평제를 독살하여 위(位)를 찬탈하려 한다고 말했는데, 호응하는 자가 10여 만 명에 이르렀다. 적의 등의 위세가 강했으므로, 왕망은 대단히 두려워하여 항상 유자영(孺子嬰)을 안고 교묘(郊廟)에서 기도하고, 또 『상서(尙書)』의 「대고(大告)」를 모방하여 새로운 「대고」를 만들어 천하에 공포했다.[7] 그는 왜 「대고」를 모방한 것일까? 그것은 당시 경사(經師)의 말에 의하면, 「대고」의 문장은 주공 섭정시에 그의 동생 관숙(管叔) · 채숙(蔡叔) 등이 불만을 품고 주(紂)의 아들 무경(武庚)과 연합하여 그를 치려고 하자, 주공이 이 편(篇)을 지어 스스로의 입장을 명확히 했다고 되어 있기 때문이다. 지금 왕망은 똑같은 곤란에 직면하여 대고편의 문자를 완전히 교체하여, 이 모방을 행한 것이다. 그는 정말 운이 좋아서, 적의(翟義) 등도 토벌되었다. 이때부터 그의 기세는 다시 높아져, 그는 하늘과 인간의 도움을 얻어 진정 황제가 될 자격이 있다고 스스로 생각했다.

거섭(居攝) 3년[A.D. 8년], 또 몇 가지 징조가 나타났다. 그 하나는 제군(齊郡) 임치현(臨淄縣)의 한 역정장(驛亭長)이 어느 날 밤 몇 번이나 꿈을 꾼 것이다. 꿈속에서 한 사람이 그에게 말했다.

"나는 상제(上帝)가 보낸 사자(使者)이다. 상제께서는 '섭황제(攝皇帝)는 진황제(眞皇帝)가 돼야 한다' 고 너에게 고하라고 명하셨다. 네가 만약 믿지 못하겠다면, 내가 이 역정(驛亭) 안에 판 새로운 우물을 보라."

다음날 정장(亭長)이 일어나자, 과연 역정 안에 깊이 100척 가까운 새 우물이 만들어져 있었다. 이외에도 파군(巴郡)의 석우(石牛)와 부

7) 왕망이 지은 「대고」 전문은 『한서』 권84 적의전(翟義傳)에 실려 있다.

풍(扶風)의 석문(石文)이 있었는데, 모두 장안(長安)으로 보내졌다. 왕망 · 왕순 등이 이를 보러가자, 갑자기 광풍이 일어 상대의 얼굴조차 볼 수 없게 되었다. 바람이 그치자 돌 앞에 한 폭의 동부백도(銅符帛圖)가 남아 있었다. 그 위에 "하늘이 제부(帝符)를 고하니, 바치는 자는 후(侯)로 봉하라. 천명(天命)을 받아 신령(神令)을 행하라" 라고 쓰여 있었다. 그래서 왕망은 이 부서(符瑞)를 태후에게 바쳐 말했다.

"천명(天命)을 두려워하라고[『論語』] 했습니다. 저는 상제(上帝) · 조종(祖宗) 및 태황태후(太皇太后) · 효평황후(孝平皇后)에게 말할 때는 항상 가황제(假皇帝)라고 칭하고 싶습니다. 그러나 천하에 호령하거나 천하가 글을 올려 아뢸 때에는, 항상 '섭(攝)' 자를 붙이지 않고 황제(皇帝)라고만 칭해서 천명에 순응하고 싶습니다. 거섭(居攝) 3년을 초시(初始) 원년으로 고치고 싶습니다. 저는 항상 심력을 다하여 유자(孺子)[孺子嬰]를 교육하여, 장래에 주(周) 성왕(成王) 같은 훌륭한 인물로 만들고 싶습니다. 유자가 성인이 되면 다시 양위(讓位)하여 주공(周公)의 고사 같이 하려 합니다."

당시에 광한군(廣漢郡)의 애장(哀章)이라는 인물이 있었는데, 평소부터 품행이 별로 좋지 않았다. 그는 왕망이 섭정하는 것을 보고, 그 마음을 추측하여 미리 두 개의 동궤(銅櫃)를 만들고, 궤 위에 하나는 '천제행새금궤도(天帝行璽金櫃圖)' 라고 써 상제(上帝)의 명령임을 표시했다. 또 하나는 '적제행새방전여황제금책서(赤帝行璽邦[8]傳予黃帝金策書)' 라고 써서, 오제(五帝) 중의 적제(赤帝)가 황제(黃帝)에게 전수했다는 것과 이 적제는 곧 한(漢) 고조(高祖)[劉邦]라는 것을 나타내었다. 안에 넣은 서면(書面)에는 왕망이 진천자(眞天子)라는 것과 태황태후(太皇太后)는 천명에 따라야 한다는 것이 쓰여져 있었다. 또

8) 왕망전에는 유방의 '邦' 자를 피휘(避諱)하여 '赤帝行璽某……' 라 했다.

그 당시 대신(大臣) 8인의 성명을 써넣고 자기의 성명도 써넣었다. 애장은 왕망이 동부백도(銅符帛圖)에 대해 아뢰었다는 것을 듣자, 그날 저녁 즉시 스스로 황의(黃衣)를 몸에 걸치고 그 두 개의 궤를 고조(高祖)의 묘(廟) 안으로 운반했다. 그 결과 왕망은 증거를 얻고 자기 뜻대로 되어서, 다음날 묘에 이르러 고조로부터의 선양(禪讓)을 배수(拜受)했다. 그는 조서를 내려 말했다.

"나는 다행히도 황초조고(皇初祖考) 황제(黃帝)의 후손이며 황시조고(皇始祖考) 우제(虞帝)의 후예인 태황태후(太皇太后)의 친족으로 태어났다. 지금 황천상제(皇天上帝)는 이미 나에게 천하의 백성들을 맡기셨고, 적제(赤帝) 한씨(漢氏) 고황제(高皇帝)의 신령(神靈)도 천명을 받아 나에게 나라를 전하셨다. 천명을 경외하는 나는 받지 않을 수가 없다. 오늘 진천자(眞天子)의 위(位)에 올라 국호를 새로이 정하려 한다. 정월 초하루(正朔)를 고치고 복색(服色)을 바꾸지 않으면 안 된다. 12월 초하루 계유(癸酉)일을 건국 원년 정월 초하루로 삼는다. 복색은 토덕(土德)에 맞추어 황색을 존중하며, 희생(犧牲)은 백통(白統)에 맞추어 백색을 숭상하기로 한다."

시건국(始建國) 원년 그는 또 유자영(孺子嬰)을 정안공(定安公)으로 봉하고 사방 100리의 땅을 주었다.[9] 그 봉책(封策)의 낭독이 끝나자, 왕망은 친히 이 아기의 손을 잡고 눈물을 흘리며 말했다.

"옛날 주공은 섭정하다가 마지막에는 성왕(成王)을 복위시켰습니다. 지금 나는 황천(皇天)의 엄명 때문에 생각대로 할 수가 없었습니다."

---

9) 이하 왕망전중(中). 또 본서 Ⅲ-1장 p.196 이하 참조.

그는 부명(符命)에 따라서 관직을 설치했다. 애장(哀章)은 국장(國將)이 되어 미신공(美新公)에 봉해졌으며, 국사(國師)인 가신공(嘉新公) 유흠(劉歆)과 같은 상공(上公)의 위(位)에 서게 되었다.

이후에 중국역사상 왕조교체가 동일 민족 내에서 행해질 경우에는, 항상 이 관례에 따라서 선양(禪讓)의 전례(典禮)가 행해졌다. 소위 정주(征誅)[정벌]는 이민족에게만 사용되었다. 왕망은 물론 얼마 못 가서 몰락했지만, 이러한 사고방식은 계속 전해져서 원세개(袁世凱)의 주안회(籌安會)에서도 역시 같았다.[10)]

10) 주안회는 양도(楊度)[이사장] · 손육균(孫毓筠)[부이사장] · 엄복(嚴復) · 유사배(劉師培) · 이섭화(李燮和) · 호영(胡瑛) 등 소위 육군자(六君子)가 중화민국(中華民國) 대통령 원세개의 제제(帝制)부활 움직임을 지지하여 설립되었다. 1915년[民國 4년] 9월에는 헌정협진회(憲政協進會)로 바꾸었으며, 이후 각 성(省)의 '청원' 을 기반으로 선출된 '민국대표대회(民國代表大會)' 대표가 10월 하순부터 투표를 실시하여 원세개를 황제로 삼는 것이 채택되었다. 12월 12일에 원세개는 제위에 즉위할 것을 수락하고 다음날 거인당(居仁堂)에서 백관(百官)의 조하(朝賀)를 받았으며, 1916년 1월 1일을 홍헌(洪憲) 원년으로 삼았다. 그러나 운남성(雲南省)이 독립을 선언하기도 했기 때문에, 3월에 원세개는 제제(帝制)를 취소했으며, 6월에 죽었다.

8. 한(漢)의 개덕(改德)

앞장(章)을 읽으면 기묘하게 생각될 것이다. 한(漢) 고조(高祖)는 스스로를 수덕(水德)이라 생각하고 있었는데, 그 후 많은 사람들의 반대에 부딪혀 할 수 없이 토덕(土德)으로 바꾸었다. 무제(武帝)는 태초(太初) 원년에 개제(改制)를 선포하고 삼통설(三統說)에 의해 정월 초하루를 고쳤으며, 오덕설(五德說)에 의해 복색을 정했다. 그것은 한(漢)은 흑통(黑統)이고 흑통은 건인(建寅)이기 때문에 정월을 한해의 처음으로 삼은 것이며, 또 한은 토덕이고 토덕은 황색을 숭상하기 때문에 황색을 복색으로 삼은 것이다. 이것은 지극히 명백하다. 지금 왕망은 수선(受禪)을 행하면서 삼통설에 대해서는 자신을 백통(白統)에 위치시켰다. 따라서 12월을 한해의 처음으로 삼고, 희생의 색은 백색을 사용했다. 백통은 흑통을 이어받는 것이기 때문에 조금도 문제가 없다. 그러나 오덕설에 대해서, 왜 그는 자신을 토덕에 위치시키고, 한(漢)의 제도와 똑같이 한 것일까? 또, 왜 애장(哀章)이 만든 동궤(銅櫃)위에는 '적제방(赤帝邦)'이라 쓰여 있고 왕망의 조서 속에도 '적제한씨고황제(赤帝漢氏高皇帝)'라고 칭하여, 한왕조를 화덕(火德)으로 삼은 것일까? 추연(鄒衍)의 말에 의하면 후대(後代)는 전대(前代)가 이길 수 없는 덕에 의해서 전대를 이긴다고 한다. 따라서 하(夏)는 목덕(木德)으로 황제(黃帝)의 토덕을 이겼고, 진(秦)은 수덕(水德)으로 주(周)의 화덕을 이긴 것이다.[1] 이를테면 한이 화덕

---

1) 본서 Ⅰ-1장 p.31 참조.

으로 고쳤다 해도 그것을 계승하는 것은 수덕일 텐데, 어떻게 해서 왕망은 토덕인가? 이 얘기는 길어지지만 여러분께서는 참고 들어주었으면 한다.

왕망이 조서 속에서 말하지 않았는가? 자신은 황제(黃帝)의 후손이며 우제(虞帝)[舜]의 후예라고 말이다.[2)] 황제가 토덕인 것은 그 명칭상으로도 명백하다. 우제가 토덕인 것은 『회남자(淮南子)』에도 언급되어 있다. 이 2대의 토덕의 선조가 있는 이상, 그는 토덕이 될 수 있는 것이다. 이것이 첫 번째 이유이다. 역대로 천하를 얻는 데에는 두 가지 방법이 있었다. 하나는 요(堯) · 순(舜)의 선양(禪讓)이며, 다른 하나는 은(殷) · 주(周)의 정벌이다. 추연(鄒衍)은 '오덕상승(五德相勝)'을 주장하여 후대가 전대를 이긴다고 했는데, 그것은 정벌로 천하를 얻은 은 · 주에는 아주 적합하지만 선양으로 천하를 얻은 요 · 순의 경우에는 별로 적합하지 않다. 왕망은 일찍부터 한의 선양을 받을 준비를 하고 있었으므로, 감히 상승식(相勝式)의 오덕설을 이용했을 리가 없다. 이것이 두 번째 이유이다. 이 두 가지 이유를 생각한다면 이 문제는 쉽게 해결될 수 있다.

왕망의 저서에 『자본(自本)』이라 칭하는 가보(家譜)가 있다. 거기에는 다음과 같이 서술되어 있다.[3)]

"황제(黃帝)의 8세손은 우순(虞舜)이다. 우순의 후손인 규만(嬀滿)은 주(周) 무왕(武王)이 진후(陳侯)로 봉했다. 규만의 13세손인 진완(陳完)은 자(字)가 경중(敬仲)이며, 진(陳)의 내란시에 제(齊)로 도망했는데, 제환공(齊桓公)은 이를 경(卿)으로 임명했다. 진완의 11세손 전화(田和)는 제(齊)의 실권을 장악했으며, 3세대 뒤에는 제왕(齊王)이라 칭했다. 제왕건(齊王建) 때에 진(秦)에 멸망당했다. 항우(項羽)

---

2) 본서 Ⅱ-7장 p.147 참조.
3) 이하 『한서』 권98 원후전(元侯傳)에 근거한다.

가 거병(擧兵)하고서 건의 손자 전안(田安)을 제북왕(齊北王)으로 봉했다. 뒤에 전안은 나라를 잃었지만, 제(齊)인들이 이를 왕가(王家)라고 불러서, 그들은 왕(王)을 성(姓)으로 삼았다. 전안의 증손 왕하(王賀)는 무제(武帝) 때에 수의어사(繡衣御史)가 되어 위군(魏郡)의 도적들을 체포했는데, 이 일을 도운 자가 매우 많았다. 그가 위군의 원성현(元城縣)으로 옮기자, 그 지역 사람들은 크게 감격했으며 한 노인이 말했다.

「옛날 춘추(春秋)시대[僖公 14년]에 사록(沙麓)땅이 무너졌을 때, 진(晋)의 점복(占卜)을 담당한 사관(史官)이 말했다. "음(陰)은 양(陽)과 짝하며, 토(土)와 화(火)가 짝한다. 645년이 지나면 이 땅에 성녀(聖女)가 일어날 것이다. 그것은 아마 제(齊)의 전씨(田氏)일 것이다." 지금 왕가(王家)가 사록으로 옮겨왔는데, 시차가 80년밖에 안 된다. 분명히 그 안에 성녀가 일어날 것이다.」"

이 얘기는 과연 왕정군(王政君)의 몸에 사실로 나타났다. 왕망은 이 성녀의 힘에 의존하여 높은 지위에 올랐고, 신도후(新都侯)로부터 황제까지 되었다. 진(晋)의 사관이 말한 "음(陰)은 양(陽)에 짝하며, 토(土)와 화(火)가 짝한다"라고 예언한 것이 실현되었다고 할 수 있는 것이다. 왕망은 토덕(土德)인 황제의 자손이므로 당연히 토덕을 이어야 했고, 그가 이은 전대는 물론 화덕(火德)이었다. 그러나 한 가지 어려운 점이 있었다. 한은 분명히 토덕인데, 어떻게 해야 토덕의 왕망이 한의 화덕을 이어받는 것처럼 할 수 있을 것인가?

이 점은 우리가 곤란하다고 느끼는 것인지만, 한대인의 입장에서 보면 어렵지 않았다. 그것은 그들에게 위조물을 만드는 능력이 있었기 때문이다. 그들은 말했다. "왕망은 순(舜)의 후예이므로, 한의 고조(高祖)는 요(堯)의 후예이다. 왕망이 한 고조의 선양을 받는 것은 순이 요의 선양을 받은 것과 완전히 똑같다." 이렇게 설명하면, 왕망이 황제가 된 것은 그의 음모가 성공한 것이 아니고 전부터 정해져 있던 과정이 된다. 그러나 어떻게 해야 한 고조를 요의 후예로 만들 수 있을 것인가?

한 고조는 평민에서 일어나 난국을 타개하고 천하를 수중에 넣었다. 고조는 왕망이 명가(名家) 출신인 것과는 달리 가보(家譜) 따위도 없었지만, 조작된 가보를 만들려고 하지도 않았다. 그래서 사마천(司馬遷)이 무제(武帝) 때에 고조의 본기(本紀)를 만들 때에도 "아버지는 태공(太公)이라 하며 어머니는 유온(劉媼)이라 한다"라고 서술할 뿐이어서, 고조의 조부가 누구였는지 모르고 있었다. 실은 고조의 부모조차도 확실하게는 몰랐다. '태공'이라는 것은 큰어른[大旦那]의 의미에 불과하고, '유온'은 유가(劉家)의 대부인이라는 뜻이다. 결국 고조의 아버지의 이름과 어머니의 성(姓) 등 가장 기본적인 사실조차 막연했던 것이다. 그가 평민에서 일어났다는 것이 부끄러워할 만한 것이었을까? 아니다. 부끄러워하기는커녕 크게 자랑할 만한 것이었다. 사마천이,

"진시황(秦始皇)은 제후의 거병(擧兵)을 두려워하여 사람들에게 봉지(封地)를 조금도 주지 않았다. 그러나 고조는 평민에서 일어나, 토벌의 공은 3대를 초월했다. 이것은 서(書)에서 말하는 바 대성인(大聖人)이 아닐까? 이것은 하늘의 뜻이 아닐까? 만약 대성인이 아니었다면, 어떻게 천명(天命)을 받아 황제가 될 수 있었을까?" 4)

라고 말한 것을 보아도, 고조가 평민 출신이었던 점은 진정 하늘의 뜻이었던 것임을 알 수 있다.* 고조의 신분이 미천하면 할수록 하늘의 뜻의 구현은 한층 명백해진다.

그러나 왕망의 시대가 되면, 평민 출신의 한 고조에게도 명가(名

---

4) 『사기』 권16 진초지제월표서(秦楚之際月表序).

家)의 장식을 씌워야만 했다. 유흠(劉歆)은 『국어(國語)』에 손대어 『좌전(左傳)』으로 만든 사람인데, 그는 『좌전』 속에 세 차례에 걸쳐 유씨(劉氏)의 선조에 관한 문장을 삽입했다. 이 세 곳의 문장을 종합하면 이렇게 된다.

"도당씨(陶唐氏)의 후예에 유루(劉累)라는 사람이 있었는데 용(龍)을 기를 수가 있어서, 하왕(夏王) 공갑(孔甲)은 그를 기용하여 용 기르는 것을 담당시키고 어룡씨(御龍氏)라는 성을 하사했다. 어느 날 암컷용이 죽자, 그는 몰래 그것을 삶아 하왕에게 먹게 했는데, 대단히 맛이 좋았다. 뒤에 하왕이 그에게 이 용을 데려오라고 명령하자, 그는 두려워 도망했다.[이상 昭公 29년] 그들 일족(族)은 상대(商代)에는 시위씨(豕韋氏)라 칭했고, 주대(周代)에는 당두씨(唐杜氏)라고 칭했다.[襄公 24년] 주(周) 선왕(宣王)이 두백(杜伯)을 죽이자, 그의 아들 습숙(隰叔)은 진(晋)으로 도망쳤다. 4세대 후의 사회(士會)에 이르러, 범(范)땅에 봉해지고 범씨가 되었다. 사회는 어떤 일로 인해 진(秦)으로 도망하여 진강왕(秦康王)의 총애를 받았는데, 진(晋)인이 수단을 써서 그를 선동하여 귀국시켰다. 진공(秦公)은 좋은 사람이어서 그의 가족을 진(晋)으로 돌려보냈는데, 일부는 그대로 진(秦)에 남아서 성을 유씨(劉氏)로 고쳤다.[이상 文公 13년]"

유씨가 도당씨(陶唐氏)의 자손이 된다면, 한 고조가 요(堯)의 후예라는 점은 확정적이 된다. 그들은 또 이어서 말했다.

"전국(戰國)시대에 유씨는 진(秦)에서 위(魏)로 옮겼고, 뒤에 위(魏)에서 동쪽으로 가서 풍읍(豊邑)에 거주했으며, 풍공(豊公)이라 칭했다. 풍공이 고조의 조부이다." 5)

---

5) 『한서』 권1 고제기(高帝紀)의 찬(贊)에 인용된 유향(劉向)의 말에 근거함.

그들은 고조가 요(堯)의 후예이고 왕망이 순(舜)의 후예라는 도식을 이렇게 교묘히 배치했다. 왕망이 토덕(土德)이고 고조가 화덕(火德)이라는 설은 오행상생설(五行相生說)에 의한 것이다. 오행상생의 순서에서는, 목(木)이 화(火)를 낳고 화가 토(土)를 낳고 토가 금(金)을 낳고 금이 수(水)를 낳고 수가 목(木)을 낳는다. 왕망의 천하는 한 고조가 그에게 전해준 것으로서, 당시에는 상서로움이 싹트고 무력사태 따위는 전혀 없었으므로, 상생설(相生說)은 괜찮지만 상승설(相勝說)은 이용할 수가 없었다. 왕망이 토덕이라면 이 도식에서는 당연히 '화(火)가 토(土)를 낳는 것'이 된다. 그래서 그들은 한 고조를 위해 화덕(火德)의 부서(符瑞)를 만들어냈다. 그들은 말했다.

"고조가 평민이었을 때 어느 날 밤 술에 취해 집으로 돌아가던 중에, 소택지(沼澤池)를 빠져나가려고 한 사람의 종자(從者)를 앞서가게 했다. 이 앞서간 자가 곧 돌아와서 '큰 뱀 한 마리가 길을 막고 있어서 나아갈 수가 없습니다' 하고 고했다. 고조는 '대장부가 길을 가는데 무서워할 것이 무엇이냐?'라며 질책하고, 그대로 나아갔다. 이 큰 뱀을 보자, 그는 칼을 빼어 단칼에 베어버리고 지나갔다. 또 몇 리를 가다가 피곤해서 땅바닥에 누웠다. 뒤에 온 사람이 그 죽은 뱀이 있는 곳을 지나다가, 노파 한 사람이 울고 있는 것을 발견했다. 왜 우느냐고 물었더니 '내 아이가 다른 사람에게 죽음을 당했습니다'라고 대답했다. 다시 '당신의 아이는 어떻게 해서 죽음을 당했는가?'라고 묻자 노파가 대답했다. '내 아이는 백제(白帝)의 아들인데, 뱀으로 변해 길바닥에 가로누워 있다가 방금 적제(赤帝)의 아들에게 베어죽임을 당했습니다.' 이 사람은 노파가 엉터리로 말하고 있다고 생각해서 매를 때리려고 했더니, 노파가 갑자기 사라져버렸다. 그는 앞으로 나아가 고조가 자고 있는 곳에 이르자, 고조가 눈을 떴다. 그는 자초지종을 고조에게 들려주었다. 고조는 자기가 천자의 신분이라는 것을 알고 크게 기뻐하였으며, 부하들은 이를 듣고서 그에 대해 점점 경외심을 품게 되었다."

이 고사는 그들[劉歆 등]에 의해 『사기(史記)』[고조본기]에 삽입되었다. 이 고사가 있으면, 고조가 화덕(火德)이라는 것도 확정된다. 그러나 한 손으로 천하의 눈을 모두 덮을 수는 없었다. 현재 우리는 다음과 같은 의문을 품게 된다. 고조가 화덕이라 한다면, 어떻게 즉위한 후 스스로를 수덕(水德)으로 삼고 진(秦)의 정월 초하루와 복색을 답습했을까? 또한 한의 덕운(德運)이 문제(文帝)로부터 무제(武帝)에 이르기까지 50여 년이나 거치고 있는데, 그 사이에 논쟁된 것은 수덕(水德)인지 토덕(土德)인지였을 뿐이며, 고조가 뱀을 벤 고사를 생각해내어 한이 화덕이라고 말한 사람은 아무도 없었던 것은 어찌된 일인가? 이 고사는 한왕조 수명(受命)의 부(符)이며 국가성립의 기초인데, 어떻게 해서 근원을 망각해 버린 것일까?

고조가 적제(赤帝)의 아들로서 백제(白帝)의 아들을 베었다는 것은 한이 진(秦)을 멸한 것을 상징하고 있다. 그러나 진이 수덕인 것은 극히 확실한 것이다. 수(水)의 색은 흑(黑)인데 어떻게 백제(白帝)의 아들로 변한 것일까? 원래 이것은 그들이 천하를 얻은 방식에 따라서 정한 것이다. 왕망의 토덕은 상생설(相生說)에 의한 것이므로, 그에게 선양한 자는 화덕[赤帝]이어야 한다. 한의 화덕은 상승설(相勝說)에 의한 것이므로, 한에 정벌된 것은 금덕(金德)[白帝]이어야 한다. 따라서 진(秦)을 금덕으로 삼은 설도 역시 왕망토덕설을 출발점으로 삼고 있는 것이다.[이것은 왕망 등의 초기의 설이며, 뒤에는 그들도 秦을 금덕이라고 주장하지 않게 되었다. 다음 章 참조]

왕망이 한을 화덕으로 고친 취지는 원래 한의 천하를 훔치는 데* 있었다. 그런데 광무제(光武帝)는 이것을 이용해서 옛 것을 광복시키는 사업을 행한 것이다. 광무제는 이름이 수(秀), 고조의 9세손이며, 남양(南陽)에서 농사를 짓고 있었다.[6] 왕망이 황제가 되고서 6년째 되는 해에, 그는 장안(長安)으로 와서 공부하여 『상서(尙書)』를 배웠다. 지황(地皇) 3년[A.D. 22년], 남양에는 기근이 닥쳐서 도적이 일어났다.* 이통(李通)이라는 사람이 "유씨(劉氏)가 다시 일어나고 이씨(李氏)가 보좌하게 된다"라고 쓰여진 도참(圖讖)을 그에게 보여주고서, 군대를 일으키라고 권했다. 이에 거병하여 3년간 싸우는 동안 그 세력은 대단히 커져서, 부하 장관(將官)들은 유수(劉秀)에게 황제가 될 것을 권했다. 그가 망설이고 있는데, 앞서 장안(長安)에서 같이 배운 강화(彊華)가 관중(關中)에서 『적복부(赤伏符)』를 가지고 왔다. 그 부(符)에는 "유수(劉秀)가 군사를 일으켜 부도(不道)를 사로잡는다. 4이(夷)가 운집하고 용이 들에서 싸우는데, 28일 만에 화(火)가 주(主)가 된다"라고 쓰여 있었다. 부(符)에 유수가 화덕에 의해 천자가 된다고 이미 확실히 적혀 있었기 때문에, 신하들이 또 아뢰었다.

"지금 위로는 천자가 없고, 천하가 혼란합니다. 수명(受命)의 부(符)가 이렇게도 명백하니, 속히 상제(上帝)에게 화답하여 인민의 희망에 따라야 합니다."

그때 그들은 호(鄗)[지금의 河北省 栢鄉縣]*에 있었기 때문에, 호 남쪽의 천추정(千秋亭)에 단장(壇場)을 설치하여 번료(燔燎)[燔祭]를 행하고, 하늘에 고하여 광무제가 황제자리에 즉위했다. 뒤에 그는 낙양(洛陽)에 가서 도읍을 정하고 묘(廟)를 일으켰다. 또 도참(圖讖)을 조사하여, 오덕의 운에 비추어 화덕(火德)을 정(正)으로 삼고, 색은 적(赤)을 숭상했다. 당시 사람들은 또 광무제(光武帝)의 두 고사를

---

6) 이하 광무제 유수(劉秀)에 대한 것은 『후한서(後漢書)』 권1 광무제기에 근거한다.

말하고 있다. 하나는 그가 태어날 때 붉은 빛이 방 안에 찬란하게 비쳤다는 것이다. 다른 하나는 그가 막 거병(擧兵)했을 때, 그의 집 남쪽 먼 하늘에 불빛이 충만한 것이 보였다는 것이다. 그가 화덕(火德)에 의해 천하의 왕이 된 것은, 도참(圖讖)으로 보든 부서(符瑞)로 보든 모두 틀림이 없었다.

후세 사람들이 한대를 염한(炎漢) 또는 염유(炎劉)라고 칭하는 것은 이 때문이다.

9. 고사(古史)체계의 대정리

왕망은 한(漢) 고조(高祖)를 요(堯)의 후예이며 화덕(火德)이라 한 것에 만족했을 것인가? 아니다. 아직 미완성의 사업이 있었다. 첫째, 그의 선조 중에서 가장 유명한 두 사람은 황제(黃帝)와 순(舜)이었는데, 순이 요의 선양을 받은 것은 왕망의 신(新)왕조가 한의 선양을 받은 것의 선례로서 잘 배치할 수 있다 해도, 황제와 그 한 세대 전은 어떻게 하면 한과 관계지을 수 있을 것인가? 이 점이 아직 확실히 얘기되지 않았다. 둘째, 왕망은 주장을 철저하게 관철시키는 사람이었기 때문에, 순식간에 일을 해치워서 고사(古史) 전체를 그의 손으로 새로이 정리하려고 계획했다. 우리가 이 문제를 논할 때에 우선 이해하고 넘어가야 할 것은, 당시 사람들의 역사관념이 우리와는 다르다는 점이다. 우리는, 사회는 항상 변동하는 것이며* 역사는 결코 재현되지 않는다고 알고 있다. 그러나 그들은, 우리와는 완전히 반대로, 순환되지 않는 것은 결코 역사가 아니라고 생각했다. 그들은 역사가 주마등(走馬燈)같이 빙글빙글 회전하는 것이라고 생각했다. 오덕설(五德說)이 오덕의 순환을 주장하고 삼통설(三統說)이 삼통의 순환을 주장한 것은 이 관념의 구체적인 표현이다. 왕망이 주공(周公)을 모방하고 마치 주공이 재생한 것 같이 한 것도 이 관념의 구체적인 표현이다.

추연(鄒衍)이 오덕종시설(五德終始說)을 개창할 당초에는, 황제(黃帝)로부터 시작해서 황제의 뒤는 하(夏), 하의 뒤는 상(商), 상의 뒤는 주(周)라고 했을 뿐이었다.[1] '돌아서 처음으로 되돌아간다[2]' 고 말은 해도, 실제로는 첫 번째 순환도 아직 끝나지 않았다. 그 이유는 아마 황제가 당시 전설상의 최초의 천자였고, 요(堯) · 순(舜) 등은 황제의 1조대(朝代)에 부속되어 있었기 때문일 것이다. 그 후 고사(古史)의 계통은 황제 앞에 신농(神農)이 있고 신농 앞에 복희(伏羲)가 있다는 식으로 점점 길어져서, 요 · 순을 황제의 조대(朝代) 속에 포함시키면 부자연스럽게 되었다. 그래서 오덕설은 연장될 필요가 있었다. 동중서(董仲舒)의 글에는 삼왕(三王), 오제(五帝), 구황(九皇)이 있다.[3] 구황이 무엇인가 하면, 당시대(當時代)로부터 거슬러 올라가며 세어서 9대(代) 전이다. 당시에 가장 가까운 삼대를 왕(王)이라 부르고, 좀더 먼 오대를 제(帝)라 부르고, 가장 먼 일대를 황(皇)이라 불러서, 시대가 멀어질수록 존칭을 쓰게 되었다. 따라서 동중서의 생각으로는, 하(夏) · 상(商) · 주(周)의 군주를 왕으로 칭하는 것은 주(周)대인의 설이며, 한대인의 입장에서 말하면, 상과 주는 여전히 왕이지만 하는 제(帝)가 된다. 그는 주대를 예로 들어 말했다.

"순(舜)은 원래 왕이었는데, 주대인의 입장에서 보면 하(夏)의 1대 전인 순은 삼왕에서 삐져나오고 있으므로, 제(帝)라 칭한다. 헌원(軒轅)은 주(周)의 8대 전이며 오제의 필두이므로, 황제(黃帝)라 칭한다. 황제의 1대 이전인 신농(神農)은 원래 오제였는데, 지금은 9대 전에 위치하기 때문에 구황(皇)이 된다."

주대인이 9대 전까지 거슬러 올라간 이상, 진(秦)은 자연히 10대까지 거슬러 올라가며, 한도 당연히 11대까지 거슬러 올라가야 한다. 이

1) 추연의 오덕종시설에 대해서는 Ⅰ-1장 참조.

2) 『사기』 권8 고조본기(高祖本紀)의 「太史公曰」에는 "三王之道若循環, 終而復始"라고 했다.

3) 이하 동중서의 설은 『춘추번로(春秋繁露)』 삼대개제질문(三代改制質問) 편에 보인다.

리하여 추연(鄒衍)이 말한 것에 비해 두 배로 늘어나게 되었다.

추연의 설에 비해 늘어난 세계(世系)가 있고, 또 오행상승설(五行相勝說)과는 별도로 오행상생설(五行相生說)이라는 것이 있었다. 그래서 그들이 새로운 고사(古史)체계를 만들어낼 때에는, 이 두 가지를 근거로 해서 오덕종시표(五德終始表)를 고쳐만들 수 있었던 것이다.[4] 그들은 말했다.

"『역(易)』「설괘전(說卦傳)」에 '제(帝)는 진(震)에서 나온다' 라고 했는데, 진(震)은 동방의 괘(卦)이다. 동방은 오행에서는 목(木)에 속하므로, 제왕(帝王)은 목덕(木德)에서 시작한다. 최고(最古)의 제왕은 복희(伏羲)이므로, 복희는 목덕이다. 이로부터 모(母)는 자(子)에게 전하고 자는 모를 계승해서 대대로 상생(相生)하며, 오행의 운행이 일주(一周)하면 처음으로 되돌아간다."

이것은 제2의 오덕종시설(五德終始說)이다. 그것은 추연의 설과 같은 이름이고 또 그 사상도 추연에서 유래하고 있는데, 제왕의 세계(世系)와 계승방식은 추연의 설과 달라서 역시 고사계(古史界)에서 하나의 혁명으로 볼 수 있다.

우리가 주(周) · 진(秦)의 제자(諸子)와 『사기(史記)』[五帝本紀]를 통해 아는 바로는, 황제(黃帝) 이전은 신농씨(神農氏)였다. 신농씨는 17대까지 전해지고서 쇠퇴했다. 당시의 군웅(群雄)에는 염제(炎帝) · 황제(黃帝) · 치우(蚩尤)가 있었다. 황제는 먼저 군사를 일으켜, 판천(阪泉)의 들에서 염제와 싸우고, 뒤에 다시 탁록(涿鹿)의 들에서

---

4) 이하 고제왕(古帝王)의 명칭과 세계(世系)에 대한 조작과정 및 본서 p.163의 「전사오덕종시표(全史五德終始表)」의 형성과정에 관한 저자 고씨의 추론은 『한서』 권21 율력지(律曆志)하에 인용된 『세경(世經)』의 기사를 분석한 것이다.

치우와 싸워 모두 이겼다. 이리하여 제후들은 황제를 받들어 천자로 삼았다. 이러한 기록은 물론 모두 신용할 수는 없지만, 염제와 황제가 신농씨 말기에 대립한 양대 세력을 이루고 있었다는 점은 극히 명백하다. 「봉선서(封禪書)」에 기록된, 관중(管仲)이 봉선을 논한 내용에도, "신농은 태산(泰山)에서 봉(封)제사를 행하고 운운(云云)하게 선(禪)제사를 행했다. 염제는 태산에서 봉제사를 행하고 운운하게 선제사를 행했다. 황제는 태산에서 봉제사를 행하고 정정(亭亭)하게 선제사를 행했다"라고 서술되어 있다. 염제가 신농 · 황제와는 별도의 제왕이었음을 알 수 있다. 그러나 그들이 '목(木)은 화(火)를 낳고 화는 토(土)를 낳는다'는 원칙에 근거하여 복희를 목덕(木德)으로 황제를 토덕(土德)으로 정한다면, 그 사이에 끼인 신농은 화덕(火德)이어야 한다. 그런데 신농은 종전(種田)[농경]을 행한 인물이며, 전(田)은 토(土)에 속하고 돋아나는 곡물은 목(木)에 속하는데, 어떻게 그가 화덕(火德)이 될 수 있을 것인가? 그들은 말했다. "문제없다. 염제와 신농을 합쳐서 한 사람으로 하면 괜찮다." 이리하여 이 고대의 제왕은 '염제신농씨(炎帝神農氏)'라고 불리고, 그가 화덕이라는 점이 명칭상으로 충분히 드러난 것이다.

그들은 한(漢) 고조(高祖)의 선조는 요(堯)이고, 요는 화덕(火德)이라고 정했다. '목(木)이 화(火)를 낳는다'는 원칙에 따르면, 요의 1대 전인 제곡(帝嚳)은 당연히 목덕(木德)이다. 또 '수(水)는 목(木)을 낳는다'는 원칙에 따르면, 제곡의 1대 전인 전욱(顓頊)은 당연히 수덕(水德)이다. 그러나 전욱의 1대 전은 황제(黃帝)인데, 황제의 토덕이 변경될 수 없다면, '토(土)는 금(金)을 낳고 금은 수(水)를 낳는다'는 원칙에 따르는 한, 황제는 자기의 토덕으로 다음 대인 전욱의 수덕을 낳을 수 없다. 전욱도 자신의 수덕으로 그 전대인 황제의 토덕을 받을 수 없다. 이것을 어떻게 처리할 것인가? 그들은 말했다. "문제없다. 중간에 금덕(金德)의 제왕을 1대(代) 끼워 넣으면 된다." 그들은 옛날

동방에 양웅(兩雄) — 한 사람은 태호(太皞), 한 사람은 소호(少皞) [皞는 또 昊로도 쓴다] — 이 있었던 것을 보고, 소호로 이 공백을 메우고 여기에 금천씨(金天氏)라는 부명(副名)을 덧붙여서, 그 금덕이 이름에 직접 나타나게 했다. 이로부터 고사(古史)체계의 형태가 변해서, 황제의 뒤가 소호, 소호의 뒤가 전욱이 되었다. 그들은 또 한 사람 태호를 복희씨의 앞 글자에 얹어서 태호복희씨(太皞伏羲氏)라고 불러서, 염제신농씨(炎帝神農氏)라는 조합된 복합명사에 꼭 맞게 대응시켰다.

사마천(司馬遷)이 「오제본기(五帝本紀)」를 만들 때 원본으로 삼은 『오제덕(五帝德)』이라는 책이 있다. 이 책에는

"황제(黃帝)는 소전(少典)의 아들이며, 헌원(軒轅)이라 한다.…… 전욱(顓頊)은 황제의 손자이고 창의(昌意)의 아들이며, 고양(高陽)이라 한다.…… 제곡(帝嚳)은 현효(玄囂)의 손자이고 교극(蟜極)의 아들이며, 고신(高辛)이라 부른다.……"

라고 되어 있다. 그들은 이 기록에 근거하여 황제를 황제헌원씨(黃帝軒轅氏), 전욱을 전욱고양씨(顓頊高陽氏), 제곡을 제곡고신씨(帝嚳高辛氏)라고 불러서, 태호복희씨(太皞伏羲氏) · 염제신농씨(炎帝神農氏) · 소호금천씨(少皞金天氏) 등 새로 만든 칭호에 원래부터 있었던 이름을 넣어 만들어, 이런 칭호들은 어색하게 모아놓은 감이 있게 되었다. 또 요(堯)와 순(舜)은 원래부터 도당씨(陶唐氏)와 유우씨(有虞氏)라고 불리고 있었기 때문에, 역시 제요도당씨(帝堯陶唐氏) · 제순유우씨(帝舜有虞氏)라고 불렀다. 이러한 정리를 거쳐서, 고사체계가 형식상으로는 확실히 정리되었다.

진(秦)이 수덕(水德)인 것은 진시황(秦始皇)이 추연(鄒衍)의 오덕종시설(五德終始說)에 의해 확실히 선포한 것이다. 그러나 이때에, 한

(漢)의 화덕(火德)이 주(周)의 목덕(木德)에서 생긴 것으로 되고 곧 주(周)에 연결되면, 진은 위치할 장소가 없게 돼버린다. 어떻게 하면 진시황의 개제(改制)를 설명할 수 있을 것인가? 그들은 말했다. "문제없다. 진은 수덕에 의해 주의 목덕과 한의 화덕 사이에 끼어들어서 오행(五行)의 순서를 어지럽혔다. 그래서 나라를 오래 보전하지 못하고, 윤통(閏統)[正統이 아닌 왕조]에 위치하는 데 머물렀던 것이다. 만약 이 상생식(相生式)의 오덕설이 일찍부터 있었다면, 진시황이 윤통에 위치하는 것을 스스로 감수했겠는가?" 그들은, 목(木)과 화(火)의 사이에 있는 것이 진(秦) 하나뿐이고 반복 · 재현된 형식이 없으면, 주마등(走馬燈)식의 역사 체계를 이룰 수 없다고 생각하여 다음과 같이 말했다. "복희(伏羲)의 목과 신농(神農)의 화 사이에는 공공씨(共工氏)가 있었다. 제곡(帝嚳)의 목과 제요(帝堯)의 화 사이에는 제지(帝摯)가 있었다. 이렇게 오덕의 운행이 목과 화의 사이에 오면 항상 윤통이 출현하는 것이다."

그들이 각 방면의 처치를 모두 끝내면, 다음과 같은 전사오덕종시표(全史五德終始表)가 제시되었다.

木	1. 태호복희씨(太皞伏羲氏)	6. 제곡고신씨(帝嚳高辛氏)	11. 주(周)
閏水	공공(共工)	제지(帝摯)	진(秦)
火	2. 염제신농씨(炎帝神農氏)	7. 제요도당씨(帝堯陶唐氏)	12. 한(漢)
土	3. 황제헌원씨(黃帝軒轅氏)	8. 제순유우씨(帝舜有虞氏)	13. 신(新)
金	4. 소호금천씨(少皞金天氏)	9. 백우하후씨(伯禹夏后氏)	
水	5. 전욱고양씨(顓頊高陽氏)	10. 상(商)	

추연(鄒衍)의 오덕설은 아직 1주기도 지나지 않았는데, 놀랍게도 그로부터 이백수십 년이 지나는 동안에 3주기 째에 들어간 셈이 된

것이다. 추연은 처음에 우(禹)는 목덕이고 그 부서(符瑞)는 '하늘이 먼저 초목이 겨울에도 마르지 않음을 보인 것'이라고 말했었다. 그런데 이에 이르러 우는 금덕(金德)이 되고 백제(白帝)의 아들이 되었다. 추연은 처음에 탕(湯)은 금덕이고, 그 부서(符瑞)는 '하늘이 우선 금인(金刃)이 물에서 생긴 것을 보인 것'이라고 말했었다. 그런데 이에 이르러서 탕도 수덕(水德)으로 변하고 흑제(黑帝)의 아들이 되었다. 추연은 또 문왕(文王) 때에 "적오(赤烏)가 단서(丹書)를 물고 주사(周社)에 모였다"라고 해서 문왕이 화덕임을 보여주었다. 그런데 이에 이르러서 문왕도 목덕이 되어, 적작(赤雀)이 물고 온 단서(丹書) 위의 글씨는 '희창(姬昌)은 창제(蒼帝)의 아들이다'라고 되었다.[5] 어떻게 이렇게 변했을까? 그것은 그 주축이,

화(火)……염제(炎帝)-제요(帝堯)-한 고조(漢高祖)
토(土)……황제(黃帝)-제순(帝舜)-왕망(王莽)

라는 도식 위에서 형성되었기 때문이다. 이 주축은 절대로 변할 수 없었기 때문에, 주축 이외의 모든 것은 각각 원래의 형태를 버리고 거기에 보조를 맞추어야 했던 것이다.

왕망에게는 학설로서의 이 도식이 전부터 있었다. 그래서 황제가 되자 조서를 내려 말했다.[6]

"제왕(帝王)의 도(道)는 역대로 상통하는 것이며, 성덕자(盛德者)의 후예는 백 세대를 지나더라도 선조의 제사를 계속해야 되는 것이

5) 적작(赤雀)이 단서를 물고 온 것 등은『사기』권4 주본기(周本紀) 문왕조(文王條)에 대한 정의주(正義注)에 인용된 위서(緯書)[『尙書帝命驗』『雒書靈準聽』]에 의거했다고 생각된다.
6) 이하 왕망전 시건국원년조(始建國元年條).

다. 황제(黃帝) · 제소호(帝少皞) · 제전욱(帝顓頊) · 제곡(帝嚳) · 제요(帝堯) · 제순(帝舜) · 제하우(帝夏禹) 등에게는 모두 성덕(盛德)이 있었다. 그들의 자손을 찾아내어 그 제사를 받들게 하도록 하라."

이리하여 그는 요순(姚恂)을 초목후(初睦侯)로 봉하여 황제의 뒤를 계승시키고, 양호(梁護)를 수원백(修遠伯)으로 봉하여 소호(少皞)의 뒤를 계승시켰으며, 황손(皇孫)인 공륭공(功隆公) 왕천(王千)으로 하여금 제곡의 뒤를 계승케 했다. 유흠(劉歆)[앞에서 國師가 된 인물과는 다른 사람]을 기열백(祁烈伯)으로 봉하여 전욱의 뒤를 잇게 하고, 유첩(劉疊)을 이휴후(伊休侯)로 봉하여 요를 계승시키고, 규창(嬀昌)을 시목후(始睦侯)로 봉하여 순을 계승시켰다. 또 하(夏)의 후예인 사풍(姒豊)을 장공후(章功侯)로 봉하고, 은(殷)의 후예인 공홍(孔弘)을 장소후(章昭侯)로 봉하여, 모두 '각(恪)' [존경의 뜻]의 위(位)를 주었다. 또 주(周)의 후예인 희당(姬黨)을 장평공(章平公)으로 봉하여, 앞서 봉한 한(漢)의 후예 안정공(安定公) 유영(劉嬰)과 함께 '빈(賓)' [客의 뜻]의 위(位)를 주었다. 이렇게 해서 새로 만든 고사(古史)체계는 현실의 정치와 밀접한 관련을 가지게 되었고, 이런 관계에 의존해서 이 두찬(杜撰)된 체계가 증인을 확보하게 된 것이다.

뒤에 왕망은 정치적으로 물론 실패했다. 그러나 이 두찬된 고사체계는 패배하지 않았다. 시험삼아 최근 300년간 민중의 정통사서(史書)였던 『강감이지록(綱鑑易知錄)』을* 펴보면, 거기에는 "태호복희씨(太皞伏羲氏)는 목덕(木德)을 가진 왕이다.", "염제신농씨(炎帝神農氏)는 화덕(火德)을 가진 왕이다.", "황제유웅씨(黃帝有熊氏)는 토덕(土德)을 가진 왕이다.", "소호금천씨(少皞金天氏)는 금덕(金德)을 가진 왕이다.", "제곡고신씨(帝嚳高辛氏)는 목덕(木德)을 가진 왕이다.", "제요도당씨(帝堯陶唐氏)는 화덕을 가진 왕이다.", "제순유우씨(帝舜

有虞氏)는 토덕(土德)을 가진 왕이다.", "대우(大禹)는 금덕을 가진 왕이다" 라고 쓰여 있다. 이런 얘기는 누구나 전칙(典則)이라고 생각했으며, 이것이 왕망의 기만이 남긴 잔유물이라고는 생각하지 않았다.

이 고사체계의 개조는 사람들을 이천년 가까이나 속여 왔다. 학식 있는 사람들은 물론 그 기묘한 점을 느끼고는 있었다. 그러나 가능한 한 불문에 붙이려 했을 뿐, 누구도 그 유래에 대해서는 생각하지 않았다. 청(淸) 말에 고금문(古今文) 문제가 제기되면서, 고문(古文)의 저작과 금문(今文)의 저작은 구별해 읽어야 한다는 것을 알게 되었고, 이 둘을 비교해보고서 처음으로 이것은 고문가(古文家)가 꾀한 기만 전술이라는 점을 발견하게 되었다. 강유위(康有爲)는 『신학위경고(新學僞經考)』를 지어, 황제와 전욱 사이에 원래 소호(少皞)라는 1대(代)가 없었다고 지적했다. 최적(崔適)은 『사기탐원(史記探源)』을 지어, 왕망이 이렇게 배열한 의도는, 신(新)이 한의 선양을 받은 것은 순(舜)이 요(堯)의 선양을 받은 것과 완전히 같다는 점을 분명히 하기 위한 것이었다고 지적했다. 그 계략이 겨우 파헤쳐진 것이다. 그들은 왕망을 도와 이 기만전술을 추진한 사람을 유흠(劉歆)이라 했다. 나도 극히 옳다고 생각한다.* 첫째, 유흠은 『좌전(左傳)』을 편집한 인물인데, 『좌전』에는 유씨(劉氏)가 요(堯)의 후예라고 서술되어 있을 뿐만 아니라, 그는 몰래 황제와 전욱의 사이에 소호를 삽입하고 금천씨(金天氏)라는 이름을 가지고 소호와 관련지었다.[7] 그런데 이러한

---

7) 유씨가 요의 자손이라는 것에 대해서는 본서 Ⅱ-8장 p.153 참조. 황제(黃帝)와 전욱(顓頊)의 사이에 소호를 삽입했다는 것은 『춘추좌씨전(春秋左氏傳)』의 소공(昭公) 17년 담자(郯子)의 말 중에서 황제 · 염제(炎帝) · 공공(共工) · 대호(大皞) · 소호(少皞)의 관(官)에 대해 설명한 기술이 있고, 이어서 전욱씨의 이름이 나오는 것을 가리킨다. 금천씨(金天氏)에 대해서는 같은 책 소공 원년에 정(鄭)의 자산(子産)이 "昔金天氏有裔曰昧, 爲玄冥師, 生允格 · 臺駘" 라고 말하고 있다. 다만 이 금천씨는 소호와는 관계되어 있지 않기 때문에, 원저자 고씨는 '몰래' [원문은 '隱隱']라는 말을 썼을 것이다.

얘기는 분명히 다른 고서적과 모순되며, 이 모순이 편집자의 개찬에서 생겼다는 점은 명백하다. 둘째, 반고(班固)는 『한서(漢書)』「율력지(律曆志)」를 만들어 유흠의 설에 근거했음을 스스로 밝히고 있는데, 「율력지」에 인용된 『세경(世經)』은 이 새로 짜여진 고사체계와 같은 계통이다. 청대 고금가(古今家)들이 이룬 업적은 만족스럽지는 않지만, 그들이 고문가(古文家)의 기만에 대해 행한 파괴작업은 진정 정확하다. 한대의 학술사상사를 말하는 사람은 반드시 참조해야 할 것이다 .

10. 고문경학(古文經學)의 건립

유흠(劉歆)은 애제(哀帝) 때에 4종류의 고문경전(古文經傳)에 박사관(博士官)을 세우려 했는데, 박사들의 반대에 부딪혀 실패하여 눈물을 삼키고 잠시 지방관으로 근무했다.[1] 그러나 결국 행운은 그의 말년에 도래했다. 그는 젊었을 때 황문랑(黃門郎)에 임명되었는데, 바로 그때 왕망(王莽)도 황문랑의 한 사람이었으며, 두 사람 모두 박학다식하여 서로 뜻이 잘 맞았다. 평제(平帝) 원시(元始) 원년에 왕망이 권력을 잡자, 유흠은 중앙으로 돌아와 우조태중대부(右曹太中大夫)로 임명되었으며, 다시 희화(羲和), 경조윤(京兆尹)으로 임명되었다. 원시 4년, 왕망이 명당(明堂) · 벽옹(辟雍) 등을 지어 고대의 건축을 복원하라고 아뢴 것은 유흠이 주로 일을 담당한 것이다. 그는 그 공으로 홍휴후(紅休侯)로 봉해졌다. 또 왕망은 그에게 명하여 유림(儒林) · 사복(史卜)의 관직을 맡게 하고, 율력(律曆)을 정하도록 했다. 그때 유흠은 이미 문화사업의 중심인물이 되어 있었으며, 자기 이상에 의해 하나의 문화체계를 만들 수 있었다. 이리하여 『좌씨춘추(左氏春秋)』 『고문상서(古文尚書)』 『일례(逸禮)』 『모시(毛詩)』에 모두 학관(學官)이 세워졌다. 이때까지 그에게 반대해온 박사들은 어쩔 수 없이 눈물을 머금고 그의 보복을 받았다.

유흠은 이 4종의 고문경전에 학관을 세운 것에 아직 만족하지 않

---

1) 이하 유흠에 대한 얘기는 『한서』 권36 초원왕전(楚元王傳)의 유흠전에 근거한다.

고, 더 나아가 대규모의 학술운동을 일으켰다.[2] 육경(六經) 중의『악(樂)』에는 원래 악보(樂譜)만 있고 경문(經文)은 없었는데, 그는『악경(樂經)』을 찾아내 학관(學官)을 세웠다. 또 박사(博士)의 정원을 늘려서, 경(經)마다 5사람, 육경 합해서 30인으로 했다. 박사 1인당 360명의 제자를 거느리므로, 합해서 1만 800인의 박사제자가 있게 됐다. 그는 그것으로도 만족하지 않았다. 상주(上奏)하여, 천하에 기재이능(奇才異能)을 가진 사람과 1경(經)에 능통하여 11인 이상을 교수하는 사람, 그리고『일례(逸禮)』『고문상서(古文尚書)』『모시(毛詩)』『주관(周官)』『이아(爾雅)』 천문(天文), 도참(圖讖), 역산(曆算), 종률(鐘律),「월령(月令)」, 병법(兵法), 소학(小學), 『사편(史篇)』, 의술(醫術), 『본초(本草)』에 밝은 사람을 찾아서, 지방관에게 수레와 말을 준비시켜 도읍으로 보내게 했다. 원시(元始) 4 · 5년 사이에[A.D. 4~5년] 상경한 수천 명은 모두 미앙궁(未央宮) 안에서 토론 · 기록을 하도록 해서, 이전 사람의 오류를 바로잡고 각종의 이설(異說)을 통일시켰다. 이것은 수단이 매우 악랄했으며, 그들은 고문학(古文學)의 종자(種子)를 민간에 퍼뜨리는 한편, 금문학(今文學)에 반대된 것을 증가시켰다. 고문학자의 눈에 오류 · 이설이라 비친 것은 모두 타도되어 버렸다. 이것은 이록(利祿)으로 유인하여 학술사상을 통일하는 방법이었으며, 실은 무제(武帝)가 오경박사를 세운 것과 같은 익숙한 수법이었다.

당시의 이 사람들에 대해서는 현재로서는 조사할 수가 없지만, 몇 예를 들면, 이때 종률(鐘律)에 능통한 자가 100여 인이었으며 그들의 결의안이 희화(羲和), 유흠(劉歆)을 대표로 하여 상주(上奏)되었다.[3] 그때 문자를 설명하는 자가 수백 명 있었는데, 그중 패(沛)사람

2) 이하는 대개 왕망전상(上)에 근거한다. 그 이외의 사료에 대해서는 Ⅱ-7장 주 6) 참조.

3)『한서』 권21 율력지(律曆志)상의 서(序)에 근거한다.

원례(爰禮)의 학문이 최고여서 그는 소학원사(小學元士)로 임명되었다. 황문시랑(黃門侍郎) 양웅(楊雄)은 그들이 토론한 결론을 채용해서 『훈찬편(訓纂篇)』을 편성했다. 한대에 통용된 문자는 『창힐편(倉頡篇)』에 의하면 3,300자뿐이었는데, 현재의 『훈찬편』에서는 5,300자이다. 거섭(居攝) 년간[A.D. 6~8년]이 되면 대사공(大司空) 견풍(甄豊)이 또 명을 받들어 문서를 교정했는데, 그가 개정한 고문자도 적지 않다. 당시에는 여섯 종류의 서법이 있었다. 첫째는 '고문(古文)'이며, 공자(孔子)의 벽 속에서 나온 책들의 유문(遺文)이라고 하는 것이다. 둘째는 '기자(奇字)'로 고문의 변체(變體)이다. 세째는 '전서(篆書)'로 소전(小篆)이다. 네째는 '좌서(左書)'로 진(秦)의 노복(奴僕)들이 쓴 간체자(簡體字)이다. 다섯째는 '무전(繆篆)'으로 인장(印章)용의 문자이다. 여섯째는 '조충서(鳥蟲書)'로 깃발에 쓰기 위한 문자이다.[4] 이 구별에 따르면, 금문경(今文經)은 좌서(左書)에 속하게 되며, 그 지위는 고문경(古文經)의 한참 하위가 된다. 이것은 문자학상의 일대 정리였다. 그들은 이러한 방법으로 고문경학(古文經學)의 기초를 확립한 것이다. 이후에 문자는 점점 증가해서, 후한(後漢)의 반고(班固)가 지은 『속훈찬편(續訓纂篇)』에서는 6,100여 자, 허신(許愼)의 『설문해자(說文解字)』에서는 9,300여 자가 됐다.

이러한 고문의 기자(奇字)에는 그들이 수집한 것도 있고, 완전히 두찬(杜撰)된 것도 있으며, 옛 유물에서 베낀 것도 있다고 우리는 알고 있다. 그러나 그들은 이것이 파편의 집서라는 점을 결코 인정하지 않고, 완전한 자료라고 자주 강조했다. 그들은 말했다.[5]

"벽 속의 책은 노(魯) 공왕(恭王)이 공자의 구택(舊宅)을 헐었을 때 얻은 것이며, 그 중에는 『예기(禮記)』『상서(尙書)』『춘추(春秋)』

---

4) 『설문해자(說文解字)』 허신(許愼)서(序).

5) 이하 『한서』 예문지(藝文志) 상서가조(尙書家條).

『논어(論語)』『효경(孝經)』이 있었다.[여러분은 哀帝 때 博士를 책망한 劉歆의 편지에서, 공자의 벽 속에서 나온 것으로서 『逸禮』와 『古文尙書』가 제시되었던 것을 기억하고 있을 것이다.(본서 Ⅱ-5장) 그런데 지금은 다시 3서가 부가된 것이다.] 그 외에 한(漢) 초에 승상(丞相) 장창(張蒼)이 헌상한 고문의 『춘추좌씨전(春秋左氏傳)』이 있다."

그들은 또 말했다.

"이러한 문자의 책은 공자 자신이 썼든가 아니면 공자의 동시대인이 쓴 것이다. 따라서 고문경은 가장 신뢰할 수 있는 것이며, 확실히 공자의 진전(眞傳)이다."

『한서(漢書)』 예문지(藝文志)를 펴보면, 어느 경서도 금 · 고문(今·古文)을 아울러 제시하고 있지는 않다. 이것은 그들의 고문학(古文學) 건립의 작업이 얼마나 급속히 진행되었는지를 나타내는 것이다. 그러므로 금문학은 춘추 · 전국시대 이래 500년간에 만들어진 것이고, 고문학은 유흠(劉歆)이 한손에 맡아서 10여 년간에 단숨에 만들어낸 것이다. 우리가 유흠은 위조물을 만들었다고 말하면, 듣는 사람은 왕왕 그것은 과장된 말이라고 하면서 한 사람의 힘으로 어떻게 그렇게 많이 저작을 할 수 있는가라고 말한다. 그 한 사람의 힘으로는 물론 한계가 있다. 그러나 그는 제왕의 힘을 빌려 30명의 박사, 1만 800명의 박사제자, 수천 명의 기재이능(奇才異能)의 사람을 모아놓고 있었으므로, 십몇 부(部)의 책뿐만 아니라 수백 부의 책이라도 못 만들 것이 없었다. 유흠은 무엇이든 스스로 할 필요는 없었고, 그가 범례를 정하기만 하면 자연히 작업을 맡는 사람이 있었다. 맡은 작업이 타인의 손으로 이루어졌다고 해서, 그에게 그 발안의 책임이 없다고 말할 수 있겠는가?

전현동(錢玄同)이 말했다.

"고문경의 금문경에 대한 태도는 다음과 같았다. '나의 편장(篇章)은 이전 것보다 많다. 나의 자구(字句)는 이전 것보다 정확하다. 나의 해석은 이전 것보다 고식(古式)이다. 나에게는 예전에 가지고 있지 않았던 책이 있으며, 예전에 가지고 있던 것은 내게 전부 있다.' 고문경이 이런 태도를 가졌기 때문에, 금문가(今文家)에게 적지 않게 동요를 일으키게 되었다. 한대인이 위조한 금문경 속의 문장이 놀랍게도 고문경 속에도 있는 것이다. 『역(易)』의 설괘(說卦) 이하 3편과 『서(書)』의 태서(太誓)편이 그것이다. 고문경은 공자의 벽 속에서 얻었다든가 비각(秘閣) 속에서 발견되었다든가 또는 민간에서 헌상되었다고 하는데, 요컨대 그것은 모두 소위 '선진(先秦)의 구서(舊書)'이다. 그런데 선진(先秦)인이 고문을 이용해 기록한 글 중에 놀랍게도 한대인이 위조한 편장(篇章)이 삽입되어 있는 것은 이거야말로 위조물의 증명이 아닐까?" [6]

그들은 경(經)을 위조하려 했을 뿐만 아니라, 경의 전수계통도 위조하려 했다. 예를 들면, 『모시(毛詩)』는 원래 그 전수에 대한 언급은 없었는데, 그들은 역시 매우 긴 계통을 도출해내고 있다.[그들 자신의 기록은 전하지 않는다. 唐대인의 책에 쓰여진 바에 의하면, 孔子가 子夏에게 전하고, 자하가 曾申에게 전하고, 증신이 李克에게 전하고, 이극이 孟仲子에게 전하고, 맹중자가 根牟子에게 전하고, 근모자가 荀卿에게 전하고, 순경이 毛公에게 전하고, 모공은 河間獻王의 박사가 됐다. 그 이후로 전해져서 왕망에까지 이르고 있다.][7] 그들은 말했다.

---

6) 전현동, 「重論經今古文學問題」[『古史辨』 제5책 상편].

7) 당(唐) 육덕명(陸德明) 『경전석문(經傳釋文)』 서록(序錄)에 『모시(毛詩)』

“『시경(詩經)』에는 원래 311편이 있었는데 금문경에는* 305편밖에 없어 불완전하다. 그들이 잃은 6편은 「소아(小雅)」중의 「남해(南陔)」·「백화(白華)」·「화서(華黍)」·「유경(由庚)」·「숭구(崇丘)」·「유의(由儀)」이다.”

이 설은 곧 파탄을 노정시키고 있다. 전현동(錢玄同)이 말했다.

“한(漢) 초에 『시(詩)』가 전해질 때부터 노(魯) · 제(齊) · 한(韓)의 3가(家)로 나뉘어 있었다. 이 3가에는 각각 전수된 것이 있었고, 같은 근원에서 나온 것은 아니었다. 그런데 어떻게 해서 신배(申培) · 원고(轅固) · 한영(韓嬰)의 3선생이 모두 이 6편의 시를 잊고, 다른 305편은 모두 기억하고 있었던 것인가? 세상에 이렇게 기막힌 얘기가 있다면 이상한 것이다. 또 이상한 것은 고문의 『모시(毛詩)』에 이 6편의 편명이 다행히도 남아 있는데, 공교롭게도 그 본문은 없어져버린 것이다. 금문의 『시』는 암송에 의해 전해졌다고 하는데, 3인의 선생은 한결같이 이 6편을 기억하지 못했다. 그런데, 한편 고문의 『시』는 자하(子夏)로부터 대대로 대모공(大毛公)까지 전해져 「고훈전(故訓傳)」이 만들어졌고, 이것이 하간헌왕(河間獻王)의 마음에 들어 박사가 세워졌다고 하므로, 특히 죽백(竹帛)에 쓰였을 것인데, 공교롭게도 이 6편이 빠져 있다. 또 금문의 3가(家)와 똑같이 이 6편이 빠져 있다. 이러한 기적을 종래의 경학자가 심히 신봉하여 의심치 않았으니, 유흠의 마력도 실로 컸을 것이다.” 8)

왕망은 평제(平帝)를 보좌하게 되면서부터 가능한 한 주공(周公)

의 전수에 관해, ‘一云’ 이라 인용한 육기계(陸璣系)의 설을 가리키는 것 같다.
8) 본장(本章) 주6) 전현동의 글.

을 모방했다. 그런데 그때 주공의 저작이라고 전하는 『주관(周官)』이 출현하여, 왕망에게 많은 모방재료를 제공했다. 거섭(居攝) 3년[A.D. 8년]에 왕망의 어머니 공현군(功顯君)이 죽자, 왕태후(王太后)는 조서를 내려 그의 상복에 대해 의논했고, 또 희화(羲和) 유흠과 박사들이 다음과 같이 아뢰었다.

"섭황제(攝皇帝)[왕망]는 한왕조를 당(唐) · 우(虞) · 3대와 같이 융성시키기 위해서, 비부(秘府)를 열고 유학자들을 모으고 예악(禮樂)을 제정하여 천공(天功)을 성취했습니다. 섭황제의 성심(聖心)은 아주 넓고 명철함이 있으며, 또 『주례(周禮)』라는 책을 발견하여 고대의 예제를 알아보는 데 참고를 제공했습니다. 지금 공현군이 돌아가셨지만, 섭황제는 황천(皇天)의 명을 받아 한(漢)왕실의 후계자가 되었으므로, 사친(私親)을 돌보는 것은 허락될 수 없습니다. 『주례』에 '왕은 제후를 위해 상복을 입는다' 라고 했습니다. 원컨대 천자가 제후를 조문하는 이 예를 행해서 성제(聖制)에 합치되도록 하십시오." [9]

이 이야기 속에서 왕망이 『주관』[즉 『주례』]이라는 책을 발견했다는 것이 직접 언급되고 있다. 주공숭배를 고양시키는 책이, 주공이라는 우상이 이렇게 현실정치를 지배하고 있던 시기에 마침 발견되어, 왕망이 예악을 제정할 때의 참고로 제공되었다는 것이므로, 이 책의 내력은 극히 의심스럽지 않을 수 없다. 이 참고가 가능했기 때문에, 왕망은 『주관』[春官小宗伯]에서 "오제(五帝)를 사교(四郊)에서 제사지낸다"라고 한 것을 보고서 교궁(郊宮)을 지었다.[10] 『주관』[상동]에서 "묘조(廟祧)[조상을 모시는 사당]의 소목(昭穆)[신주를 모시는 차례]을 분별하다"라고 했으므로, 묘조를 정했다.[11] 『주관』[春官大宗

9) 『한서』 왕망전 상(上).
10) 『한서』 교사지(郊祀志) 하(下).

伯]에서 "구명(九命)[주대관작의 9등급]에 의해 백(伯)이 되다" 라고 했으므로, 구석(九錫)[천자가 공이 있는 신하에게 하사하는 9가지 물품]을 받았다.[12] 『주관(周官)』[考工記㮚氏]에서 "가량(嘉量)" 이라 했으므로, 가량[故宮博物院에 하나를 소장했는데 현재는 남천(南遷)되어 있다.*]을 제조했다.[13] 『주관』[天官膳夫]에서 "음식은 120가지를 차린다" 라고 했으므로, 120종류의 요리를 먹었다.[14] 『주관』[天官冢宰]에서 6궁(宮)과 9빈(嬪) · 세부(世婦) · 여어(女御) 등의 비첩(妃妾)이 있다고 했으므로, 황후 외에 화(和) · 빈(嬪) · 미(美) · 어(御)의 위(位)를 두었다. 3사람의 화인(和人)의 위는 삼공(三公)에, 9사람의 빈인(嬪人)의 위는 구경(九卿)에, 27명의 미인(美人)의 위는 대부(大夫)에, 81명의 어인(御人)의 위는 원사(元士)에 상당하게 했다.[15] 합해서 120명의 여자를 후궁으로 들여서, 고대의 천자에 비교하면 10배를 넘어버렸다.

그 외의 고문경전 속에서도 왕망이 황제가 되는 것을 도운 흔적이 많이 찾아진다. 예를 들면, 『춘추(春秋)』 은공(隱公) 원년에는 "원년 봄 정월(正月)" 이라고만 쓰여 있고, "공(公)이 즉위하다" 라고는 쓰여 있지 않다. 춘추가(春秋家)는 공자가 그것을 쓰지 않은 이유를 추구하여, 은공은 원래 나라를 동생 환공(桓公)에게 양보할 생각이 있었기 때문에, 공자가 은공의 뜻을 나타내기 위해 그의 즉위를 쓰지 않은 것이라고 말했다. 그러나 이것은 은공의 뜻이었다는 것일 뿐이고, 노(魯)의 군주자리에는 결국 은공이 실제로 즉위했다. 그런데 『좌전(左傳)』에서는 " '즉위' 라고 쓰지 않은 것은 섭정이었기 때문이다" 라고 했다. 이렇게 말하면 은공은 실제로 군주의 지위에 취임한 것이 아니고,

---

11) 왕망전 시건국원년조(始建國元年條).
12) 왕망전 상(上) 원시(元始) 원년조.
13) 『한서』 권21 율력지(律曆志) 상.
14) 왕망전 중(中) 원봉(元鳳) 3년조.
15) 왕망전 하(下) 지황(地皇) 4년조.

신하의 자격으로 군주의 일을 섭행(攝行)한 것이 된다. 이것은 왕망이 섭황제가 되는 데 얼마나 유력한 한 근거를 제공했을 것인가? 또 유흠이 세상에 보급한 『고문상서(古文尙書)』에는 가화편(嘉禾篇)이 있는데, 그 중 한 구절에 "주공이 창(鬯)을 받들어 조계(阼階)에 오르니, 천자께서 친히 맞이해 찬(贊)해 가로되 '가왕(假王)은 정치에 임하여 천하를 화합케 하는 데 힘쓰라'" 라고 되어 있다. 이것은 왕망이 가황제(假皇帝)가 되는데 극히 좋은 선례가 아닐까?[16] 세상에 이렇게 좋은 얘기가 있다면, 후세 사람들은 어떠한 것이라도 고서 속에서 찾아낼 것이다.

고대의 역사와 서적은 모두 그들의 수요에 부응해서 착란되었다. 무수한 지식인들도 그들에게 모두 마취를 당해버렸다. 광무제(光武帝)는 '옛 것을 부흥한다' 고 하면서도, 문화에 관해서는 여전히 어느 것이 옛 것이고 어느 것이 새 것인지를 분간하지 못했다. 또 그가 『적복부(赤伏符)』에 의해 수명(受命)한 것도 물론 근본적으로 왕망의 설을 이어받은 것이다. 그래서 중원(中元) 원년[A.D. 56년]에 광무제는 왕망의 제도에 따라서 명당(明堂) · 벽옹(辟雍) · 영대(靈臺)를 지었다. 명제(明帝)는 그 사업을 계속하여, 명당에 앉아 제후들의 조회를 받고, 영대에 올라 구름을 조망했다. 또 벽옹(辟雍)에 행차하여 몸소 희생(犧牲)의 고기를 자르고 양로(養老)의 예를 행했다. 향사(鄕射)의 예가 끝나자, 명제는 정좌하여 경(經)을 공부했고, 유학자들은 경을 손에 들고 그 앞에서 토론했으며, 관대(冠帶)를 단정히 한 수만 명의 신사(紳士)들이 교문(橋門)을 둘러싸고 조용히 경청했다.[17] [北京의 國子監은 한대 벽옹의 유구이며, 거기에 가면 당시의 상황을 회상할 수 있다.] 한이 화덕(火德)인 점은 왕망의 역사체계에 의하지 않

16) 이 경(經) · 전(傳)의 문장을 왕망이 이용한 경위는 왕망전 상(上)의 도처에 보인다.

17) 이상 『후한서(後漢書)』 권97 유림열전(儒林列傳) 상(上)에 근거한다.

으면 설명할 수 없으며, 또 이 체계는 도참(圖讖)을 제외하면 고서 속에서는 『좌전(左傳)』에서밖에 증거를 구할 수 없다. 그래서 『좌전』이 중시되었다. 광무제 때에 『좌전』박사를 세우려 했는데,[18] 한 사람의 노박사(老博士) 범승(范升)이 격렬히 반대하면서 말했다.

"『좌전』은 공자를 조(祖)로 삼지 않으며, 좌구명(左丘明)에서 나온 것이다. 이후에 서로 전하는 사도(師徒)도 없었고, 선대에 박사를 세우지도 않았다. 그런데 어떻게 박사를 세우려 하는 것인가?"

그는 몇 사람의 고문학자와 오랫동안 논쟁을 교환하고, 또 『좌전』의 오류 14개조를 지적해 아뢰었다. 광무제는 그의 의견을 받아들이지 않고 『좌전』의 박사를 세웠는데, 이것은 뒤에 또 많은 사람들의 반대 때문에 폐지했다. 장제(章帝) 초년에 가규(賈逵)에게 직접 고재생(高才生)을 선발시켜서, 그들에게 『좌전』을 배우게 했다.[19] 장제 8년[A.D. 83년]에 또 유학자들에게 조서를 내려, 각기 고재생(高才生)을 선발하여『좌전』『모시(毛詩)』『고문상서(古文尙書)』 등의 고문경전을 배우게 했으며, 또 가규의 제자를 낭관(郎官)으로 임명했다. 그래서 학자들은 모두 이를 부러워하게 되었다. 많은 고재생이 『좌전』을 선전해서, 『좌전』은 학술적으로 새로운 생명을 얻었으며, 점차 『춘추(春秋)』학의 정통이 되어 원래 하나밖에 없었던 『춘추전(春秋傳)』[즉 『公羊傳』]을 눌러버렸다.

후한(後漢)시대에 박사관은 모두 14명이었는데, 전부 금문경학(今文經學)에 대해 세워졌다.[20] 표면적으로 보면 금문학의 승리 같지만, 이 승리는 단순히 표면적인 것뿐이었다. 고문은 금문에 비해 뒤에 나

18) 이하 『후한서』 권36 범승전.
19) 이하 『후한서』 권36 가규전.
20) 『후한서』 권79 유림열전 상(上).

온 것인데, 일괄적으로 정리되어 당연히 금문보다 진보되어 있다. 더구나 『좌전』기사의 우아함과* 『주관(周官)』전제(典制)의 면밀함은 금문경 속에서는 도저히 구할 수가 없다. 그래서 후한시대에 가장 유명한 몇 사람의 학자, 예를 들면 가규(賈逵) · 복건(服虔) · 마융(馬融) · 정현(鄭玄)은 모두 고문가(古文家)이거나 또는 금문 · 고문에 모두 통하고 있었다. 위(魏) · 진(晋) 이후에 5호(五胡)가 침입하여, 중원(中原)의 사대부(士大夫)가 급히 남쪽으로 옮겨가고 금문 · 고문의 경전과 한인(漢人)의 경설(經說)이 분실되자, 금문 · 고문의 구별은 망각되어 버렸다. 당초(唐初)에 『오경정의(五經正義)』가 만들어졌는데, 이때 『역(易)』에는 진(晋) 왕필(王弼)의 주(注)가 이용되었다. 『서(書)』에는 진(晋)의 매색(梅賾)이 바친 위(僞)『고문상서(古文尚書)』[유흠의 『고문상서』가 이미 위조물이므로, 이것은 위조물 중의 위조물이다.]와 위(僞)「공안국전(孔安國傳)」이 이용되었다. 『시(詩)』에는 「모전(毛傳)」과 정현(鄭玄)의 「전(箋)」이 이용되었다. 『예기(禮記)』에는 정현의 주(注)가 이용되었다. 『좌전(左傳)』에는 진(晋) 두예(杜預)의 주(注)가 이용되었다. 뒤에 또 『주례(周禮)』와 『의례(儀禮)』의 주해가 만들어졌는데, 이때 모두 정현의 주가 이용되었다. 정현이 경학계(經學界)에서 절대적인 권위를 장악한 것은, 이 7부(部)의 정통적인 경전에 대한 주석 중에서 그 한 사람이 4부나 점했기 때문이다. 그러나 그는 금문 · 고문을 겸수(兼修)하여, 항상 고문학설로 금문학설을 고치고 금문학설로 고문학설을 고쳤기 때문에, 후세 사람으로부터는 가법(家法)을 어지럽힌 원흉이라고 비난을 받았다. 이 몇 경전 중에서 순수한 고문학은 『주례(周禮)』, 『좌전(左傳)』의 본체, 『시경(詩經)』의 「모전(毛傳)」이다. 고문학은 경학계(經學界)를 통일은 못했지만, 쇠퇴한 금문학에 비하면 역시 절대적인 우세를 점하였기 때문에, 유흠의 세력은 청말(淸末)까지 유지되었다. 청대 중기에[嘉慶10년, 1805년] 유봉록(劉逢祿)이 『좌씨춘추고증(左

氏春秋考證)』을 만들면서, 유흠의 지위는 겨우 흔들리기 시작했다. 청말에[光緖17년, 1891년] 강유위(康有爲)가 『신학위경고(新學僞經考)』를 지음에 이르러서, 유흠은 처음으로 치명상을 입고 쓰러졌다. 유흠이 왜 위서(僞書) · 위사(僞史)를 만들려고 했는가 하는 것은 한대사(漢代史)의 문제이다. 그가 지은 위서 · 위사가 고서(古書) · 고사(古史)에 어떤 영향을 미쳤는가 하는 것은 문헌고증학의 문제이며, 또한 상고사의 문제이기도 하다. 따라서 지금 우리의 사명은 최근 1900년간 고서와 고사를 어지럽혀온 것에 대한 장부(帳簿)의 결산을 유흠에게 요구하는 것이 될 것이다.

11. 사전(祀典)의 개정과 월령(月令)의 실행

고서를 펴보면, 진(秦) 이전의 국가종교는 극히 간단했던 것으로 생각된다. 최대의 제례는 교(郊)[천지에 대한 제사]였으며, 이는 1년에 한번 하늘에 제사지내고, 천자의 가장 공덕(功德)있는 조상도 배향(配享)하여 제사했다. 주대(周代)인들을 예로 들면, 그들의 시조는 후직(后稷)이고 후직은 농사에 큰 공로가 있었기 때문에, 그들은 교제(郊祭) 때에는 후직을 천(天)에 배향하고 양자(兩者)를 아울러 제사하여, 그해의 풍년을 기원했다. 그것에 다음가는 것이 사(社)였다. 이것은 현재의 성황묘(城隍廟) · 토지당(土地堂)과 같은 것이며, 당시에는 대도(大都) · 소읍(小邑)을 불문하고 모두 사묘(社廟)[사당]가 있어서, 위로는 천자로부터 아래로는 서민에 이르기까지 각각 사(社)를 가지고 있었다. 여기서 그들은 후토신(后土神)[토지신]을 제사지낼 뿐만 아니라, 홍수 · 대화재 등의 재난을 만나거나 일식(日食) 등 재난의 징조가 있으면, 항상 사묘에서 제사지내야 했으며, 포로를 바치는 것도 여기서 행했다. 이곳이 군사기관화 되었기 때문에, 평화시대에도 사제(社祭)를 빌려 무기가 진열되어 흡사 국방박람회가 개최된 것 같았으며, 그 중에서도 제(齊)의 사묘가 특히 유명했다. 사(社)가 국토를 대표하는 동시에 국방의 중심지가 되고, 또 여기에 국민의 식량과 관계된 직(稷)[곡식신]이 더해지면, 국가로서의 내용은 완비된다. 그래서 '사직(社稷)'이라는 두 글자가 국가의 대명사가 되었다.

교(郊) · 사(社) 외에 또 종묘(宗廟)가 있어서, 여기서 선조를 제사했다. 또 여(旅) · 망(望)이 있어서 국내의 명산(名山) · 대천(大川)을 제사했다. 유감스럽게도 이 정도밖에 없었다. 음양오행설에 적용하려 해도 겨우 교(郊)를 양(陽)에, 사(社)를 음(陰)에 해당시킬 정도였으며, 오행에는 적용시키려 하지도 않았다. 다행히 당시에는 아직 체계적인 음양오행설이 없었기 때문에 그런 염려를 할 필요도 없었다.

당시의 제례에서 오행설에 다소 접근한 것은 진(秦)의 상제(上帝)에 대한 제사였다.[1] 그러나 진(秦) 문공(文公)이 부연(鄜衍)에서 백제(白帝)[가을을 맡은 서쪽의 신]를 제사하고, 진(秦) 선공(宣公)이 위남(渭南)에서 청제(青帝)[봄을 맡은 동쪽의 신]를 제사하고, 진(秦) 영공(靈公)이 오양(吳陽)에서 황제(黃帝)[중국의 전설적인 제왕이며 오행설에서 그의 덕은 흙과 관련됨]와 염제(炎帝)[여름을 맡은 남쪽의 신]를 제사한 것과 같이 이 제례는 수시로 곳에 따라 행한 것이어서, 오행의 방위는 전혀 고려되지 않았다. 한 무제(武帝) 때에 장안(長安) 서북쪽의 감천(甘泉)에 태치단(泰畤壇)을 만들어 하늘에 제사지내고, 장안 동쪽의 분음(汾陰)에 후토사(后土祠)를 지어 땅에 제사지냈는데, 역시 방위에 따르지는 않았다. 이렇게 장소를 가리지 않고 제사단을 설치한 것은, 당시에 엄격한 음양오행설이 아직 없었고 따라서 어떠한 법칙의 속박도 받지 않았음을 보여주고 있다. 무제는 또 신선(神仙)을 즐겨 찾고 방사(方士)를 임용했기 때문에, 많은 민간신앙이 모두 국가종교로 변했다.

무제 이후, 음양오행설은 경사(經師)들의 고취에 의하여 그 분위기를 점점 농후하게 했고, 모든 것을 포괄하게 되었다. 그들은 목(木)에 속하는 것은 반드시 동(東)에, 화(火)에 속하는 것은 반드시 남(南)에, 토(土)에 속하는 것은 반드시 중앙에, 금(金)에 속하는 것은 반드시 서(西)에, 수(水)에 속하는 것은 반드시 북(北)에 두었으며, 소음(少

1) 이하 사전(祀典)에 관한 기술은 『한서』 교사지(郊祀志) 상에 근거한다.

陰)은 서(西)로 태음(太陰)은 북으로 소양(少陽)은 동으로 태양(太陽)은 남으로 삼아서, 모든 것의 방위를 일정부동인 것으로 생각했다. 이렇게 엄격한 학설이 있으면, 그때까지 있었던 각종 종교시설이 사람들의 마음에 차지 않게 된다. 성제(成帝)가 즉위하자[建始 원년, B.C. 32년] 승상(丞相) 광형(匡衡)이 아뢰었다.[2)]

"제왕의 사업 중에서 교사(郊祀)만큼 중요한 것은 없습니다. 그래서 지금까지의 성왕(聖王)은 모두 관심을 기울여 그 제도를 정했습니다. 성왕들이 남쪽 교외에서 천(天)을 제사한 것은 양(陽)으로 나아가기 위한 것이었으며, 지(地)를 북쪽 교외에서 제사한 것은 음(陰)에 나아가기 위한 것이었습니다. 상천(上天)이 천자의 제사를 받아주는 것은 천자가 도성 내에서 행할 때였습니다. 지금 천자께서 장안(長安)에 거주하면서, 하늘에 제사할 때는 오히려 태음(太陰)의 방향인 감천(甘泉)으로 가고, 땅을 제사할 때는 오히려 소양(少陽)의 방향인 분음(汾陰)으로 가는 것은 심히 고례(古禮)에 부합하지 않습니다. 천지(天地)의 제례를 도성으로 옮겨 거행하고, 이후에 하늘은 남쪽 교외에서 제사하고 땅은 북쪽 교외에서 제사하여, 옛 제왕의 방식을 회복해야 합니다."

회의(會議) 결과, 그대로 되었다. 광형은 또 아뢰었다.

"감천의 태치단(泰畤壇)은 지나치게 호사스럽습니다. 아로새겨 채색하고 수놓은 장식과 난로(鸞路)[천자의 수레], 성구(騂駒)[붉은 색의 작은 말] 등의 제물(祭物) 이외에 옥궤(玉几)[앉을 때 몸을 기대는 제구로, 옥으로 장식한 것], 옥기(玉器)의 진열과 동남동녀(童男童女)의 가무가 있는데, 이것도 고제(古制)와 합치되지 않습니다. 고대의

---

2) 이하 성제 이후의 사전(祀典)문제에 대한 기술은 교사지 하(下)에 근거한다.

제천(祭天)의식에서는 제구는 토기(土器)라든가 호(瓠)로 만들었고, 희생은 송아지, 까는 자리는 짚새기밖에 사용하지 않았습니다. 지금 역시 옛 제도를 복구해야 합니다."

그는 또,

"진(秦)이 세운 상제사(上帝祠)는 원래 예에 부합하지 않습니다. 기타 예에 부합하지 않는 사묘(祠廟)와 함께 이는 모두 철폐해야 합니다."

라고 말하자 성제는 그대로 따랐다. 당시 국가가 봉사(奉祀)하는 사묘(祠廟)는 683개소였는데, 심사결과 208개소만이 예에 부합한다고 해서 나머지는 모두 철폐되었다. 신의 뜻을 살피는 방사(方士) 70여 명도 모두 면직되어 집으로 돌아갔다. 이것은 이전부터 있었던 사당(祠堂)에 대한 총정리 · 대도태 작업이었으며, 한무제가 봉선(封禪) · 교사(郊祀)에 열중하여 세운 시설을 완전 파괴해버렸다. 이것은 유생(儒生)의 방사(方士)에 대한 위협이었으며, 유생은 순수한 음양오행설을 이용해서, 수시로 곳에 따라 만든 신선(神仙)의 사묘를 타도한 것이다. 유생은 귀신(鬼神)을 반대했지만, 술수(術數)는 보류했다. 유생은 고대의 성왕(聖王)이 이러저러했다고 말했는데, 실은 그들 머릿속에서 성왕이 이러했다고 생각한 것에 지나지 않았다.

성제에게는 자식이 없었는데, 왕태후는 손(孫)을 손에 안아 보고 싶어 초조해져서, 여러 사묘들을 옮기고 철폐한 것에 대한 귀신의 벌을 받은 것이 아닐까 의심했다. 영시(永始) 원년[B.C. 16년] 태후는 조서를 내려 태치단(泰畤壇)을 감천(甘泉)으로 후토사(后土祠)를 분음(汾陰)으로 되돌리고, 또 많은 사묘를 부활시켰다. 그러나 아무 효과도 없이 성제는 죽어버렸다. 그녀는 크게 노해 말했다.

"성제가 경의(經義)에 따라서 교례(郊禮)를 정한 것은 원래부터 옳았다. 또 복을 구해 다시 원래대로 되돌렸는데 결국 아무런 복(福)도 얻지 못했으므로, 역시 성제의 원래 뜻에 따라 다시 장안(長安)의 남북교외로 옮기려 한다."

애제(哀帝)는 즉위 후 역시 병에 걸려, 복을 구해 다시 방사(方士)를 모집하고, 이전에 철폐한 사묘를 완전히 회복시켰다. 그는 1년 내에 3만 7천회나 제례를 거행했다. 1년이 지나도[建平 3년, B.C. 4년] 병이 전혀 낫지 않자, 또 태치단과 후토사를 원래의 장소로 옮겼다. 평제(平帝) 원시(元始) 5년[B.C. 5년]에 왕망은 이를 다시 장안의 남북교외로 옮기도록 청함과 함께, 고조(高祖) · 여씨(呂氏)를 배향할 것을 청했다. 즉, 동지(冬至)에 남쪽 교외에서 제사하고 고조를 배향하여 군양(群陽)을 바라보고, 하지(夏至)일에 북쪽 교외에서 제사하고 여씨를 배향하여 군음(群陰)을 바라보라고 청한 것이다. 왕태후는 모두 승인했다. 36년간에 천지의 사(祠)는 5번이나 이전된 것이다.

왕망은 음양오행설을 열렬히 신봉한 사람이었기 때문에, 광형(匡衡)의 주장을 계승하여 음양설에 의해 남북의 교(郊)를 정했는데, 다시 한걸음 나아가 오행설에 의해 군신(群神)의 제사를 정했다. 그는 태사(太師) 공광(孔光) · 희화(羲和) 유흠(劉歆) 등 89명과 의논하여 다음과 같이 말했다.

"천자는 아버지를 섬기는 예(禮)로 천(天)을 섬기며, 어머니를 섬기는 예로 지(地)를 섬긴다. 지금 천신(天神)은 황천상제(皇天上帝) 태일(泰一)이라 불러 태치(泰畤)를 조(兆)[壇域]로* 삼고, 지신(地神)은 황지(皇地) 후지(后祇)라 불러 광치(廣畤)를 단역으로 삼아야 한다. 그 외에 다른 신들은 종류별로 5종류로 나눌 수 있다. 그 5종류는 다음과 같다.

① 중앙의 황제(黃帝) · 황령후토(黃靈后土)[중앙의 天神인 토지신]의 제단과 일묘(日廟) · 북신(北辰)[북극성] · 북두(北斗)[북두칠성] · 진성(塡星)[토성] · 중수(中宿)[28宿의 중앙] · 중궁(中宮)의 제단은 장안성(長安城)의 미(未)방향의 땅에 만든다.[12辰의 방위에 의하면, 未는 서남쪽의 방향에 해당한다.]

② 동방의 제태호[帝太皞] · 청령구망(靑靈句芒)[봄을 주관하는 동방의 신]의 제단과 뇌공(雷公)[천둥을 맡은 신] · 풍백묘(風伯廟)[풍백은 바람의 신] · 세성(歲星)[목성] · 동수(東宿)[28수의 별 중 동방에 위치하는 것] · 동궁(東宮)은 동쪽 교외에 제단을 만든다.

③ 남방의 염제(炎帝)[여름신] · 적령축융(赤靈祝融)[여름을 맡은 남쪽의 신]의 제단과 형혹성(熒惑星)[화성] · 남수(南宿)[28수 중 남쪽에 위치하는 별들] · 남궁(南宮)은 남쪽 교외에 제단을 만든다.

④ 서방의 제소호(帝少皞) · 백령욕수(白靈蓐收)[가을을 맡은 서쪽의 신]의 제단과 태백성(太白星)[금성] · 서수(西宿)[28수 중 서쪽에 위치하는 것] · 서궁(西宮)은 서쪽 교외에 제단을 만든다.

⑤ 북방의 제전욱(帝顓頊) · 흑령현명(黑靈玄冥)[겨울을 맡은 북쪽의 신]의 제단과 월묘(月廟) · 우사묘(雨師廟)[우사는 비를 주관하는 신] · 진성(辰星)[수성] · 북수(北宿)[28수 중 북쪽에 위치하는 것] · 북궁(北宮)은 북쪽 교외에 제단을 만든다."

이것은 『주관(周官)』에서 말하는 "오제(五帝)를 사교(四郊)에서 제사지낸다"라고 한 것에 해당하므로, 왕망은 이 제도를 현실화시킨 것이다. 이 오제의 칭호를 독자들은 분명히 기억하고 있을 것이다. Ⅱ-9장의 오덕종시표(五德終始表)의 좌단이 그것이다. 당시는 이미 거섭(居攝) 년간이었고 실제로 수선(受禪)의 계획이 진행되고 있었기 때문에, 이 오방(五方)의 오제가 그대로 오행상생설(五行相生說)에 의한 고사(古史)체계 속의 제왕이 되었다. 또 태호(太皞)의 보좌에 구망(句芒), 염제(炎帝)의 보좌에 축융(祝融), 황제(黃帝)의 보좌에 후토(后土), 소호(少皞)의 보좌에 욕수(蓐收), 전욱(顓頊)의 보좌에 현명(玄冥)이라는 방식으로 이 오제에 5사람의 보좌역을 덧붙여서, 이 체계의 지위를 더욱 확고하게 한 것이다. 그들은 이 재료들을 고문학의 두 경전 속에 삽입했다. 첫째는 유흠이 중편(重編)한 『좌전(左傳)』으로, “한(漢)은 요(堯)의 후예이다” 라고 서술한 장(章)[昭公 29년]에 이를 덧붙였다. 즉, 이것은 오행의 관(官)으로, 생전에는 상공(上公)[5등 작위의 첫째인 公爵]으로 봉해졌고, 사후에는 귀신(鬼神)이 되었다고 서술하고 있다. 둘째는 왕망이 그것에 능통한 사람을 구했던 「월령(月令)」이다. 여기에서, 태호는 봄의 제왕, 구망이 봄의 신이며, 염제는 여름의 제왕, 축융이 여름의 신이며, 황제는 중앙의 제왕, 후토가 중앙의 신이며, 소호는 가을의 제왕, 욕수가 가을의 신이며, 전욱은 겨울의 제왕, 현명이 겨울의 신이라고 말하고 있다. 1년은 원래 4계절인데, 이에 이르러 무리하게 연장되어 5계절이 되었다.

황천상제(皇天上帝) 태일(泰一)은 최고의 천제(天帝)이다. 태호 · 염제 등은 오제에 속하며 제2급의 천제이다. 이 방식은 물론 한(漢) 무제(武帝)의 태일단(泰一壇)과 흡사하다.[Ⅰ-1장 참조] 왕망이 권력을 장악하고 명당을 세우고 또 「월령」에 능통한 자를 구한 이후에, 선조를 제사하고 제후를 봉하는 것은 한동안 모두 거기서 이루어졌으며, 그 의식은 극히 활기가 있었다. 왕망이 실각하자 장안(長安)의 명당은 파괴되었지만, 광무제(光武帝)는 다시 낙양(洛陽)에 이것을 지었다. 명제(明帝) 영평(永平) 2년[A.D. 59년]에 조서를 내려, 광무제를 명당에서 제사하여 오제에 배향했다. 또 시령(時令)을 반포하여 오교(五郊)에서 시기(時氣)를 맞이하게 되었다.[3)]

---

3) 이하 『후한서』 권2 명제기(明帝紀) 및 같은 책 제사지(祭祀志) 중(中)에 근거한다.

입춘(立春)일에 동교(東郊)에서 봄을 맞이하여 청제(靑帝)와 구망(句芒)을 제사하고, 차기(車騎) · 복식(服飾)을 모두 청색으로 하며, 청양가(靑陽歌)를 부른다.

입하(立夏)일에 남교(南郊)에서 여름을 맞이하여 적제(赤帝)와 축융(祝融)을 제사하고, 차기(車騎) · 복식(服飾)을 모두 적색으로 하며, 주명가(朱明歌)를 부른다.

입추(立秋) 18일 전에 중조(中兆)에서 영(靈)을 맞이하고 황제(黃帝)와 후토(后土)를 제사하며, 차기(車騎) · 복식(服飾)을 모두 황색으로 하고, 제림가(帝臨歌)를 부른다.

입추(立秋)일에 서교(西郊)에서 가을을 맞이하고 백제(白帝)와 욕수(蓐收)를 제사하며, 차기(車騎) · 복식(服飾)을 모두 백색으로 하고, 서호가(西皓歌)를 부른다.

입동(立冬)일에 북교(北郊)에서 겨울을 맞이하고 흑제(黑帝)와 현명(玄冥)을 제사하고, 차기(車騎) · 복식(服飾)을 모두 흑색으로 하며, 현명가(玄冥歌)를 부른다.

이후에 '시령을 따른다'는 것이 바로 제왕의 시정의 골격이 되었다. 장제(章帝) 원화(元和) 2년[A.D. 85년]에 다음과 같이 조서를 내렸다.[4)]

"봄은 만물을 양육하는 계절이므로 일을 쉬고 사람들을 편하게 해서 천기(天氣)에 부합해야 한다."

이 해 가을에 또 조서를 내렸다.

"「월령(月令)」에, 동지(冬至) 뒤에는 양(陽)에 따라 생(生)을 돕는

4) 이 전후에 대한 것은 『후한서』 권3 장제기(章帝紀)에 근거한다.

다고 명시되어 있지만, 재판과 처형의 정령(政令)은 실려 있지 않다. 천자의 생살(生殺)은 시기(時氣)에 따라야 한다. 지금 특별히 법률을 정하여, 11월과 12월에는 형옥(刑獄)의 보고를 상신하는 것을 허락하지 않도록 한다."

그해 11월 동지(冬至)에는 「월령」에 따라 관문 · 교량을 폐쇄했다. 원화(元和) 3년 3월에는 다음과 같은 조서를 내렸다.

"「월령」에 맹춘월(孟春月)[봄의 첫달, 즉 음력정월]에는 종자(種子)를 뿌리기 적당한 구릉의 토지를 잘 살피라고 되어 있다. 지금 황무지가 또한 많다. 즉각 빈민들에게 이를 나누어 주어, 지력(地力)을 충분히 활용하게 시키고 나태하지 않도록 하라."

이 달에 장제(章帝)는 중산(中山)에 이르러 또 명해 말했다.

"지금은 봄이므로 지나다니면서 나무를 베어서는 안 된다. 천자는 존귀한 신분이기는 하지만, 부적당한 계절에 초목을 한 그루라도 베면 하늘에 순응치 않는 것이 되고 또 불효가 된다. 순행(巡行)할 때 거마(車馬)가 피할 수 있는 곳은 나무를 베지 말고 피해서 통과하도록 하라."

장화(章和) 원년[A.D. 87년] 7월에 또 조서를 내려 말했다.

"「추령(秋令)」에 따르면, 이 달에는 노쇠한 사람들을 봉양하라고 한다. 나이 많은 자 두 사람마다 포백(布帛)을 1필(疋)씩 하사하고, 그들에게 스스로 예주(醴酒)[감주]와 낙장(酪漿)[소나 양의 젖]을 갖출 수 있도록 하라."

장제 이후 역대의 제왕도 대부분 봄에는 어린이를 양육하고 빈민을 구제하며, 가을에는 노인을 봉양하고 형벌을 감해 주었다.

보통 학자들은 「월령」의 저작연대를, 이르면 주공(周公)의 저작, 늦어도 여불위(呂不韋)의 저작이라고 말하고 있다. 그러나 이 책이 한(漢) 이전에 이미 있었다면, 어째서 전한(前漢)시대에는 아무런 영향도 없고 후한(後漢)시대가 되자 곧 큰 영향을 일으킨 것인가? 한(漢) 무제(武帝) 초년에 명당(明堂)을 세운 것은 제후들의 조회를 받기 위한 것이었으며, 후에 문상(汶上)에 명당을 세운 것도 방사(方士)의 도면을 참고로 했을 뿐이었다. 어째서 고제(古制)에 의한 명당의 재현은 왕망이 예악(禮樂)을 제정할 때까지 기다려야만 했을까? 어째서 전한시대에는 명당에 대한 논의에서 제설(諸說)이 분분했었는데, 후한시대가 되면 곧 일치되어, 이론이 없이 모두 고정된 준수방식이 만들어졌을까? 그래서 나는 「월령」의 출현에는 큰 문제가 있다고 생각한다. 「월령」은 『여씨춘추(呂氏春秋)』 등의 책에도 보이고 있는데, 그들이 삽입한 것은 아닐까?

옛날에는 최대의 제례는 교(郊)와 사(社)였다. 이 시대가 되면 교(郊)는 남교(南郊)와 북교(北郊)로 나누어졌다. 북교는 후토사(后土祠)에서 유래하고 지신(地神)을 제사하기 때문에, 그 성격은 실제로는 사(社)와 아무런 구별이 없다. 그러나 한대에는 후토사 외에 관사(官社)가 있었기 때문에, 왕망은 다시 관직(官稷)을 세워 하우(夏禹)를 관사에 배향해 제사하고 후직(后稷)을 관직에 배향해 제사해서, 고대 사직(社稷)의 사(祠)를 부활했다. 이 제도는 후세로 전해져서 쭉 큰 변동이 없었다. 현재 북평(北平)[北京]*의 전문(前門) 밖에 천단(天壇)이 있는데 이것이 남교(南郊)에 해당한다. 안정문(安定門) 밖에 지단(地壇)이 있는데, 이것이 북교(北郊)에 해당한다. 천안문(天安門) 서쪽의 사직단(社稷壇)[지금의 中山公園]이 관사(官社)와 관직(官稷)에 해당한다. 또 하나 천단과 마주보고 선농단(先農壇)이 있는데, 농신[后稷]을 제사하기 때문에 사직단의 '직(稷)' 과 중복되어 있으며, 이것은 한대에는 없었다. 선농단의 유래를 추측해 보면, 주대(周代)인의 '후직을 교사(郊祠)하여 천(天)에 배향한다' 라고 한 것에서 나왔을 것이다. 지단(地壇)에서 지(地)를 제사하고 선농단에서 후직을 제사하면 사(社)와 직(稷)은 모두 충분한데, 어째서 다시 사직단을 세웠을까? 그것은, 사직이라는 단어는 국가의 대명사로서 관용(慣用)되었고, 그 본의(本義)는 지단(地壇)과 선농단으로 보내졌기 때문이다.

Ⅲ. 참위(讖緯)와 한대의 정치

1. 참위의 제작
2. 참위의 내용
3. 후한(後漢)시대 참위의 세력
4. 조비(曹丕)의 수선(受禪)

1. 참위의 제작

고대인은 예언을 매우 좋아했고 또 대단히 신빙했다. 당시의 사관(史官)은 예언을 만들어내는 전문가였다. 또 하나, 상제(上帝)가 사람들에게 전수했다고 하는 예언이 있어서, 참(讖)이라 불렀다. 전하는 바에 의하면, 진(秦) 목공(穆公)은 언젠가 7일간 계속해서 자다가 깨어서 사람들에게 말했다.[1)]

"나는 상제(上帝)가 있는 곳에 갔었다. 상제는 나에게 진(晋)이 장래에 어떻게 될 것인지, 그리고 진(秦)이 어떻게 될 것인지를 알려주었다."

목공은 사람들에게 이 이야기를 받아 적게 해서, 그것을 「진참(秦讖)」이라 칭했다. 뒤에 진(晋) 조간자(趙簡子)도 목공 같이 7일간 자다가 깨어나, 그의 대부(大夫)에게 말했다.

"나는 상제가 있는 곳에 가서, 많은 신령(神靈)들과 균천(鈞天)에서 놀고 광악(廣樂)을 듣고 만무(萬舞)를 구경했는데, 대단히 즐거웠다. 그런데 갑자기 곰(熊) 한 마리가 나타나 나에게 덤벼들려고 했다. 상제께서 그것을 쏘라고 내게 명하여, 화살 한 발에 곰은 죽었다. 그러

1) 이하 진목공, 진(晋) 조간자(趙簡子)의 꿈에 대한 것은 『사기(史記)』 권43 조세가(趙世家) 및 권105 편작창공열전(扁鵲倉公列傳)에 보인다.

자 또 큰곰(羆) 한 마리가 덤벼들었다. 내가 이전 같이 쏘자, 큰곰도 죽었다. 보니까 내 자식도 상제 곁에 있었다. 상제가 적견(翟犬) 한 마리를 가리키면서 내게 '너의 자식이 크면 그것을 주라!' 고 말했다."

이러한 이야기도 모두 잘 기록되어 있으며, 「조참(趙讖)」이라 불러도 좋은 것이다. 뒤에 조간자는 진(晋)의 세경(世卿)인 범씨(范氏)와 중행씨(中行氏)를 멸망시키고서, 꿈속에서 사살한 곰과 큰곰(羆)이 그들 두 사람의 상징이었다는 것을 알게 되었다. 그의 자식인 조양자(趙襄子)가 대(代)를 멸하여, 그 적견(翟犬)의 참(讖)도 예언대로 되었다. 이것은 모두 상제의 명령인데, 상제는 분명히는 말하지 않고 유사한 것으로 암시할 뿐이어서, 사람들에게 해석하기 어렵게 만든다. 상제는 왜 이렇게 잔재주 부리는 것을 좋아한 것일까?

진시황(秦始皇) 때에도 이런 류의 예언이 많이 있었다. 진시황 32년[B.C. 215년], 시황은 연(燕)사람 노생(盧生)을 보내어 바다로 들어가 신선(神仙)을 구하게 했다.[2] 노생은 해중에서 신선을 만나지 못했지만, 도서(圖書)를 하나 손에 넣었다. 그 겉에는 "진(秦)을 멸망시키는 것은 호(胡)이다" 라고 쓰여 있었다. 그래서 시황은 30만 군사를 출동시켜, 북방의 호(胡)[匈奴]를 치고 하투(河套)의 땅을 탈취했다. 그런데 그 참(讖)은 그의 말자(末子)인 호해(胡亥)에 이르러 실현되었다. 참에는 도(圖) 이외에 서(書)도 있는데, 그 형식은 아마 현재 유전(流傳)되고 있는 『추배도(推背圖)』 같은 것이었을 것이다. 진시황 36년[B.C. 211년] 가을에 사자(使者) 한 사람이 관동(關東)으로부터 왔는데, 밤에 화음(華陰)을 지나다가 갑자기 누군가에게 잡혔다. 그를 잡은 사람은 한 손에 들고 있던 벽(璧)[옥] 하나를 사자에게 주고 말했다.

---

2) 진시황에 대한 것은 진시황본기에 근거한다. 또 본서 Ⅰ-3장 p.42 이하 참조.

"나를 위해서 이것을 호지군(滈池君)[長安의 서남쪽에 滈池가 있다]에게 전해주기 바란다. 그리고 그에게, 앞으로 1년 내에 조룡(祖龍)이 죽을 것이라고 전해주기 바란다."

사자가 물어보려 하자 그 사람은 사라져버렸다. 사자가 이를 아뢰어 그 옥을 조사해보니, 진시황이 시황 28년에 양자강(揚子江)을 건널 때 강 속에 빠뜨린 것이었다. 시황은 대단히 불쾌하게 생각했지만, 스스로 위로하여 말했다. "산귀신이 무엇을 알 것인가? 게다가 조(祖)라는 것은 사람의 선조이므로 나와는 아무런 관계도 없다." 시황은 이 악운(惡運)을 피하기 위해서 남방으로 순유(巡遊)했다. 시황 37년 7월에, 그는 과연 여행 도중 죽었다. '조(祖)'는 시(始)의 뜻이고 '용(龍)'은 황(皇)의 의미라고 한다면, 이것도 적중한 참언(讖言)이었다.

그러나 참언은 정말로 상제가 내린 것일까? 다음과 같은 사건을 보면 심히 의심스럽게 된다. 시황이 '조룡(祖龍)이 죽는다' 라고 듣기 몇 개월 전에, 유성(流星)이 동군(東郡)에 떨어져 돌이 되었는데, 어떤 사람이 그 돌에 '始皇帝死而地分' [시황제가 죽어 땅이 갈라진다]의 7글자를 새긴 적이 있었다. 이 말은 너무나도 명백하여 어렵게 해석할 필요가 없었기 때문에, 시황은 이것이 자기 백성이 한 저주라는 것을 알고, 즉시 어사(御史)를 파견하여 조사시켰으나 주모자를 체포하지 못했다. 그래서 그 돌 근방의 주민을 모조리 죽이고, 그 돌도 불태워 버렸다. 실제로 초한(楚漢) 때의 상황에서 보면, 이 인조(人造)의 참언도 충분히 적중하고 있다.

전한(前漢)시대에는 사회가 안정되어, 이렇게 인심을 자극하는 참언은 당연히 감소했다. 그러나 무제(武帝) 이후에, 백성들이 고통을 당하고 재정이 고갈되어 국가의 기초가 동요하면, 참언은 다시 발전의 기회를 얻게 되었다. 예를 들면 앞에서 다루었듯이, 소제(昭帝) 때 태산(泰山) 기슭의 지면에 누워있던 거석(巨石)이 갑자기 일어나고, 상림원(上林苑) 안의 마른 버드나무가 갑자기 생기를 띠게 되자, 휴홍(眭弘)은 새로운 천자가 필부(匹夫) 속에서 일어나려 한다고 말했다. 또 성제(成帝) 때, 제(齊)사람 감충가(甘忠可)는 상제(上帝)가 적정자(赤精子)를 아랫세상에 보내어 자기에게 『포원태평경(包元太平經)』을 전수했다고 말하여, 한(漢)왕조의 재수명(再受命)을 도우려 했다[모두 Ⅰ-7장 참조]. 이러한 풍조는 왕망의 시대에 다시 성하게 되었다. 무공현장(武功縣長) 맹통(孟通)이 우물을 파자 한 개의 백석(白石)이 나타났는데, 표면에 '告安漢公莽爲皇帝' [안한공 왕망에게 황제가 되라고 이르노라.]의 빨강색 8글자가 있었기 때문에, 왕망은 섭황제(攝皇帝)가 되었다. 임치정장(臨淄亭長)이 새로운 우물을 발견하고, 파군(巴郡)에서 석우(石牛)가 얻어지고, 부풍(扶風)에서 석문(石文)이 얻어지자, 섭황제는 섭(攝)자를 떼어버렸다. 애장(哀章)이 『천제행새금궤도(天帝行璽金櫃圖)』와 『적제행새방전여황제금책서(赤帝行璽邦傳予皇帝金策書)』를 고조묘(高祖廟)에 옮겨 안치하자, 한 고조가 나라를 왕망에게 선양(禪讓)했다.[모두 Ⅱ-7장 참조]. 이들 기록 중에서 가장 주의할 만한 것은 애장의 『금궤도』와 『금책서』이며, 여기에 도(圖)와 서(書)가 모두 있는 점은 노생(盧生)이 해중에서 손에 넣은 것과 흡사하다.

애장의 도서(圖書)에 기록된 것은 왕망의 대신(大臣) 8사람과 길상(吉祥)한 2글자[興 · 盛] 를 이름에 사용한 왕흥(王興) · 왕성(王盛) 두 사람 그리고 애장 자신을 포함하여 모두 11사람이었으며, 모두 관작(官爵)이 정해져 있었다.[3] 왕망이 제위에 오르자, 이 상제(上帝)의 단자(單子)에 따라서 임명이 행해졌다. 이리하여 왕순(王舜)은 태사(太師)가 되어 안신공(安新公)으로 봉해지고, 평안(平晏)은 태부

3) 이하 애장(哀章)과 견풍(甄豊) 등에 대한 것은 『한서』 왕망전 중(中)에 근거한다.

(太傅)가 되어 취신공(就新公)으로 봉해지고, 유흠(劉歆)은 국사(國師)가 되어 가신공(嘉新公)으로 봉해지고, 애장(哀章)은 국장(國將)이 되어 미신공(美新公)으로 봉해졌다. 이상 4사람은 4보(四輔)라 칭해지고 상공(上公)에 위치했다. 또 견함(甄邯)은 대사마(大司馬)가 되어 승신공(承新公)으로 봉해지고, 왕심(王尋)은 대사도(大司徒)가 되어 장신공(章新公)에 봉해지고, 왕읍(王邑)은 대사공(大司空)이 되어 융신공(隆新公)에 봉해졌다. 이 세 사람은 삼공(三公)에 위치했다. 또 견풍(甄豐)은 갱시장군(更始將軍)이 되어 광신공(廣新公)으로 봉해지고, 왕흥(王興)은 위장군(衛將軍)이 되어 봉신공(奉新公)에 봉해지고, 손건(孫建)은 입국장군(立國將軍)이 되어 성신공(成新公)에 봉해지고, 왕성(王盛)은 전장군(前將軍)이 되어 숭신공(崇新公)에 봉해졌다. 이 네 사람은 4장이라 칭해졌다. 왕흥 · 왕성이라는 인물은 조정(朝廷) 안에는 없었지만, 왕(王)을 성(姓)으로 하고 흥(興) · 성(盛)을 이름으로 하는 사람은 극히 많았다. 왕망은 동성동명(同姓同名)인 사람 10여 명을 찾아내고, 그 중에서 퇴직한 성문령사(城門令史) 왕흥(王興)과 떡장수 왕성(王盛)의 용모가 점술가에 가장 흡사한 인물이었기 때문에, 이 두 사람을 등용했다. 그 이후 이 두 사람은 높은 지위에 올랐지만 이러한 행운은 완전히 그들의 몽상에 불과했다. 관리가 되는 데에 이런 지름길이 있는 것을 알게 되자, 사람들은 다투어 부명(符命)을 만들어 바쳤다. 공(公)의 작위까지는 무리더라도 후(侯)로 봉해질 가능성은 있었다. 이런 것을 달갑지 않게 여기는 자는 얼굴을 대할 때마다, “당신은 아직 천제(天帝)의 위임장을 손에 넣지 않았습니까?” 라고 농담을 주고받았다. 어떤 사람이 왕망에게 권하여 말했다.

“이것은 진실로 간인(姦人)이 복을 얻는 길을 열 뿐만 아니라 천명(天命)을 어지럽히는 것입니다. 그 근원을 없애버려야 합니다.”

왕망도 이러한 것에 혐오감을 느끼고 있었기 때문에, 부명(符命)을 헌상한 사람은 왕왕 옥에 갇히게 되었다.

당초에 견풍(甄豊)은 왕순(王舜) · 유흠(劉歆) 등과 함께 왕망의 심복이었다. 왕망이 대사마(大司馬)로부터 황제(皇帝)까지 되는 데에는 견풍도 적지 않게 노력을 다했으며 또한 적지 않게 계략을 꾸며왔다. 이때에 그는 『금궤도(金匱圖)』에 의해 광신공(廣新公)의 지위를 얻어 떡장수 출신 왕성(王盛)과 나란히 4장(四將)에 위치했는데, 그 지위가 힘입은 바 없는 애장(哀章)에게도 미치지 못했기 때문에, 결국 유쾌하지 않게 생각하게 되었다. 그의 자식인 견심(甄尋)은 아버지의 기분을 알고 부명(符命) 하나를 만들어, 새 왕조는 주공(周公) · 소공(召公)의 고사(故事)를 모방하여 동서로 나누어 2백(伯)을 세워, 갱시장군(更始將軍) 견풍(甄豊)을 우백(右伯)으로 태부(太傅) 평안(平晏)을 좌백(左伯)으로 삼아야 한다고 말했다. 왕망은 그들이 모두 옛날의 한패였기 때문에 역시 들어 주었다. 견풍이 우백에 임명되고 아직 부임하지 않았을 때, 견심은 욕심을 내어 다시 부명을 하나 만들어, 전한(前漢) 평제(平帝)의 황후 즉 한이 망하고부터 황황실주(黃皇室主)라고 불리고 있었던 여성이 견심에게 재가(再嫁)할 것이라고 말했다. 평제의 황후는 왕망의 딸이므로, 왕망은 이때에는 승인하기는 커녕 노하여 "황황실주는 천하의 어머니인데 무슨 말을 하는 것인가?" 라고 하고서, 관리를 파견하여 견심을 체포했다. 그래서 다년간 그를 추종해온 우백(右伯) 견풍(甄豊)은 할 수 없이 자살했다. 왕망은 진황제(眞皇帝)가 되고서, 자기 선전을 위해 오위장(五威將) 왕기(王奇) 등 12인을 파견하여 부명(符命) 42편을 천하에 반포시켰다. 거기에는 한(漢)의 수덕(水德)이 어떻게 망했는지, 왕망의 토덕(土德)이 어떻게 일어났는지, 황천(皇天)의 부명(符命)이 어떤 과정을 거쳐서 그에게 내렸는지에 대한 고사가 서술되어 있었다. 문제(文帝)시대에 황룡(黃龍)이 성기현(成紀縣)에 출현한 것은[Ⅰ-4장 참조] 한이 토덕이라는 증거라고 공손신(公孫臣)이 주장했던 것은 아닐까? 그런데 그 42편 속에는 놀랍게도 이 주장이 왕망의 토덕에 관한 부서(符瑞)에 들어가 있는 것이다. 그의 이러한 선전을 통해서 이 관념이 국민의 가슴 속에 새겨져서, 광무제(光武帝)도 황제가 될 때에는 자신이 화덕(火德)을 받은 사람이라고 해야만 했다. 따라서 『적복부(赤伏符)』는 이 42편 뒤에 만들어진 것이다.

그런데 왕망시대에 공손술(公孫述)이라는 사람이 도강(導江)의 졸정(卒正)[당시 蜀郡은 도강으로, 太守는 졸정으로 바뀌어 있었다.]에 임명되었는데, 왕망이 멸망하고 각지에서 병란이 일어나자, 공손술은 자립하여 촉왕(蜀王)이 되었다.[4] 뒤에 다시 자립하여 천자가 되고서[光武帝 建武 원년, A.D. 25년] 국호를 성(成)이라 했다. 그는 왕망의 오덕체계에 근거하여, 토(土)는 금(金)을 낳으므로 자기는 왕망의 뒤로서 금덕(金德)이라 하고, 색은 백(白)을 숭상하고[成都를 白帝城이라고 부른 것은 이것에 유래한다*] 또 용흥(龍興)이라고 건원(建元)했다. 그도 왕망과 같은 성벽이 있어서 부명(符命)을 즐겨 만들었다. 그의 생각으로는, 참서(讖書)에 "공자(孔子)가 『춘추(春秋)』를 만든 것은 적(赤)을 위해 제작한 것이며, 12공(公)으로 끊어진다"[5]라고 한 것에서 적(赤)은 한(漢)이며, 고조(高祖)로부터 평제(平帝)까지 12대이기 때문에[呂后도 계산에 넣어서] 한의 역수(曆數)는 이미 끝났으며 한 성(姓)이 재수명(再受命)하는 것은 불가능하기 때문에, 유수(劉秀)에게 『적복부(赤伏符)』가 있어도 무효라고 했다. 『하도(河圖) 녹운법(錄運法)』에 "창제(昌帝)를 폐하고 공손(公孫)을 세운다"라고 했고, 『하도 괄지상(括地象)』에 "제헌원(帝軒轅)이 수명(受命)

---

4) 이하 『후한서』 권13 공손술전에 근거한다.

5) 동전(同傳)의 주에 인용된 『상서고영요(尙書考靈曜)』에는 "孔子爲赤制, 故作春秋"라고 했다.

하고 공손씨(公孫氏)가 권력을 장악한다" 라고 했고, 『효경(孝經) 원신계(援神契)』에 "서태수(西太守)가 묘금(卯金)을 을(乙)한다" 라고 했다. 그는 또 이를 인용해서, 자기의 성이 공손(公孫)이므로 자신은 수명할 수 있으며, 또 자신은 서방의 태수에서 몸을 일으켰으므로 묘금(卯金)[劉]을 을(乙)[軋]절(絕)할 수[벌할 수] 있다고 했다. 그는 또 오덕의 운행에서 황(黃)은 적(赤)을 계승하고 백(白)은 황(黃)을 계승하므로, 서방[蜀]에 근거하고 백덕(白德)*인 자기는 확실히 제왕의 정통을 얻었다고 했다. 그는 자주 격문(檄文)을 돌려서 이러한 취지를 중원(中原)에 선전하고, 자기가 진명천자(眞命天子)인 점을 대중이 믿게 하려고 했다. 광무제(光武帝)는 전쟁은 두렵지 않았지만, 참서 속에 타인이 천자라는 증거가 확실히 있는 것을 두려워해서, 그에게 한 통의 편지를 썼다.

"『서수획린참(西狩獲麟讖)』에서 말하는 '乙子卯金' 이라는 것은 한고조(漢高祖)가 을미(乙未)년[B.C. 206년]에 수명(受命)한 것을 나타낸다. '광(光)이 창제(昌帝)를 폐하고 아들 공손(公孫)을 세운다' 라는 것은 곽광(霍光)이 창읍왕(昌邑王)을 폐하고 황손 병기(病己)[宣帝]를 세운 것을 말한다. '제헌원(帝軒轅)이 수명하고 공손씨(公孫氏)가 권력을 장악한다' 라는 것은 공손을 성(姓)으로 하는 황제(黃帝)가 토덕(土德)의 임금이 된다는 것이며, 역시 너와는 관계가 없다. 또 참서에는 '한가(漢家)가 920년 만에 후손에서 망한다. 이어받는 것은 승상(丞相)이 하며 그 이름은 당도고(當塗高)이다' 라고 되어 있는데, 너는 승상 당도고인가? 너는 나이도 들었고 처자식들을 생각해서, 이 천하의 신기(神器)를 쟁탈하는 것 따위는 생각하지 않는 것이 좋을 것이다." 6)

---

6) 이 서신은 『화양국지(華陽國志)』 권5 공손술지(公孫述志)의 인용에 의거한다. 다만 말미의 '너는 나이도 들었고' 이하는 『후한서』 공손술전에 의거한다.

공손술은 이 편지를 읽고서, 답장도 쓰지 않고 그대로 황제를 계속했다. 그러나 용흥(龍興) 12년에 결국 그의 서태수(西太守)는 기대대로 되지 않고, 『적복부(赤伏符)』에 멸망되어 버렸다.

공손술과 광무제의 기록 중에는 주목할 만한 것이 몇 가지 있다. 첫째, 그들이 천자가 되는 근거는 모두 참서에 있었다. 둘째, 그들은 참서에 대해 각각의 해석방법이 있었는데, 그것은 후세 사람들의 신탁(神託)해석 및 꿈해석과 같았다. 셋째, 그들은 자신의 멸망을* 태연하게 입에 올렸다. 광무제는 중흥(中興)의 군주였는데, 바로 개국할 때에 이미 그가 나라를 잃을 시기[한왕조 920년]와 그의 나라를 멸망시킬 사람 이름[當塗高]을 당당히 표시한 것은 얼마나 도량이 넓은 것인가? 그렇게 했던 것은, 참서에 그렇게 서술된 것을 그가 의심하지 않았기 때문이다. 참서가 그렇게 서술되어 있는 것은, 천자가 되는 것도 관리가 되는 것과 똑같이 몇 년 지나면 신임자에게 교대해야 한다고 믿었기 때문이며, 참서에서는 오덕의 제왕의 연대가 모두 정해져 있는 것이다. 넷째, 공손술이 인용한 『녹운법(錄運法)』『괄지상(括地象)』 『원신계(援神契)』와 광무제가 인용한 『서수획린참(西狩獲麟讖)』은 모두 참서의 명칭인데, 이전의 사람은 본 적이 없다는 점이었다. 『춘추경(春秋經)』의 마지막 구절은 "[哀公]十四年春, 西狩獲麟" 이기 때문에, 이 『서수획린참』은 『춘추』에 속하는 참서임에 틀림이 없다. 기타 『원신계』는 『효경(孝經)』에 속하며, 『녹운법』은 『하도(河圖)』에 속하는 것이다.

참위의 저작에 대해서 그들은 말했다. "공자는 육경(六經)의 편찬을 끝낸 후에, 경문(經文)이 심원하여 미래의 사람들이 자기 생각을 이해하지 못하게 되는 것을 깊이 우려하여, 별도로 위(緯)와 참(讖)을 세워서 다소 통속적으로 설명했던 것이다." 또 황제(黃帝) · 문왕(文王) 등 9인의 성인으로부터 전해진 것이 많다고 한다. 참은 예언이다. 위는 경(經)에 대(對)하여 세워진 것이며, 경은 종계(縱系), 위는 횡계(橫系)이다. 그러므로 위는 경을 해설한 글, 즉 경의(經義)를 부연한 글이며, 육경으로부터 『효경(孝經)』에 이르기까지 모두 위가 있다. 참 · 위는 명칭상으로는 별개인 것 같지만, 실제로는 내용에 어떤 큰 구별은 없다. 사실대로 말하면, 참은 먼저 생긴 이름이고 위는 뒤에 생긴 이름에 지나지 않는 것이다. 이 참 · 위 외에 도(圖)와 서(書)도 있다. 우리는 앞서 서술한 것에서 부명(符命)에는 모두 도와 서가 있었던 것을 알고 있다. 가장 오랜 도 · 서는 무엇인가? 그들은 그것이 황하(黃河)에서 나온 도(圖) 즉 『하도(河圖)』이며, 낙수(洛水)에서 나온 서(書) 즉 『낙서(洛書)』라고 말했다. 유흠(劉歆)의 생각으로는, 복희씨(伏羲氏)가 천하에 왕이 되자 『하도』를 받고 그것을 본떠 그린 것이 팔괘(八卦)이며, 우(禹)가 홍수를 다스리고서 하늘은 그에게 『낙서』를 주었고, 그것을 본떠 만든 것이 『홍범(洪範)』이었다.[7] 위서(緯書)에는 더욱 재미있게 쓰여 있어서, 『하도』는 용마(龍馬)가 실어온 것이며, 『낙서』는 신귀(神龜)가 헌상한 것이라고 한다. 그것이 실제로 어떤 것인지는 제쳐두고라도, 『하도』와 『낙서』는 분명히 가장 오래된 참위일 것이다. 그래서 참위에는 『하도』와 『낙서』에 속하는 것이 가장 많으며, 현재 볼 수 있는 자료에 대해 말해도 이것들이 전체의 1/4을 차지한다. 아마 육경(六經)에 집어넣지 못한 것을 모두 거기에 집어넣었을 것이다. 광무제 수명(受命)의 『적복부(赤伏符)』도 역시 『하도』계의 하나였다. 이러한 책의 제목은 태반은 해석할 수 없다. 적당히 몇 가지 예를 들어보겠다. 『계요구(稽曜鉤)』『제람희(帝覽嬉)』『황참지(皇參持)』『개구수(闓苟受)』『제시맹(帝視萌)』『운기수(運期授)』『견요도(甄曜度)』『영준청(靈準聽)』『보호명(寶號命)』『낙죄급(洛罪級)』『고하명(考河命)』『준참철(準讖哲)』 등인데, 이러한 단어들은 대단히 신비적이다. 도(圖) · 서(書) · 참(讖)

---

7) 『한서』 권27 오행지(五行志) 상.

· 위(緯)가 모두 있기 때문에, 이러한 책들의 총칭은 도서(圖書) · 도참(圖讖) · 참위(讖緯) · 참기(讖記) · 위서(緯書) 등으로 불린다. 또 『상서위(尙書緯)』에는 십수 종류의 『중후(中候)』가 있어서, 위후(緯候)라고도 불린다.

이러한 참위는 정말로 황제(黃帝)로부터 공자(孔子)에 이르는 성인들이 만든 것일까? 아마 이성을 잃은 사람을 제외하면 그렇다고 대답할 사람은 아무도 없을 것이다. 그러나 이러한 책이 전한(前漢)시대에 이미 있었다고 말하는 사람은 아직 많다. 우리는 이에 대해 하나의 반증을 제시할 수 있다. 유향(劉向) 유흠(劉歆) 부자의 『칠략(七略)』에는 방중술(房中術)과 핵귀술(劾鬼術)에 관한 여러 책도 많이 실려 있다. 당시에 만약 참위가 있었다면, 그 괴이함과 거짓성 때문에 『칠략』의 육예략(六藝略)에는 실리지 않더라도 「술수략(術數略)」에는 실려도 괜찮을 텐데, 어째서 흔적도 찾을 수 없는 것인가? 참위의 중심사상은 음양오행과 재이정상(災異禎祥)이고 이것이야말로 한대 경학가(經學家)의 기질에 딱 합치되는 것인데, 어째서 그 부자는 전혀 인용하지 않고 공손술과 광무제에 이르러서야 성하게 인용되기 시작했을까? 그래서 우리는 이렇게 말할 수 있다. "『칠략(七略)』이 참위를 채록하지 않았던 것은 다름이 아니라 당시에 아직 이런 것이 없었기 때문이다. 이러한 것은 유향 유흠 부자가 서적을 교정한 이후에 처음 출현한 것이며, 왕망시대의 각종 도서(圖書), 부명(符命)이 야기한 것이다." 단편적인 참(讖)은 물론 일찍부터 있었지만, 위(緯)의 형식을 갖추고 서적의 체재로 발표된 것은 왕망의 집권시대보다 결코 이르다고 할 수 없는 것이다.

2. 참위의 내용

참위서(讖緯書)의 출현에는 세 가지 사명이 있었다. 첫째는 전한(前漢) 200년간의 술수(術數)사상을 총정리하여 체계화하는 것이다. 둘째는 왕망(王莽) · 유흠(劉歆)이 제창한 신고사(新古史)와 신사전(新祀典)의 학설을 발전시켜, 거기에 한층 더 증거를 제공하는 것이다. 세째는 소위 학문과 신화를 모두 육경(六經)의 기치 아래에 위치시킴으로써, 공자가 진정 교주(敎主)가 되게 하고 육경이 진정 천서(天書)가 되게 하여, 이를 빌어 황제의 지위를 확보하는 것이다. 양한(兩漢)시대[전한 말부터 후한 초]의 '민신(民神)이 잡다한' 사회에서 이러한 것이 대량으로 출현하는 것은 당연한 것이었다.

참위의 내용은 대단히 복잡하여, 경(經)을 설명하는 것 외에도 천문(天文) · 역법(曆法) · 신령(神靈) · 지리(地理) · 역사적 사건 · 문자 · 전장제도(典章制度)를 설명하는 것 등이 있었다. 그러나 영역이 넓어도 성격은 간단하여 참위의 제작자는 음양오행의 체계에 우직스럽게 집착해 서술했기 때문에, 서술하는 것이 아무리 많아도 도식은 한 가지뿐이었다. 우리는 한초(漢初)의 오색(色) 천제(天帝)가 몇 번 변하여 왕망의 오덕설 속에서 인제(人帝)로 변한 것과 또 음양오행의 방위와 상생(相生) · 상극(相剋)을 기억하고 있다면, 마치 열쇠다발을 손에 넣은 것과 같이 많은 문을 열 수 있는 것이다.

참위의 작자는 말했다.[1)]

---

1) 이하 원저자 고씨에 의한 참위의 인용과 해설은 『옥함산방집일서(玉函山房輯佚書)』의 참위류와 『위군(緯攈)』 등을 인용했다고 생각된다. 고씨의 서술

"천상의 태미궁(太微宮)에는 오제좌(五帝座)의 별이 있다. 이 중 봄을 담당하는 것은 창제(蒼帝)이며, 그 이름을 영위앙(靈威仰)이라 하고 성질은 인량온양(仁良溫讓)하다. 그 신장은 9척(尺) 1촌(寸)이며 세성(歲星)[목성]을 부린다. 여름을 담당하는 것은 적제(赤帝)인데, 그 이름을 적표노(赤熛怒)라고 하며 성질은 관명다지(寬明多智)하다. 그 머리는 뾰족하고 신장은 8척 7촌이며, 형혹성(熒惑星)[화성]을 부린다. 여름을 담당하는 것은 황제(黃帝)인데, 그 이름을 함추뉴(含樞紐)라고 하며 성질은 중후성현(重厚聖賢)하고, 진성(塡星)[토성]을 부린다. 가을을 담당하는 것은 백제(白帝)인데, 그 이름을 백초거(白招拒)라고 하며 성질은 용무성신(勇武誠信)하고, 태백성(太白星)[금성]을 부린다. 겨울을 담당하는 것은 흑제(黑帝)인데, 그 이름을 집광기(汁光紀)라 하고 그 머리가 크며, 진성(辰星)[수성]을 부린다." 2)

상(商) · 주(周)시대에도 물론 천자는 자기 조상이 상제(上帝)에게서 태어났다고 말했지만, 그들이 생각한 상제는 하나뿐이었다. 한대가 되면, 오행설에 기초하여 상제는 다섯 가지로 나뉘었다. 전한(前漢) 말에, 왕망의 선전에 의하여 이 천상(天上)의 오제의 자손이 대대로 이 세상의 제왕이 된다는 것이 확인되었다. 예를 들면, 한(漢) 고조(高祖)의 경우 만약 그가 수덕(水德)에 의해 왕이 되었다면 흑제(黑帝)의 자식으로 뒤를 잇지만, 만약 화덕(火德)으로 바꾼다면 그는 적제(赤帝)의 자식으로 후계를 바꿔야 한다. 천상적제의 자식이 이

은 내용마다 복수의 위서(緯書)를 모아 합성시켜 놓았고 유사한 내용이 여러 위서에 중출(重出)하기 때문에, 이하의 주기(註記)는 어디까지나 역주자의 편의적인 메모에 지나지 않는다.

2) 이상은 『시함신무(詩含神霧)』 『춘추문요구(春秋文曜鉤)』 『춘추합성도(春秋合誠圖)』 등에 보인다.

세상에서 제왕이 되는 것이기 때문에 역시 적제라고 부를 수 있는 것이며, 따라서 왕망이 손에 넣은 금책서(金策書) 위에 쓰였던 것은 '赤帝行璽邦' 의 글자였다. 토덕(土德)의 왕망도 황제(黃帝)가 되었던 것이다. 그들은 말했다.

"이 세상의 오제에게는 일정한 임기가 있다. 창제(蒼帝)는 28대를 전하며, 백제(白帝)는 64대를 전하고, 흑제(黑帝)는 8백년을 다스릴 수 있었다." 3)

광무제(光武帝)가 "한가(漢家)는 920년이 지나면 자손대에서 망한다" 라는 얘기를 스스로 신봉한 것은, 적제(赤帝)는 920년간 다스린다고 되어 있었기 때문이다. 그들은 또 말했다.

"창제(蒼帝)가 망할 때에는 반드시 대혜성(大彗星)이 나타나고 기린(麒麟)이 잡힌다. 황제(黃帝)가 망할 때에는 반드시 황색별이 하늘에서 떨어지며, 황룡(黃龍)이 하늘에서 내려온다. 흑제(黑帝)가 망할 때에는 반드시 낭성(狼星)[시리우스]이 하늘에서 빛나며, 영귀(靈龜)가 잡힌다. 백제(白帝)가 망할 때에는 반드시 오잔성(五殘星)[正東方에서 뜨는 별이름]이 나타나며, 또 엎드려 기어다니는 사람의 경우와 같이 뱀에 다리가 생긴다." 4)

한 고조가 평민의 신분으로 천하를 얻은 것에 더하여, 문제(文帝) · 경제(景帝) 이후의 오덕설을 중심으로 한 논쟁과 무제(武帝)의 봉선

---

3) 이상은 『상서운기수(尙書運期授)』 『춘추위보건도(春秋緯保乾圖)』 『춘추감정부(春秋感精符)』 등에 보인다.

4) 이상은 『상서운기수』 『춘추합성도(春秋合誠圖)』 『춘추연공도(春秋演孔圖)』 등에 보인다.

(封禪) · 개력(改曆) 사업이 있었기 때문에, 사람들의 이목은 황제(皇帝)가 천명(天命)을 받는 것에 집중되었으며, 이것이 세상에서 유일한 대사(大事)라고 생각되었다. 왜 천명을 받는 것인가? 천명을 받는 수속은 어떻게 하는 것인가? 천명을 받은 뒤에는 무엇을 해야 되는가? 당시 사람들에게 이것은 모두 가장 중요한 문제라고 생각되었다. 왕망이 권력을 장악하자 다시 자기를 새로이 수명(受命)한 천자라고 과장했으며, 상제(上帝)가 그를 도와 제위에 오르게 한다는 것과 관련한 기적은 수를 헤아릴 수 없게 출현하여, 그러한 열기가 민간에 퍼져갔다. 이것은 제왕의 수명(受命)에 대한 군중의* 신앙과 공상을 한층 증진시켰다. 이리하여 중국의 상고사(上古史)는 모습을 바꾸게 되었다.

그들은 복희(伏羲)의 고사(古事)에 대해 다음과 같이 말했다.

"뇌택(雷澤) 안에 대인(大人)의 발자국이 있었는데, 화서(華胥)가 그것을 밟고 나서 복희를 낳았다. 그 모양은, 몸이 용과 같고, 귀는 소와 같고, 코는 호랑이와 같고, 콧날이 산과 같고, 눈이 크고, 신장이 9척 1촌이었다.[왕망의 체계에 따르면, 복희는 木德이기 때문에, 천상의 蒼帝와 같은 신장이다.] 복희의 도덕(道德)이 상하에 두루 퍼졌기 때문에, 하늘은 조수(鳥獸)의 문장(文章)을 그에게 보냈고, 땅은 『하도(河圖)』『낙서(洛書)』를 그에게 보냈다. 신농(神農)은 소전(少典)의 비 안등(安登)이 화양(華陽)에서 노닐고 있을 때 신룡(神龍) 한 마리가 그녀와 교감하여 태어났다. 신농은 태어날 때, 머리가 소와 같고, 얼굴이 용과 같고, 입술이 크고, 신장이 8척 7촌이었다.[이것도 천상의 赤帝의 신장이다.] 그가 경작을 좋아해 쟁기를 만들었기 때문에, 땅은 맛좋은 샘물을 내고 하늘은 가화(嘉禾)를 내렸다. 황제(黃帝)의 경우는 더욱 기이해서, 대전광(大電光)이 북두성을 중심으로 들에 미쳐 부보(附寶)의 몸에 닿아서 그가 태어났다. 그는 신장이 9

척을 넘고, 해와 같은 뿔이 달리고, 얼굴이 용과 같고, 눈이 움푹 패어 이마가 높고, 가슴에 '黃帝子' 라는 세 글자가 있었다. 그가 천자가 되려고 할 때에는, 황색 구름이 건물 앞에 피어오르고 봉황(鳳凰)이 도(圖)를 물어다 그의 앞에 놓았으며, 그는 재배(再拜)하고 이를 받았다."

소호(少皞)는 유흠(劉歆)이 편의상 고사체계 속에 삽입했기 때문에, 그 역사가 극히 짧고 사람들이 아는 바도 적었다. 따라서 그 지위가 아직 안정되어 있지 않았다. 그러나 황제의 토덕(土德)과 전욱(顓頊)의 수덕(水德) 사이에 금덕(金德)의 천자가 한 사람 있어야 한다는 것은 극히 명백했다. 그래서 참위의 작자는 주선(朱宣)이라는 인물을 거기에 삽입했다. 즉 황제 때 흰 무지개 같은 큰 별이 화저(華渚)에 떨어졌는데, 여절(女節)이 꿈속에서 그것과 교합하여 백제(白帝) 주선이 태어났다고 했다. 전욱의 출생도 주선과 흡사하여, 7색의 무지개 같은 빛이 일렁이며 달을 관통하고 여추(女樞)를 감응시켜 태어났다고 한다.[5)]

왕망은 요(堯) · 순(舜)을 가장 중시했고, 요가 순에게 선양(禪讓)한 것 속에서 한(漢)이 신(新)에게 선양하는 필연성을 찾아내려 했기 때문에, 참위 중에서 요 · 순과 그들의 선양에 관계된 고사는 가장 생생하게 서술되었다. 그들은 말했다.

"옛날 돌 속에서 태어난 여자가 있어, 이름을 경도(慶都)라고 했으

---

5) 이상은 『시함신무(詩含神霧)』『하도저명(河圖著明)』『하도계명징(河圖稽命徵)』『하도악구기(河圖握矩記)』『춘추원명포(春秋元命包)』『춘추합성도(春秋合誠圖)』『효경원신계(孝經援神契)』『예함문가(禮含文嘉)』 등에 보인다.

며 화제(火帝)의 딸이었다. 경도는 20세가 되어서도 혼인하지 않았으며, 나다닐 때에는 항상 신령(神靈)이 따라다니는 것 같았다. 어느 날 적룡(赤龍) 한 마리가 도(圖)를 등에 지고 강 속에서 나왔는데, 경도가 도(圖)를 살펴보니 위에 '赤受天運' 의 네 글자가 쓰여 있었고, 아래에 그림이 있었는데 거기에는 적의(赤衣)를 입은 위장부(偉丈夫)가 그려져 있었다. 눈썹에 8채(八彩)가 있고 수염의 길이가 7척 2촌이었으며, 제자(題字)에는 '赤帝起誠天下寶' 라고 되어 있었다. 그때 갑자기 찬바람이 사방에서 일어나고, 그 적룡과 그녀는 합혼(合婚)하여 한번에 곧 임신했다. 뒤에 요(堯)가 태어났는데, 그 용모가 도(圖)에 있었던 것과 같았다. 요가 배에 타고 황하(黃河)로 나아가자, 봉황 한 마리가 도(圖)를 등에 지고 날아왔다. 이 도는 적옥(赤玉)으로 만든 상자인데, 길이 3척 8촌, 두께 3촌이었으며, 백옥(白玉)의 뉴(紐)에 황금의 검(檢)[紐 즉 연결 부분의 封泥를 검이라 부름]이 있었고, 새긴 인장(印章)은 '天赤帝符璽' 라고 되어 있었다. 그래서 요는 화덕(火德)에 의해 천하의 왕이 되었다.[6] 순의 모친은 악등(握登)이라고 하는데, 큰 무지개에 감응되어 순을 낳았다. 그의 신장은 9척이고 눈동자가 이중이었다. 어느 날 요가 순 등 1천 명을 데리고 수산(首山)에 이르고 또 황하(黃河)의 물가에 이르렀을 때, 노인 5인이 거기에 있었다. 노인 한 사람이 '하도가 반드시 제왕이 될 시기를 알려줄 것이다' [河圖將來告帝期]라고 노래하자, 두 번째 노인이 계속해서 '하도가 반드시 제왕이 되는 방법을 알려줄 것이다' [河圖將來告帝謀]라고 노래했고, 세 번째 노인이 계속해서 '하도가 반드시 제왕이 될 서(書)를 알려줄 것이다' [河圖將來告帝書]라고 노래하는 소리가 들렸다. 다시 네 번째 노인이 '하도가 반드시 제왕이 될 도(圖)를 알려줄 것이다' [河圖將來告帝圖]라고 노래하고, 마지막 노인이 '하도가 반드시 제왕이 될 부(符)를 알려줄 것이다' [河圖將來告帝符]라고 노래하는 소리

6) 이상은 『춘추합성도』에 보인다.

가 들렸다. 곧 적룡(赤龍) 한 마리가 도(圖)를 물고 강 속에서 나오자, 노인 5인은 유성(流星)으로 변하여 묘수(昴宿)[28수의 하나]로 날아들었다. 순이 머리를 숙여보니, 용도 물속으로 들어갔고 그 도가 남아 있었다. 요가 그것을 열어보니 위에 '제추(帝樞)가 100세가 되면 우(虞)에게 선양한다' 라고 쓰여 있었다. 요는 한숨을 쉬며 순에게 말했다. '순아! 천운(天運)은 네 몸으로 옮겨갔다. 너는 명심하여 행하도록 하라.' 이리하여 순은 요의 천하를 물려받았다."[7)]

순 이후에도 모두 같다. 수기(修紀)는 산 위에서 유성(流星)을 보고 감응하여 우(禹)를 낳았다. 부도(扶都)는 흰 기운이 달을 꿰뚫는 것을 보고 감응하여 탕(湯)을 낳았다. 태임(太任)은 장인(長人)을 꿈에서 보고 감응하여 문왕(文王)을 낳았다.[8)] 유온(劉媼)은 용 같은 적조(赤鳥)가 그녀와 노니는 꿈을 꾸고 집가(執嘉)를 낳았다. 집가의 처 함시(含始)는 낙지(雒池) 부근에서 붉은 구슬 하나를 주웠는데, '玉英吞此者爲王客' [이 구슬을 삼키는 자는 왕의 客이 된다]의 몇 글자가 새겨져 있었다. 그녀가 이를 삼켰는데, 그 해 안에 유방(劉邦)이 태어났다.[9)][이때가 돼서야 겨우 漢高祖의 아버지는 집가라고 하고 어머니는 함시라고 한 것을 알 수 있게 되었다] 그들의 용모도 극히 기이하며, 그들이 손에 넣은 부명(符命)도 매우 많은데, 다행히 여러분은 그 견본을 이미 알고 있으므로 자세히 설명할 필요도 없을 것이다.

위(緯)는 경(經)을 자세히 해설한 것이고 경은 공자가 정한 것이기 때문에, 참위(讖緯) 속에서 공자는 중심인물이며 과장의 정도가 여타 성제명왕(聖帝明王)들에 비해 한층 심하다. 참위의 작자들은 말했다.

---

7) 이상은 『논어비고참(論語比考讖)』『효경원신계』에 보인다.
8) 이상은 『시함신무』『하도계명징』『하도저명』 등에 보인다.
9) 이상은 『춘추악성도(春秋握成圖)』에 보인다.

"그때 징재(徵在)라는 소녀가 대택(大澤) 부근에서 노닐고 있었는데, 피곤해져 거기서 잠이 들었다. 그녀는 꿈을 꿨는데, 흑제(黑帝)가 그녀에게 오라고 해서 갔다가 흑제와 교합했다. 흑제가 그녀에게 말했다. '너는 곧 공상(空桑)에서 아기를 낳을 것이다.' 징재가 잠에서 깨자 과연 임신해 있었으며, 뒤에 정말로 공상에서 출산했다. 이 아이의 용모는 극히 특수했다. 입이 바다와 같이 크고, 입술은 소와 같고, 손바닥은 호랑이와 같고, 등은 거북이와 같고, 머리는 니구산(尼丘山)과 비슷하게 둘레가 높고 가운데가 오목했으며, 가슴에는 '制作定世符運'의 6글자가 있었다. 후에 성장하면서 한층 훌륭하게 되었다. 신장은 10척이고, 몸의 둘레는 9아름이고, 앉으면 용이 걸터앉은 것 같고 서면 견우(牽牛)와 같았다. 그의 모습은 대단히 당당하여 광채가 났으며, 가까이서 보면 묘성(昴星) 같고 멀리서 보면 북두성 같았다. 그는 뭐라고 이름 지으면 좋을지 몰라서, 율(律)[대나무로 만든 악기]을 불어 성(姓)을 정하고, 자기가 은(殷)의 후예인 공씨(孔氏)라고 알고서 공(孔)을 성으로 했으며, 머리가 니구산에 흡사했으므로 구(丘)를 이름으로 삼았다." 10)

참위의 작자에 의하면, 은(殷) 탕왕(湯王)은 수덕(水德)으로, 흑제(黑帝)의 아들이며, 공자는 탕왕의 후예이므로 역시 흑제의 아들이다. 그런데 여기에 불행한 일이 한 가지 생겼다. 천상의 오제는 자기의 자식을 황제(皇帝)로 삼기 위해 이 세상에 종(種)을 전하는데, 공자가 흑제의 자식이라면 그 역시 황제가 되어야만 한다. 하물며 당시 주(周)는 이미 쇠퇴하여 새로이 수명(受命)할 천자가 출현할 만했는데, 공자는 왜 황제가 되지 않은 것인가? 참위의 작자는 이 문제를 해명해 말했다. "주(周)는 목덕(木德)이며, 목(木)은 화(火)를 낳을 수 있

10) 이상 공자에 대한 것은 『춘추연공도(春秋演孔圖)』『효경원신계(孝經援神契)』『효경구명결(孝經鉤命決)』 등에 보인다.

을 뿐 수(水)를 낳지는 못한다. 공자에게는 수덕(水德)이 있었는데, 오행의 순서에 해당하지 않는 것을 어찌할 수가 없었다. 그래서 할 수 없이 화덕(火德)을 위해 대신 힘써서, 미래의 화덕의 한(漢)왕조를 위해 많은 법전 — 육경 — 을 제정했던 것이다." 그래서 『춘추위(春秋緯)』[援神契]에 "흑룡(黑龍)이 태어나 적(赤)을 위한다"라든가 "현구(玄丘)[수덕의 孔丘 즉 공자]가 명(命)을 제정하고, 제묘(帝卯)[卯金刀 즉 劉]가 행한다"라고 기록되어 있는 것이다.

"공자는 제왕의 덕이 있어도 그 위(位)가 없었기 때문에, 바쁘게 일생 동안 돌아다녔지만 뜻을 얻지 못했다. 어느 날 밤 그는 풍(豊) · 패(沛)지방 일대에 붉은 연기가 피어오르는 꿈을 꾸었다. 꿈에서 깨어나자 그는 곧 수레에 타고 그것을 보러 갔다. 거기에 이르러 보니, 나무를 하는 한 아이가 기린(麒麟) 한 마리를 괴롭히고 있었다.[蒼帝가 망할 때에는 반드시 기린이 잡힌다는 앞서 말한 얘기와 또 周는 木德 즉 창제인 것을 잊지 말기 바란다.] 공자가 가까이 가자, 그 기린은 귀를 늘어뜨리고 세 권의 책을 토해냈다. 그 책에는 '주(周)가 망해 적기(赤氣)가 일어나고 화요(火曜)가 흥한다. 현구(玄丘)가 명(命)을 제정하고 묘금(卯金)을 제(帝)로 삼는다' 라고 쓰여 있었다. 공자는 상제(上帝)가 묘금씨를 위해 법을 제정하려고 자기를 보냈음을 알게 되었다.[11] 한참 있다가 하늘에서 또 혈서(血書) 1매가 내려와 노(魯)[曲阜]의 단문(端門)[노나라 성문의 이름] 위에 떨어졌다. 혈서에는 '빨리 법을 제정하라. 공성(孔聖)이 죽고 주희(周姬)가 망하고 혜(彗)가 동쪽에서 나와 진정(秦政)이 일어나며 호(胡)가 술(術)을 파괴하여 서기(書紀)가 흩어져도, 공(孔)은 끊어지지 않는다' 라고 쓰여 있었다. 다음날 자하(子夏)가 보러 갔더니, 혈서는 붉은 새가 되어 날아가 버리고, 도(圖) 하나가 남아 있었다. 그려져 있는 것은 공자가 법을

11) 이상은 『효경원신계』『효경우계(孝經右契)』 등에 보인다.

제정하는 모양이었으며, 위에는 '연공도(演孔圖)'의 세 글자가 제목이 되어 있었다." 12)

이 고사는 '단문(端門)의 수명(受命)'이라 불린다. 공자는 『춘추(春秋)』와 『효경(孝經)』 — 가장 중요한 2법전 — 을 짓고 나서, 72인의 제자에게 말하여 북극성을 향해 허리를 굽혀 서게 했다. 또 증자(曾子)에게 명하여 『하도(河圖)』『낙서(洛書)』를 들게 하고, 공자 자신은 목욕재계하고 진홍색의 단의(單衣)[홑옷]를 입고 북극성을 향해 배례(拜禮)했다. 그랬더니 하늘에 구름이 솟구쳐 일어나더니, 흰 안개가 곧 땅에 내려오고, 한 줄기 붉은 무지개가 하늘에서 내려와 황색의 옥으로 변했다. 크기는 3척인데 표면에 글씨가 새겨져 있었다. 공자는 급히 엎드려 집어 들고 읽어 보았다. '보문(寶文)이 나와, 유계(劉季)가 장악한다. 묘금도(卯金刀)가 진(軫)의 북쪽에 있다. 자(字)는 화자(禾子)인데, 천하가 굴복한다' 13)[이것은 劉季 — 高祖의 字 — 가 반드시 軫宿(28수의 하나)쪽의 북쪽에서 대업을 일으켜 뒤에 천하를 통일한다는 것을 말하는 것이다.]

여러분은 위에서 언급한 무공현(武功縣)의 백석(白石) · 동부백도(銅符帛圖) · 금궤도(金櫃圖) · 금책서(金策書)[모두 Ⅱ-7장 참조] 등을 읽었으므로, 다시 이러한 속임수를 보면 그 내용은 물론 말하지 않아도 이해할 것이다. 처음에 한(漢) 고조(高祖)가 천하를 얻었을 때에는, 그의 출신 신분은 극히 낮았지만 자신이 적제(赤帝)의 아들로서 천명(天命)을 받는 여러 가지 취향이 필요하다는 따위는 생각지도 않았다. 그러나 왕망이 이러한 취향을 모두 생각해내게 되면, 왕망이 천

---

12) 단문혈서(端門血書)에 대한 것은 『공양전(公羊傳)』 애공(哀公) 14년 하휴주(何休注)에 보인다.

13) 이상은 『효경원신계』『효경우계』『춘추한함자(春秋漢含孳)』 등에 보인다.

하를 손에 넣는 체재는 한 고조에 비해 상당히 볼품이 좋게 되었다. 왕망은 마지막에는 실패했지만, 이렇게 당당한 개국 방식의 모양을 유가(劉家) 중흥의 인물인 유현(劉玄) · 유분자(劉盆子) · 유수(劉秀) 등이 배우지 않을 리가 없었다. 그들은 왕망의 생각을 모방하여, 자신들의 선조를 위해 이 일련의 얘기를 보충했다. 즉, 고조의 수명(受命)은 공자 이전에 이미 결정되어 있었으며, 학술계 최대의 권위자인 공자는 이 대사[한의 수명]를 위해 이 세상에 나타났다고 한 것이다. 공자를 화려하게 꾸미는 것은 즉 고조를 화려하게 꾸미는 것이며, 또한 자신을 화려하게 꾸미는 것이기도 하다. 공자를 교주로 세우는 것은 한왕조의 황제를 교주로 세우는 것이기도 하다. 그것은 그들이 이 대가산(大家產)을 유지하는 데[소위 '皇圖를 확고히 하는' 것] 얼마나 유리했을 것인가?

위에서 언급한 장황한 얘기를 읽고서, 혹은 냉소조로 말하는 사람이 있을지도 모른다. "이런 망설은 오늘날에는 이미 절대로 존재할 수 없으므로, 지금 문제 삼을 것도 없지 않겠는가? 농담을 하는 것이겠지"라고 말이다. 만약 이런 견해를 가진다면, 그 사람은 사정을 너무 단순하게 보고 있다고 나는 말하고 싶다. 우리가 논하고 있는 것은 한대사(漢代史)이기 때문에, 일찍이 한대에서 중대한 영향을 끼친 것은 모두 서술해야 한다. 원시사회에 대해 서술할 때에 그들의 야만행위를 숨길 수 없는 것과 똑같은 것이다.* 하물며 이러한 것은 표면상으로는 없어져도 실제로는 사라질 수 없는 것이다. 현재의 우민(愚民)들이 날마다 진명천자(眞命天子)의 출현을 기대하고 있는 것은 간접적으로 참위의 영향을 받고 있는 것이 아닐까? 독서인(讀書人)이 느끼고 있는 신비적인 공자(孔子)는 참위에서 유래한 것이 아닐까?* 공교(孔教)를 제창한 사람은 모두 단문수명(端門受命)의 고사를 자기 선전의 중축으로 삼은 것은 아닐까?* 조금 머리 좋은 사람이라면 이런 것은 믿지 않겠지만, 그렇더라도 현성(玄聖)의 '현'이라든가 염유

(炎劉)의 '염'에는 문제가 있다고 누가 생각했겠는가? 화서(華胥)가 발자국을 밟고 경도(慶都)가 용에게 감응되었다는 따위의 것을 누구나 진실된 상고사라고 보았던 것은 아닐까? 후한(後漢)으로부터 근세까지 상고사의 작자는 이런 재료를 대체 몇 번 채용했을까?* 이런 신화 따위는 전혀 믿지 않는 좀 머리 좋은 사람이라도 사회학적인 관념을 가지면, 지아비 없이 임신한 일련의 고사를 보면 곧 남녀잡교(雜交)·혈족군혼(血族群婚)·모계사회에 적용시키려 한다.* 그들은 그것이 왕망(王莽)류의 전체적인 오덕체계[Ⅱ-9장 참조]와 천제(天帝) 인제(人帝) 연속설[Ⅱ-11장 참조]에서 유래한다는 것을 알지 못한다. 만약 왕망 등이 고문화(古文化) 전체를 새로이 정리하지 않고, 정리할 때에 의도적인 변화를 많이 가하지 않았다면, 이러한 고사(古史)는 존재할 수 없었던 것이다. 따라서 이러한 상고사의 문제는 실은 중고사(中古史)의 문제라 할 수 있다. 그리고 양한(兩漢) 사이의 사회상황에 대한 인식이야말로 이 혼돈을 극(極)한 위상고사(僞上古史)를 해명하는 최상의 입구인 것이다.

3. 후한(後漢)시대 참위의 세력

광무제(光武帝)는 『적복부(赤伏符)』에 의해 수명(受命)하고 『서수획린참(西狩獲麟讖)』을 이용해 공손술(公孫述)을 굴복시켜 천하를 통일했기 때문에, 참위에 대한 신봉이 대단히 강했다. 아니 신봉했다기보다도 의뢰했다고 말하는 편이 좋다. 광무제는 참문(讖文) 중에 "손함(孫咸)이 적(狄)을 정벌한다" 라는 문구가 있는 것을 읽고, 바로 자신의 부하에 손함(孫咸)이라는 인물이 있었기 때문에 그를 평적장군(平狄將軍)으로 임명하고 대사마(大司馬)의 업무를 수행하게 했다. 그러나 삼공(三公)의 하나인 대사마의 직위는 너무 높고 권세가 막중하며, 신분과 재력(才力)이 거기에 어울리는 인물이 아니면 감당할 수 없는 것이었기 때문에, 그는 결국 면직되었다.[1] 『적복부』 속에 "왕량(王梁)이 위(衛)의 주(主)가 되고 현무(玄武)가 된다" 는 문구가 있었다. 그래서 광무제는 전국(戰國)시대 말에 위(衛)가 야왕(野王)으로 옮겨진 점, 현무라는 것은 수신(水神)의 이름이고 사공(司空)이 수토관(水土官)인 점을 생각하고, 바로 당시의 야왕현령(野王縣令)이 왕량(王梁)이었기 때문에, 즉시 그를 대사공(大司空)으로 임명했다.[2] 이러한 임용방법은 왕망과 아무런 차이도 없다.

광무제는 참위를 매우 열심히 읽었다. 어떤 때에는 일식(日食)이 있었기 때문에 정전(正殿)을 피해 낭하(廊下)에서 읽었다. 너무 지나치게 많이 읽어서, 감기에 걸리고 병이 들어 기절한 적도 있었다. 당

1) 『후한서』 권22 경단전(景丹傳).
2) 『후한서』 권22 왕량전.

시 참위는 모두 81편이 있었는데, 『하도(河圖)』 9편, 『낙서(洛書)』 6편[黃帝부터 周文王에 이르기까지의 본문이라고 하는 것] 이외에 『하도(河圖)』 『낙서(洛書)』 30편*[공자가 증보했다는 것] 및 『칠경위(七經緯)』 36편이 그것이었다. 당시에는 『칠경위』가 '내학(內學)' 이라 칭해지고, 본래의 경서가 '외학(外學)' 이라 칭해졌다. 위(緯)라고는 해도 그 지위는 도리어 경(經)의 상위를 차지했던 것이다.

환담(桓譚)은 전한(前漢) 말의 구신(舊臣)으로[3] 왕망 때에도 장악대부(掌樂大夫)가 된 적이 있으며, 이러한 참위 제작의 경과를 모두 눈으로 접하고 있었다. 그는 광무제 때 또 의랑(議郞)에 임명되었다. 그는 광무제가 항상 참위 속에서 증거를 구하여 대사를 결정하는 것을 보고, 좋지 않은 방법이라고 생각하여 상소해 말했다.

"일반 사람의 성정(性情)이라는 것은 모두 진실을 소홀히 대하고 괴이한 전문(傳聞)을 중시하는 것입니다. 그러나 옛 성왕(聖王)은 인의(仁義)의 정도(正道)가 있을 뿐이었으며, 공자도 천명(天命)은 언급하지 않았습니다. 현재 기껏해야 소현(小賢)밖에 안 되는 많은 사람들이 자주 도서(圖書)를 증가시키고 참기(讖記)라고 떠들어대어 세상 사람들을 속이고 있는 것은 반드시 금지해야만 합니다. 이런 것은 때로는 맞는 것도 있지만, 홀수냐 짝수냐를 신 앞에서 점치면 어느 쪽인가가 적중하는 것과 같은 것입니다. 그러니 어찌 믿을 수가 있겠습니까?"

광무제는 이를 읽고서 심히 불쾌하게 생각했지만, 그를 처벌하지는 않았다. 그 후 광무제는 조서를 내려 영대(靈臺)를 세울 장소를 의논하게 하고, 환담에게 물었다.

---

3) 이하 『후한서』 권28 환담전.

"나는 참서(讖書)를 이용해 장소를 결정하려고 생각하는데, 네 의견은 어떤가?"

환담은 아무 대답도 하지 않고 한참 있다가 겨우 "저는 참(讖)을 읽은 적이 없습니다."라고 대답했다. 왜 참을 읽지 않는지 광무제가 묻자, 환담은 또 참이 경(經)에 합치되지 않는 점에 대해 자세하게 논했다. 광무제는 크게 노하여 말했다.

"환담은 성(聖)을 비난하고 법(法)을 무시하는 자다. 끌어내어 참형에 처하라."

환담은 물론 자기 생각을 버릴 의사는 없었지만 역시 자기 생명을 희생시키고 싶지는 않았기 때문에, 오로지 황제를 향해 이마에서 피가 흐를 정도로 머리를 조아려서, 광무제는 겨우 그를 용서했다. 즉시 그는 지방으로 전임되고 부임 도중 죽었는데, 그때 나이가 70세를 넘었다. 그에게는 『신론(新論)』 29편의 저서가 있는데 이미 망실되었다. 그러나 일문(逸文)에 대해 보면, 그 중에서도 왕망의 귀신신앙의 잘못을 공격하기도 하고, 『하도(河圖)』 『낙서(洛書)』는 후대인의 증가 · 의탁으로 나온 것이고 공자의 저작이 아니라고 서술하기도 했다. 그가 당시에 확실히 머리가 깨인 인물이었다는 점은 명백하다. 그러나 그는 결국 시세(時世)에 어두운 인물이어서, 광무제가 왜 참위를 제창하려고 했는지의 심리를 이해하지 못했다.

또 윤민(尹敏)이라는 인물이 있었는데, 경서를 많이 공부한 위에 「홍범(洪範)」의 소재술(消災術)에 능통했다.[4] 광무제는 그에게 도참(圖讖)의 교정을 명하고, 이전에 최발(崔發)[왕망시대의 도참전문가로서 說符侯에 임명된 사람]이 왕망을 위해 부가했던 많은 얘기를 삭제했다. 그런데 윤민도 참서를 경멸하여 말했다.

---

4) 이하 『후한서』 권79 유림열전(儒林列傳) 상 윤민전.

"이런 것은 성인이 만든 것이 아닙니다. 또 그 중에는 속자(俗字)와 속설(俗說)이 극히 많아서, 후세 사람을 미혹케 할 것입니다."

광무제는 들어주지 않고 그에게 그 사업을 맡겼다. 그는 한 꾀를 내어, 궐문(闕文) 부분에 " '君' 에서 '口' 가 없는 것[尹]이 한(漢)의 보좌가 된다" 라는 문구를 써넣어[독자들은 Ⅱ-8장에서 李通의 도참에 기록되어 있었던 "劉氏가 다시 일어나고 李氏가 보좌가 된다" 라는 내용을 잊지 말기 바란다], 황제가 그를 중용(重用)할 것을 희망했다. 광무제가 이를 보고서 그의 필적임을 알아차리고, 왜 이런 짓을 하느냐고 묻자, 윤민이 대답했다.

"저는 사람들이 이렇게 해서 도서(圖書)를 증가시키거나 삭제하는 것을 본 사람이기 때문에, 저도 뻔뻔스럽게 만일의 요행을 기대한 것입니다."

광무제는 괘씸한 놈이라고 생각했지만 그를 처벌하지는 않았다. 당시에 도참교정의 명을 받은 사람에 또 설한(薛漢)이 있었다. 그는 원래 재이(災異)참위를 설명하는 것이 직업으로, 교수하고 있었던 제자가 항상 수백 명이었다.[5] 우리가 현재 볼 수 있는 참위 중에서, 왕망의 수명(受命)을 선전하는 글자가 없는 것은 그들이 잽싸게 삭제해버렸기 때문이다.

광무제가 즉위하고 30년째 되는 해에, 신하들은 태산(泰山)에서 봉선(封禪)을 행하여 천우(天佑)에 부응하라고 청했다.[6] 광무제는 조서를 내려, 자기에게는 덕이 없다 해서 허락하지 않았다. 건무(建武) 32년[A.D. 56년] 정월에, 광무제는 태산에 이르러 밤에 『하도회창부(河

---

5) 『후한서』 권79 유림열전 하(下) 설한전.
6) 이하의 서술은 『후한서』 제사지(祭祀志) 상에 근거한다.

圖會昌符)』를 읽었는데, “제유(帝劉)의 구(九)가 대종(垈宗)[태산]에서 명(命)을 맞이한다……. 진실로 이를 잘 이용하면 간위(姦僞)가 싹트지 않는다”라는 문구에 이르러, 봉선사업을 행해도 지장이 없다고 생각했다. 즉시 사람들에게 명하여, 『하도(河圖)』『낙서(洛書)』의 참문 속에서 봉선에 대해 서술한 것을 모두 찾아내게 해서 36조(條)를 얻었다. 그리하여 그는 한(漢) 무제(武帝) 원봉(元封) 원년의 고사에 따라 이를 거행했다. 제사에 앞서 우선 사람을 파견하여, 산에 올라 돌에 새기게 했다. 그 글에는 『하도회창부(河圖會昌符)』의 “적제(赤帝) 9세(世)가 순성(巡省)하여 중(中)을 얻는다.……제유(帝劉)의 구(九)가 대종(垈宗)에서 명(命)을 맞이한다.……적한(赤漢)이 부흥하고 9세에 창성하게 된다.……천지가 이를 도와 경(經)의 상(常)을 숭상한다. 한(漢)이 크게 흥하는 길은 9세(世)의 왕에 있다”라는 문장을 인용했다. 또 『하도합고편(河圖合古篇)』의 “제유(帝劉)의 수(秀)가 구명(九名)의 세(世)이다”, 『하도제유자(河圖提劉子)』[7]의 “9세(世)의 제(帝)가 방명성지(方明聖持)한다”, 『낙서견요도(洛書甄曜度)』의 “적3덕(赤三德)이 9세에서 창성한다”, 『효경구명결(孝經鉤命決)』의 “제3건(帝三建)이 9회(會)를 생각한다” 등등을 인용했다. 이로써 그의 이번 행사에 근거가 있음을 분명히 했다. 어째서 항상 ‘9’라고 말하는 것인가? 그것은 한 고조로부터 광무제까지가 바로 9세대이기 때문이다. 『하도』『낙서』가 만약 정말 공자의 저작이라면, 공자는 단문(端門)에서 수명(受命)할 때에 이미 유계(劉季)[劉邦]의 개국을 알고 있었을 뿐만 아니라, 중흥을 이룩한 유수(劉秀)까지도 알고 있었던 것이 된다. 광무제는 2월 22일 신묘(辛卯)의 이른 아침에 태산 기슭에서 하늘에 요제(燎祭)[불을 피우고 제사지냄]를 행하고, 남교(南郊)의 예에 따랐다. 25일 갑오(甲午)에는 양음(梁陰)에서 땅에 선

7) 『하도제유자』는 『태평어람(太平御覽)』 인용의 위서명(緯書名)이며, 『후한서』 제사지(祭祀志) 상에서는 『하도제유여(河圖提劉予)』로 되어 있다.

제(禪祭)를 지내어 고후(高后)를 배향하고, 북교(北郊)의 예에 따랐다. 이것은 말할 것도 없이 왕망의 제도를 답습한 것이다. 진시황 · 한무제의 봉선(封禪)에는 원래 천지음양의 구별이 없었는데, 이 이후 태산에서의 봉(封)은 천(天)을 제사하고 태산기슭에서의 선(禪)은 지(地)를 제사하였다. 이리하여 도읍 남북의 교(郊)와 똑같이 해서 왕망의 도식이 고정된 제도가 되었다. 4월, 광무제는 천하에 대사면을 실시하고, 건무(建武) 32년을 중원(中元)으로 개원했다. 이해 11월 중에 그는 천하에 도참을 선포했다. 도참은 원래 민중의 미신심리에 영합한 것이지만, 지금도 학령(學令)상의 필독서로 정해져 있으므로, 물론 민간에* 한층 깊이 보급되어 있다. 후한(後漢) 200년간, 이 장기간에 걸친 선전의 시세에 편승하여, 광무제시대의 참위 81편은 왕망의 부명(符命) 42편을 능가하기에 이른 것이다.

명제(明帝)는 극히 총명한 사람으로 부친의 사업을 잘 이어받았기 때문에, 『하도괄지상(河圖括地象)』에 "10대(代)에 예악(禮樂) 문아(文雅)가 출현한다"라는 예언이 생겼다. 그는 영평(永平) 3년[A.D. 60년]에 조서를 내렸다.

"『상서선기검(尙書璇璣鈐)』에 '제한(帝漢)이 나와 덕(德)이 흡족해지고 악(樂)을 만들어 여(予)라 이름짓는다' 라고 했다. 교묘악(郊廟樂)의 명칭을 대여악(大予樂)이라 고치고 악관(樂官)도 대여악관(大予樂官)이라 칭하여, 도참에 합치시키도록 하라."[8)]

『좌전(左傳)』이라는 책은, 그 팔구할은 진자료(眞資料)이며 일이할은 유흠(劉歆)이 개작 또는 증가시킨 것이다. 유흠은 왕망의 찬탈을 돕기 위해 신오덕종시설(新五德終始說)을 『좌전(左傳)』 속에 집

---

8) 대악(大樂)을 대여악으로 고친 기사는 『후한서』 권2 명제기(明帝紀)에 보이는데, 조서로 내려진 것은 같은 책 권35 조포전(曹褒傳)에 보인다.

어넣어, 한(漢)은 요(堯)의 후예이고 화덕(火德)에 속한다는 점을 명백히 하여,[당시 왕망이 舜의 후예이고 土德에 속함을 분명히 한 사람도 있었을 것이지만, 현재 그 내용을 볼 수 없는 것은 新왕조 멸망 후 이것이 삭제되어버렸기 때문일 것이다] 이를 선양(禪讓)의 암시로 삼았다. 후에 광무제가 중흥하여 자신이 화덕을 계승했다고 한 것은, 왕망 · 유흠과 뜻을 달리 했어도 역시 그들이 정한 역사체계를 이용한 것이다. 경서 속에서 한의 수명(受命)을 분명히 하기 위해서는, 당연히 『좌전』이 극히 중요한 책이었다. 광무제가 『좌전』에 박사관(博士官)을 세우려 한 것은 그 때문이다. 유흠에게는 제자가 두 사람 있었다. 한 사람은 정흥(鄭興)인데 그 자질이 대단히 뛰어나서, 유흠은 그에게 『좌전』의 조례(條例) · 장구(章句) · 훈고(訓詁)를 제작시켰다. 한 사람은 가휘(賈徽)인데, 스스로 『좌씨조례(左氏條例)』 21편을 지었다. 그들은 모두 유흠의 수제자라 할 수 있다. 정흥은 광무제 때 태중대부(太中大夫)에 임명되었으며,[9] 또한 「홍범(洪範)」의 재이(災異)를 즐겨 말했다. 그러나 왠지 시세에 따라 참위학(讖緯學)을 닦으려 하지는 않았다. 언젠가 광무제가 그에게 교사(郊祀)에 대해 물어보았다.

"나는 참위에 의해 이것을 결정하려 하는데, 너의 생각은 어떠한가?" 정흥은 대단히 정중하게 대답했다. "저는 참위를 배우지 않았습니다." 광무제는 크게 노하여, "네가 참(讖)을 배우지 않는 것은 그것에 반대하기 때문인가?"라고 말하자 정흥은 두려워서 "저는 아직 학문이 족하지 않습니다. 어찌 반대 따위를 하겠습니까?"

라고 근근이 대답하여, 광무제는 겨우 정흥을 용서했다. 결국 그는 참에 밝지 못했기 때문에 대관(大官)에 임명되지 못했다. 한편 가휘는

9) 이하 『후한서』 권36 정흥전.

본인은 출세하지 않았지만, 그의 아들 가규(賈逵)는 대단히 총명하여[10] 학문이 오경에 능통했으며, 그 중에서도 『좌전(左傳)』과 『국어(國語)』에 밝아 두 책의 『해고(解詁)』 51편을 지어 영평(永平)연간[明帝, A.D. 58~75년]에 헌상했다. 그는 시세에 어두운 인물이 아니어서, 황제에게 아뢰는 글 중에서 다음과 같이 말하고 있다.

"유씨(劉氏)가 요(堯)의 후예임을 명백히 할 수 있는 도참(圖讖)자료는, 오경 속에서는 찾을 수 없지만, 『좌전』에만 명문(明文)이 있습니다.[11] 또 오경에는 모두 전욱(顓頊)이 황제(黃帝)를 계승했다고 말하고 있는데, 만약 그렇다면 요(堯)는 화덕(火德)일 수 없게 되며 자연히 한(漢)도 화덕일 수 없게 됩니다. 지금 『좌전』[昭公17년]에는 황제와 전욱 사이에 소호(少皞)라는 1대가 있는데, 이것이 도참에서 말하는 제선(帝宣)[朱宣]에 해당합니다. 이렇게 배열하면 요(堯)는 분명히 화덕이 됩니다."[12]

명제는 그의 설을 대단히 좋다고 해서, 그가 지은 『해고(解詁)』의 사본을 비부(秘府)에 보관했다. 장제(章帝) 때에 가규는 이 설을 다시 한번 말했다. 장제도 『좌전』을 좋아하여, 자주 많은 고재생(高才生)을 뽑아 그에게 『좌전』을 배우게 했기 때문에, 『좌전』의 지위는 확립되었다. 우리가 오늘날 춘추시대의 사정을 어느 정도 알 수 있는 것은 물론 『좌전』의 공적이다. 그러나 근본을 더듬어 보면 역시 참위의 중계 덕택인 것이다.

시험 삼아 『후한서(後漢書)』의 열전(列傳)을 들춰 보거나 후한시대 인물의 묘비명(墓碑銘)을 읽으면, 대개 "널리 오경에 능통하고 아

10) 이하 『후한서』 권36 가규전.
11) 본서 Ⅱ-8장 p. 153 참조.
12) 본서 Ⅱ-9장 p. 162 참조.

울러 도참에 밝았다" 라고 한 문구가 있다. 그런데, 모두가 취해 있었던 중에서도 홀로 깨어 있던 사람이 있었다. 그는 후한시대 중기에 태사령(太史令)에 임명된 장형(張衡)이라는 인물이며, 그는 참위에 대해 분명히 반대를 표명했다. 그는 순제(順帝)에게 다음과 같이 상소했다.[13)]

"참서(讖書)가 언제부터 출현했는지 알고 있는 사람은 거의 없습니다. 한(漢)이 진(秦)을 계승할 때에는 무력으로 성공을 거두었습니다. 이것은 진정 대사건이라 할 수 있는데, 당시에는 누구도 참(讖)을 인용하는 사람이 없었습니다. 술수(術數)를 즐겨 말한 휴홍(眭弘) 같은 사람들조차 참서를 다루지는 않았습니다. 유향(劉向) 부자가 비부(秘府)에서 교서(校書)할 때에도 아직 참서를 그들의 목록에 편입시키지 않았습니다. 성제(成帝) · 애제(哀帝) 이후에 겨우 참위에 대한 것을 듣고서야 그것들의 제작연대도 알게 되었다는 것입니다. 시험 삼아 참(讖)과 경(經)을 비교하고 다시 참과 참을 비교해 보면, 거기에는 모순 · 충돌되는 점이 실제로 많이 있습니다. 더구나 참 속에는 전국(戰國)시대의 묵적(墨翟)에 대한 것과 한대(漢代)의 익주(益州)에 대한 것까지 서술되어 있으며, 도(圖)에는 성제(成帝)까지가 묘사되어 있습니다. 그것들을 어찌 공자가 지었다고 할 수 있겠습니까? 그것은 분명히 거짓된 무리가 승관(升官)발재(發財)를 위해서 허위로 꾸며낸 것입니다. 이전에 가규(賈逵)가 참서 속에서 서로 모순되는 30여조를 뽑아내어 참에 능통한 사람들에게 물었을 때, 한 사람도 그 이유를 설명하지 못했습니다. 왕망의 찬탈은 한대의 큰 화(禍)입니다만, 만약 그 참위 81편이 이미 존재하고 있었다면 왜 왕망은 미리 경계하지 않았겠습니까? 현재 『하도(河圖)』『낙서(洛書)』와 육경의 참위서는 모두 교정된 경전이 되어 있습니다. 그렇지만 그것에 의해 수재(水

13) 이하 『후한서』 권59 장형열전.

災)를 예언한 사람과 집을 버리고 산림에 들어가 도(道)를 구한 사람이 있어도, 모두 아무 효과도 얻지 못했는데 무엇을 믿을 수 있겠습니까? 화공(畵工)이 왜 개와 말을 그리기를 싫어하고 유귀(幽鬼) 같은 것을 그리고 싶어하는가 하면, 실물은 그리기 어려운데 허위(虛僞)는 생각대로 그릴 수 있기 때문입니다. 아무쪼록 도참은 금지하도록 하십시오."

순제는 도참이 국전(國典)이므로 조종(祖宗)의 성법(成法)을 버릴 수가 없어 장형의 말에 따르지 않았지만, 역시 그러한 논의는 크게 옳다고 생각하여 장형을 처소로 불러들여 무엇이든 자문을 구했다. 그러나 인간은 역시 시대의 영향을 받는 존재여서, 장형은 왕망이 남긴 참위를 타파할 수 있었지만, 왕망이 남긴 역사체계는 그도 역시 그 형태를 따랐다. 사마천(司馬遷)이 지은 「오제본기(五帝本紀)」에서 황제(黃帝)의 바로 다음은 전욱(顓頊)인데, 이것은 원래 전국시대 이래 통용되어 온 도식이었다. 그런데 장형은 그 중간에 소호(少皞)가 빠져 있다고 해서 개정할 것을 요청했다. 이 요구도 허가되지 않았는데, 그것은 아마 '오제'라는 단어에 제한되어, 육제로 고치면 모양이 좋지 않았기 때문일 것이다.

도참이라는 것은 수시로 증가 · 개변될 수 있었고 황제(皇帝)가 되려고 하는 사람에게 유리한 증거가 찾아질 수 있었기 때문에, 통치계급에게는 극히 거추장스럽게 생각되었다. 그래서 장형의 금지 주장은, 그때에는 실현되지 않았지만, 남북조(南北朝)시대에는 몇 번인가 실행되었다. 수(隋)양제(煬帝)가 즉위하면 이에 대해 과감하게 철저한 탄압을 가했다. 그는 사방에 사자(使者)를 파견하여 참위를 찾아내고 참위와 관계된 기타 서적까지도 모조리 소각하는 한편, 감히 은닉한 사람은 조사하여 사형에 처했다. 이리하여 겨우 금지에 성공했다. 현재, 『역위(易緯)』의 여덟 가지가 완전한 이외에 다른 참위류는 극히 단편적으로 다른 책 속에 남아 있을 뿐이며, 명(明) · 청(淸) 시대인의 힘겨운 집록(輯錄)으로 겨우 대체적인 윤곽을 찾을 수 있게 된 것이다.

4. 조비(曹丕)의 수선(受禪)

이상에서 서술한 많은 오행 · 참위의 고사(故事)는 현대의 의식과 너무나 괴리되어 있기 때문에, 여러분은 듣기에 지루했을 것이라고 생각한다. 그래서 이번에는 참위에 대한 하나의 희극을 얘기하여 대단원의 막을 내리려 한다.

후한 중기 이후, 환관(宦官)이 권력을 잡고서 뛰어난 인물들을 많이 죽였다. 동탁(董卓)은 환관을 죽이고 헌제(獻帝)를 옹립하고서, 장안(長安)으로 천도했다. 조조(曹操)는 군대를 일으켜 헌제의 신병을 확보하고, 도읍을 허(許)로 옮기고 스스로 대장군(大將軍)이 되어, 황제를 손아귀에 넣고 좌지우지했다. 그는 집정 24년간[A.D. 196~220년]에, 처음에는 위공(魏公)이 되어 구석(九錫)[천자가 공로 있는 자에게 하사하는 9가지 물품]을 하사받았지만, 뒤에는 스스로 위왕(魏王)에 올라 천자의 정기(旌旗)를 사용했으며, 출입시에는 벽제(辟除)를 하면서 다녔다. 이렇게 일보일보 승진하는 모습은 마치 왕망의 재생과 같았다. 그러나 그가 죽기까지 제위를 찬탈하지 않은 것은 황제가 되는 것을 원치 않았기 때문인지, 아니면 그의 수명(壽命)이 최후의 계획을 실현하도록 허락하지 않았기 때문인지 알 수 없다. 그렇더라도 선양(禪讓)의 준비는 모두 되어 있었던 것이다.

전하는 바로는,[1] 조조가 위공에 봉해졌을 때, 먼 지방의 사람들에

---

1) 이하 이합(李合) · 이운(李雲)에 대한 것은 『삼국지(三國志)』 위서(魏書) 문제기(文帝紀) 연강(延康) 원년 10월조의 배송지(裵松之) 주(注)에 인용된 『헌제전(獻帝傳)』에 근거한다.

게는 이 사실이 정확하게 전해지지 않아서 위왕(魏王)에 봉해졌다고 전해졌다. 참위 전문가인 이합(李合)이라는 사람이 말했다.

"이 사람이 '위공(魏公)' 임에 틀림없다. 왜냐하면, 일찍이 공자로부터 전해진 『춘추옥판참(春秋玉版讖)』에 '적(赤)[漢]을 대신하는 자는 위공(魏公)의 아들이다' 라고 쓰여 있기 때문이다."

또 이운(李雲)이라는 사람도 봉사(封事)를 아뢰어 다음과 같이 말했다.

"참서(讖書)에 '허(許) 창기(昌氣)가 당도고(當塗高)에 나타난다' 라고 한 것은 어떤 의미인지 말해보겠습니다. 도로(塗)에 면(當)하여 고대(高大)[高]한 것으로서는 궁문 밖의 두 관궐(觀闕) 이상의 것이 없습니다.[臺上에 樓觀(망루)이 있기 때문에 觀이라 하며, 양쪽의 관 사이에 門扉가 없기 때문에 闕이라 한다. 北平의 天安門은 원래 이것인데, 다만 門이 달려 있다.*] 관궐을 상위(象魏)라고 부르므로, 이것은 곧 위(魏)를 가리킵니다. 따라서 '한(漢)에 대신하는 것은 당도고(當塗高)이다' 라는 것은 위(魏)가 한(漢)을 계승한다는 것에 대한 예시입니다. 위의 국기(國基)가 허(許)에서 창성하게 되었기 때문에 '許昌' 이라고 한 것입니다."

이 얘기는 정말 기발하다. 그러나 광무제가 인용한 "한가(漢家)는 920년 만에 자손대에서 망한다. 이어받는 것은 승상(丞相)이며, 그의 이름은 당도고(當塗高)이다" 라고 한 것에서, 하반부는 예상이 맞고 있지만 아직 상반부가 있다. 유감스럽게도 광무제로부터 그때까지는 아직 200년도 안 되었고, 고조(高祖)의 수명(受命)으로부터 계산해도 겨우 400년을 넘었을 뿐이었다.

조비(曹丕)는 위왕(魏王)[조조]의 태자로, 건안(建安) 25년[A.D. 220년] 2월에 위왕의 자리를 계승했다. 그는 즉위하자마자 헌제(獻帝)의 연호인 건안(建安)을 연강(延康)으로 고쳤다. 3월에는 황룡(黃龍)이 나타나고 4월에는 백치(白雉)가 출현했으며, 8월에는 봉황(鳳凰)이 춤추며 내려왔다. 왕망시대의 각종 취향과 참위서 속의 여러 가지 제왕수명(帝王受命)에 대한 기록을 보아 온 우리는, 이 연극의 개막을 알리는 징이 울리기 시작했음을 알아차릴 수 있다. 과연 11월이 되자 헌제가 다음과 같이 조서를 내렸다.

"나는 불행히도 국가가 기울어지는 때에 마침 태어나서 조종(祖宗)의 영(靈)에 의해 위태롭게도 즉위했지만, 우러러 천문(天文)을 보고 머리 숙여 민심을 관찰하면, 염제(炎帝)의 운수가 다했음을 고하고 오덕의 운행이 조씨(曹氏)에게 옮겨 갔음을 알 수 있다. 이전의 위왕[조조]도 수많은 무공을 세웠지만, 지금의 위왕[曹丕]도 명덕(明德)이 찬란하여 이 시운(時運)에 부합하고 있으니, 하늘의 역수(曆數)의 소재는 명백하다. 옛 사람은 다음과 같이 적절히 말하고 있다. '대도(大道)가 행해지면, 천하가 공정하게 되며 현(賢)을 뽑아 직능을 준다.' [『禮記』 禮運편] 요(堯)는 자신의 아들[丹朱]에게 천하를 물려주지 않았기 때문에 만세(萬世)에 미명(美名)을 남겼다. 나는 요를 크게 앙모하는 사람이다. 지금 곧 제위를 위왕에게 양보하고 싶다." [2)]

당시, 위국(魏國)의 많은 관료들도 모두 도위(圖緯)를 인용해 상소하여, 위왕이 황제가 되는 것에 이의가 없다고 분명히 밝혔다. 그중에서도 태사령(太史令) 허지(許芝)가 말한 것이 가장 상세하고도 명확하다. 그는 다음과 같이 위왕에게 말했다.[3)]

---

2) 『삼국지』 위서, 주1)과 같은 조의 배송지 주가 인용한 원굉(袁宏) 『한기(漢紀)』에 실린 조서.

“『역전(易傳)』[『易緯』를 가리킴]에 ‘성인(聖人)이 수명(受命)하여 왕이 되면, 황룡(黃龍)이 무기(戊己)일에 나타난다’ 라고 되어 있습니다. 지금 황룡이 바로 무인(戊寅)일[7월 4일]에 출현한 것은 가장 명확한 수명의 부서(符瑞)입니다. 게다가 『춘추한함자(春秋漢含孶)』에는 ‘한(漢)은 위(魏)로써 하고, 위는 징(徵)으로써 한다’ 라고 했으며, 『춘추좌조기(春秋佐助期)』에는 ‘한은 허(許)의 창성함에 의해 천하를 잃는다’ 라고 되어 있습니다. 위(魏)라고도 하고 허(許)라고도 말하고 있으므로, 아무 의심할 바가 없습니다. 또 『효경중황참(孝經中黃讖)』의 ‘日이 東을 위에 싣고[䡇(曹)] 화광(火光)을 끊는다. 不이 一을 눕히니[丕], 성총명(聖聰明)이라. 四百의 밖에 역성(易姓)하여 천하에 왕이 된다’ 라고 한 것에는 우리 임금[曹丕]의 이름과 성, 그리고 수선(受禪)의 연대가 모두 적혀 있습니다. 『역운기참(易運期讖)』에 ‘言은 東에 있고 西에 午가 있다. 兩日이 빛을 나란히 하여, 日이 아래에 있다. 그 주(主)가 도리어 보(輔)가 된다. 五八은 40이다. 황기(黃氣)를 받아 진인(眞人)이 출현한다’ 라고 했습니다. 言과 午는 ‘許’ 자이고 兩日은 ‘昌’ 자이므로, 이것은 한이 허(許)에 의해 망하고 위가 허에 의해 창성하게 될 것을 말하고 있는 것입니다. 또 『역운기참(易運期讖)』에 ‘鬼가 산에 있고 禾女가 이어지면[魏] 천하에 왕이 된다’ 라고 한 것도 위가 천하를 얻게 된다는 증거입니다.

생각건대, 제왕은 오행의 정(精)이며 720년 만에 교체하는 것이지만, 덕이 있는 자는 햇수를 넘길 수도 있으며 덕이 없는 자는 이 햇수에 도달하지 못합니다. 한가(漢家)는 고조(高祖) 이래 현재까지 물론 426년에 지나지 않습니다만, 한의 수명(受命)은 도참(圖讖)에서는 이미 춘추시대 말의 ‘서수획린(西狩獲麟)’ 이래 명백하게 되었던 것이

3) 이하도 주1)과 같은 조의 배송지 주에 근거한다.

고, 획린으로부터 현재까지는 이미 700년을 넘고 있기 때문에, 교체할 시기가 온 것입니다. 천상(天上)의 태미궁(太微宮)[星群의 이름으로, 천자의 궁정 · 오제의 座 · 12제후의 府 등의 형상을 한다. 현재의 사자자리 서쪽 끝 부근의 10星임]을 관찰하면, 황제(黃帝)의 좌(座)는 항상 밝은데 적제(赤帝)의 좌가 항상 보이지 않는 것은, 적가(赤家)가 쇠퇴하고 황가(黃家)가 일어나고 있다는 점이 천상(天象) 속에도 나타나고 있는 것입니다. 또 형혹성(熒惑星)은 적제(赤帝)의 좌(佐)인데, 최근 10여 년간 색깔이 엷어져 밝음을 잃고 있습니다. 건안(建安) 10년에는 혜성(彗星)이 먼저 자미궁(紫微宮)[북두성 북쪽에 있는 성좌로서, 天帝가 거처하는 곳이라 함]을 스쳐 지나가고, 23년에는 다시 태미궁을 스쳐 지나갔습니다. 새로운 천자의 기운이 동남(東南)에 나타나고 있습니다. 우리 군(君)께서 위왕으로 즉위하자, 곧 황룡(黃龍), 봉황(鳳凰), 기린(麒麟), 백호(白虎) 등 무수히 많은 상서(祥瑞)가 나타났습니다. 옛날, 황제(黃帝)가 풍후(風后)로부터 수명하자 『하도(河圖)』를 받았고, 순(舜) · 우(禹)가 천하를 얻게 되자 봉황이 춤추고 낙수(洛水)에서 서(書)가 나왔습니다. 상(商) 탕왕(湯王)이 왕이 되자 백조(白鳥)의 부응(符應)이 있었으며, 주(周) 문왕(文王)이 서백(西伯)이 되자 적조(赤鳥)가 단서(丹書)를 물고 왔고, 한(漢) 고조(高祖)가 일어나자 백사(白蛇)의 징응(徵應)이 있었습니다. 이렇게 기이한 사건은 모두 성인을 위하여 출현한 것입니다. 한(漢)왕조의 전후에 걸친 대재난과 현재 위국(魏國)의 부서(符瑞)를 보고 또 도참 속의 기운(期運)을 생각해 보면, 옛부터 오늘에 이르기까지 천하를 얻은 자 중에서 위(魏)의 경우만큼 완벽하게 정당했던 경우는 없다고 할 수 있습니다. 옛날, 공자는 주공(周公)이 정치를 성왕(成王)에게 양보한 것에 대해 크게 반대했으며, 주공이 양보한 것은 그가 성인이 아니어서 억조(億兆)의 인민을 위해 고려하지 못했기 때문이라고 언급했습니다.[『尸子』의 설] 엎드려 바라건대, 우리 군

(君)께서는 요 · 순의 총명함을 본받아 이 700년의 교체를 승낙하도록 하십시오."

헌제(獻帝)가 거듭 양위의 조서를 내리고 신하들도 십수 차에 걸쳐 상소해 권했지만, 조비는 끝까지 사퇴를 거듭했다. 이[10월] 1개월 동안 월초부터 월말까지 왕복된 문서 중에는 정말 볼만한 것이 있다. 그러한 문서를 보는 한에서는 요 · 순시대보다 더 훌륭할 정도였다. 그 중에서 박사(博士) 소림(蘇林)과 동파(董巴)의 이름으로 제출된 상소에는 좀 새로운 생각이 보인다. 그들은 말했다.

"천공(天空)을 12차(次)로 나누어 분야(分野)라고 이름 지을 수 있으며, 왕과 공(公)의 국(國)은 각각 어느 분야에 속하고 있습니다. 주(周)의 분야는 순화(鶉火)[남방에 있는 星宿]의 차(次)에 해당하며, 위(魏)의 분야는 대량(大梁)[서방의 성수]의 차에 해당합니다. 세성(歲星)[목성]은 매년 1차(次)씩 돌아 12년마다 천공(天空)을 일주하는데, 천자의 수명(受命)과 제후의 봉건(封建)은 모두 이 차서(次序)에 응하여 행하는 것입니다. 그래서 주(周) 문왕(文王)이 최초로 수명할 때에, 세성(歲星)은 순화(鶉火)에 있었습니다. 무왕(武王)이 주(紂)를 정벌한 것은 수명한 후 13년째 되는 해였으며, 이때 세성은 또 순화에 있었습니다. 후한(後漢) 영제(靈帝) 중평(中平) 원년[A.D. 184년]에 무왕(武王)[曹操]이 황건(黃巾)을 친 것은 위(魏)의 최초의 수명이었으며, 그 해에 세성은 대량(大梁)에 있었습니다. 건안(建安) 원년[A.D. 196년]에 또 세성이 대량에 있게 되자 조조가 대장군(大將軍)에 임명되었으며, 건안 13년[A.D. 208년]에 또 대량에 있게 되자 승상(丞相)에 임명되었습니다. 지금[A.D. 220년] 세성이 또 대량에 이르렀으니, 우리 군(君)께서는 수명하여 천하에 왕이 되어야만 합니다. 게다가 금년은 경자(庚子)년인데, 『시위추탁재(詩緯推度災)』에는

'庚은 更이다. 子는 滋이다. 성명(聖命)이 천하를 다스린다' 라고 했고, 또 '왕자(王者)는 덕을 자(子)의 해에 펴고 치(治)는 축(丑)의 해에 이룬다' 라고 했습니다. 그것은 금년에 새로운 성인이 대신하여 천하를 다스리게 된다는 점을 명백히 하고 있는 것입니다. 또 위(魏)의 씨족은 전욱(顓頊)에서 나왔으니, 선조가 순(舜)과 같습니다. 순은 토덕(土德)으로 요(堯)의 화덕(火德)을 계승했습니다만, 현재 위가 역시 토덕으로 한(漢)의 화덕을 계승하면, 제왕(帝王)의 계승순서에 딱 합치합니다. 천명(天命)은 이렇게 자상한 것이어서, 사람이 아무리 힘을 써도 천명의 명백함에는 미칠 수 없습니다. 만약 우리 군(君)께서 완고하게 사퇴를 고집한다면, 그거야말로 위로는 천명에 거역하고 아래로는 백성의 희망에 거스르는 것입니다."

헌제는 세 번째로 양위조서를 내려, 조비에게 극력 애원하여 다음과 같이 말했다.

"한 왕조는 이미 20대를 넘고 400년을 넘어섰으며, 운수(運數)는 이미 끝났고 천심(天心)이 옮겨가고 민망(民望)도 끊어졌습니다. 지금 천명의 방향은 정해졌으며, 신(神)도 사람도 같이 응하고 있습니다. 하늘에 거스르는 것은 불순하며, 민중에게 거역하는 것은 상서롭지 못합니다. 위왕(魏王)이시여! 당신은 역시 유우씨(有虞氏)[舜]의 성덕(盛德)과 같이 이 역수(曆數)의 변화를 받아들여 주십시오. 옛날 요(堯)가 순에게 양위했을 때 순이 요의 명에 거역했다고는 들어보지 못했습니다. 순이 우(禹)에게 양위했을 때에도 우가 순의 위(位)를 사양했다고는 들어보지 못했습니다. 당신도 역시 천심(天心)을 받들어, 내 명령을 다시 거역하지 말고 황제로 즉위해 주십시오."

그러나 조비는 다시금 말했다.

"이 조명(詔命)을 받고 송구스러워 떨 뿐입니다."

최후로 위(魏)의 재상(宰相) 화흠(華歆) 등이 가장 간절한 상서(上書)를 조비에게 올렸다.

"우리는 우리 군(君)께서 몇 번이나 사퇴하셨다는 것을 듣고서 진정 대단히 슬펐습니다. 『역(易)』에 '성인은 천시(天時)를 받든다' 고 했고, 『논어(論語)』에 '군자(君子)는 천명(天命)을 두려워한다' 고 했습니다. 요(堯)는 천명이 자기를 떠났음을 알았기 때문에 순(舜)에게 선양(禪讓)하지 않을 수 없었습니다. 순은 역수(曆數)가 자신에게 있음을 알았기 때문에 선양을 받지 않을 수 없었습니다. 요가 선양하지 않을 수 없었던 것은 '천시(天時)를 받든 것' 이며, 순이 받아들이지 않을 수 없었던 것은 '천명을 두려워한 것' 입니다. 한 왕조는 이미 이렇게도 쇠퇴해 있는데도 요(堯)가 했던 방식을 배울 줄 모르고 있습니다. 그런데 우리 군(君)께서는 그저 겸양의 소절(小節)에 구애되어, 순(舜)에게 배울 줄 모릅니다. 만약 죽은 자에게 영(靈)이 있다면, 순은 분명히 창오(蒼梧)[湖南省 寧遠縣의 산이름으로, 순이 죽은 곳]의 무덤 속에서 심히 꾸짖고 있을 것입니다. 순뿐만 아니라 하(夏) 우왕(禹王)과 주(周) 무왕(武王)도 분명히 그들의 무덤 속에서 우울해 하고 있을 것입니다. 지금 우리는 군(君)의 생각 여하에 관계없이 결정하겠습니다. 조속히 단장(壇場)을 만들고 예의(禮儀)를 갖추고 길일(吉日)을 택해서 우리 군(君)께서 호천상제(昊天上帝)에게 고하여, 이 반드시 받아야 할 천명(天命)을 받도록 하십시오."

이리하여 조비가 말했다.

"옛날, 대순(大舜)은 전야(田野)에 있으면서 거친 음식을 먹었고, 그대로 일생을 마치려고 하는 것 같았다. 그것은 내 오랜 의지이다. 그가 요(堯)의 선양을 받고서 호사스런 의복을 입게 되었는데, 전부터 계속 입어왔던 것 같이 보였다. 이것은 그의 천명에 대한 순응이다. 천명은 거역할 수 없고 백성들의 희망에는 거스를 수 없는 이상, 나도 사퇴할 도리가 없으니 순에게 배우려 한다."

다음날[4] 조비는 단(壇)에 올라 황제(皇帝)의 새수(璽綬)[옥새와 인끈]를 받았다. 공경(公卿) · 열후(列侯) · 제장(諸將) · 흉노(匈奴)의 선우(單于) · 사방오랑캐인 등 참여한 사람이 수만 명이었다. 예가 끝나자 천지 · 오악(五嶽) · 사독(四瀆)[중국의 4대강인 揚子江 · 黃河 · 淮水 · 濟水]에 요제(燎祭)를 지내고 황초(黃初)라고 개원(改元)하여, 토덕(土德)으로 운(運)이 옮겼음을 보였다. 돌아오는 길에 그는 가만히 말했다. "이제 나는 순과 우의 때에 대한 것도 알겠다."[5]

진시황과 한 고조의 수명은 무(武)에 의한 것이었고, 광무제의 수명은 문무(文武)를 겸한 것이었으며, 왕망과 조비의 수명은 순수하게 문(文)에 의한 것이었다. 그러나 조비와 왕망을 비교하면 얼마간의 차이가 있다. 왕망시대의 취향은 하나하나를 당장에 만들어내는 식이어서, 몇백 종의 상서(祥瑞)와 도서(圖書)가 모두 그의 시대에 속속 출현하여 그의 천명을 분명히 했다. 이따금 몇 가지 오래된 것도 섞여 있기는 했다. 예를 들면, 춘추(春秋)시대의 "사록(沙鹿)이 무너졌다"

---

4) 주1)의 배송지 주가 인용한 『헌제전』에 의하면 10월 기사(己巳)[27일]에 화흠(華歆) 등의 상소가 있었고, 다음날 경오(庚午)[28일]에 위왕에게 책조(册詔)가 내려졌으며, 신미(辛未)[29일]에 위왕이 '등단수선(登壇受禪)' 했다고 했기 때문에, 다음다음날이 된다. 다만 위서 본문에는 "庚午, 王升壇卽阼"라고 했기 때문에 다음날이 된다.

5) 주1)의 배송지 주가 인용한 『위씨춘추(魏氏春秋)』에 "帝升壇禮畢, 顧謂羣臣曰, 舜禹之事, 吾知之矣"라고 했다.

[『春秋』 僖公 14년]라고 한 것은 성녀(聖女)의 출현의 부서(符瑞)라든가, 문제(文帝)시대의 황룡(黃龍) 출현은 토덕(土德)의 왕망이 화덕(火德)의 한(漢)에 대신하는 징조라고 했다. 그러나 이것은 옛 것에 새로운 해석을 가한 것에 지나지 않는다. 조비는 그것과는 달랐다. 그의 천명에는 물론 일부 황룡과 봉황과 같은 것이 들어갈 자리도 있었다. 그러나 대부분은 천년 전부터 문왕(文王)과 공자(孔子)를 통해 전해진 도참(圖讖)에서 나왔으며, 또한 조비의 이름과 성 · 땅 · 연대 등이 모두 미리 확실하게 기록되어 있었다. 그렇다면 공자는 적한(赤漢)만을 위해 법(法)을 정한* 것이 아니고, 황위(黃魏)도 그 대상에 포함하고 있었던 것이 된다. 만약 장형(張衡)이 아직 살아 있었다면, 분명히 이렇게 말했을 것이다. "한 왕조의 천하를 끝나게 하는 것이 81편의 참위 속에서 이렇게도 명백하다고 한다면, 어째서 조비가 미리 그것을 경계하지 않은 것인가?" 또 왕망의 천하는 한(漢) 고조(高祖)가 은연중에 그에게 전해준 것인데 비해, 조비의 천하는 헌제가 공공연히 선양한 것이었다. 왕망은 자신을 토덕(土德)으로 삼았기 때문에 한을 화덕(火德)으로 고쳐서 배열했지만, 조비는 한이 화덕이라는 이유로 자신을 토덕으로 정했다. 두 사람의 덕운(德運)은 같지만[토덕], 왕망은 주동적이고 조비는 수동적이라는 점에서 좀 다르다.

위(魏) 문제(文帝)[조비]는 단명하여, 정삭(正朔)을 고치고 복색(服色)을 바꾸기까지 이르기 전에 죽었다. 그의 아들 명제(明帝)[曹叡] 경초(景初) 원년[A.D. 237년][6]에 산임현(山茌縣)에 황룡(黃龍)이 출현하자, 관리들이 위는 백통(白統)을 얻었으므로 건축(建丑)월[12월]을 정월로 할 것을 청하여, 삼통설(三統說)에 근거하여 역법(曆法)을 개정했다. 또 복색은 황색을 존중하고 희생동물은 백색을 사용한 것도 모두 왕망의 제도와 같았다.

이상의 많은 수명(受命)[皇帝의 종교] 고사(故事)를 읽고, 우리에

---

6) 『삼국지(三國志)』 위서(魏書) 명제기.

게 분명하게 된 것은 소위 오덕과 삼통(三統), 도참, 위후(緯候)는 모두 시대에 응하여 출현했다는 점이다. 그들은 자기들이 유서 깊은 존재라고 말하고 있지만, 사실 그것은 모두 그 시대의 유행상품이었으며, 마치 만두를 시루에다 따끈따끈하게 쪄서 판매하는 것 같은 것이었다. 여기서 나는 그것들의 진상을 파헤쳤는데, 여러분들 중에는 이런 것은 실로 하찮은 것이라 크게 의논할 가치도 없다고 생각하는 사람이 있을지도 모른다. 그러나 잊어서는 안 될 것은, 진정으로 유서 깊은 것[역사]에도 모두 그러한 시대마다의 유행상품이 섞여 있으며, 어떤 고서를 읽어 보아도 또 어떤 고사(古史)를 접해 보아도 반드시 그런 색채가 포함되어 있고, 심한 경우에는 내부에서 거의 화합작용을 일으키고 있다는 점이다. 우리가 이 한대 학술의 핵심을 포착하여 그들의 사상적 · 이론적 배경을 확실히 알아낸다면, 이 수식 · 위조된 자료에 대해 그런 부분을 제거하고 분류하는 작업이 가능하게 될 것이며, 이 작업을 끝내고서야 진실되게 고대사회를 인식할 수 있을 것이다.* 만약 여러분이 이렇게 하찮은 것을 바라보는 것은 치사스럽다고 말한다면, 나는 이렇게 단언하고 싶다. 여러분은 언제까지고 그들이 쳐놓은 망(網) 속에서 헤어나올 수 없을 것이라고 말이다.

《해 설》

《해 설》

小倉芳彦

구지에강(顧頡剛)[Gu Jie-gang]씨가 자라난 내력과 그 학문적 편력에 대해서는 뒤에서 언급할 『고사변자서(古史辨自序)』에 자세히 언급되어 있는데, 그것은 『자서』가 쓰여진 1926년에서 끝나고 있다. 또한 본서의 1955년판에도 상당한 분량의 서(序)가 있어서, 본서가 1935년에 漢代學術史略으로 출판되기까지의 사정과 해방 후 『秦漢的方士與儒生(진한의 방사와 유생)』으로 제목이 바뀌어 재간행되기까지의 경위가 언급되어 있기는 하지만, 그것들은 최소한의 필요한 것에만 그치고 있다. 그래서 여기서는 고씨의 약력을 대략 정리하기로 한다.

구지에강씨는 1893년 강소성(江蘇省) 소주(蘇州)의 명문가에서 태어났다. 1913년 북경대학(北京大學) 예과(豫科)에 입학했다. 대학 밖에서는 경극(京劇)에 몰두하는 동시에 고문파(古文派) 장병린(章炳麟)의 국학회(國學會)를 잠깐 청강했는데 1개월 만에 폐강되었으며, 이어서 금문파(今文派) 강유위(康有爲)의 『신학위경고(新學僞經考)』를 읽고 감명을 받았지만 곧 그 '통경치용(通經致用)' 주의에 혐오감을 느꼈다. 1915년에는 병 때문에 일단 귀향했다가 1916년에 문과(文科) 철학문(哲學門)에 진학했는데, 마침 미국에서 돌아온 호적(胡適)이 중국철학사를 강의하기 시작하자, 고씨는 곧 그 신예(新銳)의 학풍에 감복했다.

1920년에 북경대학을 졸업하고 그 대학의 도서관에 근무하여 목록편찬에 종사하고 있었는데, 11월의 어느 날 호적으로부터 "요제항(姚際恒)의 『구경통론(九經通論)』에는 어떤 판(版)이 있는가?" 라는 한 통의 질문장을 받았다. 11월 23일에 이에 대한 답장을 보내자, 다음 날 호적은 인사와 함께 요제항의 『고금위서고(古今僞書考)』에 대한 점독(点讀)을 의뢰해왔다. 고씨는 그날로 승낙했다. 여기에서 2년 연상인 호적과 고씨 사이에 사제(師弟)관계로서의 학문적 교류가 시작되었다. 1926년에 편간(編刊)된 『고사변(古史辨)』 제1책 상편은 두 사람 사이에 왕복된 서신을 날짜별로 번호를 매겨 그대로 수록한 것이며, 당시 고씨에게 호적이 최초로 했던 의뢰가 얼마나 큰 의미를 가졌는지를 말하고 있다. 이리하여 이 사제(師弟)는 『변위총간(辯僞叢刊)』의 편집을 계획하는 동시에, 고씨는 전설 속에 묻힌 인습적인 중국고사(古史)의 타도에 뜻을 가지기 시작했다.

1921년에는 북경대학연구소 국학문(國學門)이 설립되자 고씨는 그 겸임조교가 되었다. 그런데 다음해에는 할머니의 병 때문에 귀향했다가, 1923년 겨울에 연구소로 복귀했다. 이때부터 1925년까지가 북경대학에서의 고씨의 가장 안정된 연구시대였다. 이 시기에 『노력주보(努力週報)』의 증간(增刊)인 『독서잡지(讀書雜誌)』 제9기(期)에 전현동(錢玄同)과 고사(古史)를 논한 서신을 실은 것을 시작으로, 연구소 내의 가요연구회(歌謠研究會)에 참여하여 『가요주간(歌謠週刊)』에 맹강녀고사(孟姜女故事)를 수록하기도 하고, 예전부터 모은 고향 소주(蘇州)의 민요집 『오가갑집(吳歌甲集)』을 편집하기도 하여, 민중전승(傳承)에 대한 접근도 계속하고 있었다. 그러나 이러한 가요연구는 어디까지나 고사(古史)의 연구, 특히 『시경(詩經)』 연구를 위한 보조수단이라고 고씨는 생각하고 있었다.

이때 『독서잡지』에 실린 전현동(錢玄同) · 유섬려(劉掞藜) · 구지에강 등에 의한 고사(古史) 토론내용을 동인(同人)인 박사(樸社)에서 편집출판할 계획도 있었는데, 결말이 나지 않은 사이에 1925년 6월에 상해(上海)의 양계(梁溪)도서관이 조취인(曹聚仁)의 편집으로 『고사토론집(古史討論集)』이라 이름하여 그들의 문장을 무단으로 출판해 버렸다. 이 책은 오자도 많고 인쇄도 좋지 않았으며, 이에 자극된 고씨는 본격적으로 토론집의 편집에 착수했다. 이렇게 해서 탄생한 것이 『고사변(古史辯)』 제1책인데, 상편은 호적 · 전현동 등과 교환한 서간 가운데 미발표된 것이 실리고, 중편은 『독서잡지』에 게재한 문장이 실리고, 하편은 대체로 『독서잡지』 정간 이후의 서간 · 논문으로 구성되었다. 그리고 제2책 · 제3책의 편집계획과 논문도 정리되었다.

이리하여 1925년 가을에는 인쇄에 들어갔는데, 이때 북경을 중심으로 북방군벌 사이의 충돌이 일어나, 경제 · 문화활동이 정체되고 대학의 봉급도 제대로 지급되지 않는 사태에 이르렀다. 이러한 환경 속에서 1926년 1월 12일부터 4월 20일에 걸쳐 집필된 것이 103페이지에 이르는 장문의 『고사변(古史辯)』 제1책 「자서(自序)」였다. 이 「자서」는 재빨리 1931년에 A. W. Hummel에 의해 『어느 중국인 역사가의 자전(自傳)』(The Autobiography of a Chinese Historian)이라 이름하여 영역(英譯)되었으며, 다시 1940년에는 平岡武夫씨에 의하여 『고사변자서(古史辨自序)』라고 이름하여 일본어로 번역되었다.[이것들은 「자서」를 고씨의 자전(自傳)으로 취급했기 때문에, 간행의 경위를 설명한 서두 부분의 1 · 2페이지를 생략하고 있다.] 이 「자서」는 중국의 고사연구라는 전문영역에 한정되지 않고, 널리 학문의 전환기, 민족의 위기시대에 살아간 성실한 연구자의 행보를 솔직하게 표현한 문장으로서, 많은 독자들에게 감명을 주었다.

연구생활의 불안정 때문에 고씨는 1926년에는 북경을 떠나 복건성(福建省)의 하문(厦門)대학으로 옮겼다. 『양지서(兩地書)』에 의하면, 임어당(林語堂)의 초청으로 똑같이 하문대학으로 옮겼던 노신(魯迅)은 고씨라고 생각되는 학자[호적의 제자인 민속학자로서 주산근(朱山根)이라는 이름으로 되어 있다]가 동료라는 것에 신경을 날카롭게 세우고 있었던 것 같다. 다음해 1927년에는 또 노신의 뒤를 좇듯이 광주(廣州)의 국립중산(中山)대학으로 옮겨, 이 대학 언어역사연구소의 민속학회에 참여하여 활동했다. 「민속학회총서(民俗學會叢書)」의 하나로서 『맹강녀고사연구(孟姜女故事硏究)』 3책을 편간(編刊)한 것은 1928년의 일이다.

또한 1927년 5월 3일에는, 북벌(北伐)중인 국민혁명군(國民革命軍)이 압박해 오는 북경의 분위기 아래에서 일대의 석학인 왕국유(王國維)가 곤명지(昆明池)에 몸을 던져 죽었다. 이전에 고씨가 북경대학연구소의 조교가 된 1921년에 왕국유도 이 연구소의 통신도사(通信導師)가 되었는데, 당시 왕국유는 상해(上海)에 있었기 때문에 두 사람은 만난 적이 없다. 그러나 고씨는 왕국유의 자살소식을 듣고 「도왕정안선생(悼王靜安先生)」[정안은 왕국유의 호]이라는 글을 지어, 그의 죽음을 애도함과 함께 그의 사대부(士大夫)적인 한계를 지적했다. 이것은 당시 고씨의 민중 내지 민속에 관한 관심을 왕국유에게 투영한 것이라 말할 수 있다.

1929년에 북경으로 돌아가 연경(燕京)대학 역사계(歷史系)의 교원이 되고서부터 몇년은 고씨에게 비교적 안정된 연구시대였다. 본서의 서(序)에도 있는 바와 같이, 이 시기에 「五德終始說下的政治和歷史」라는 제목의 장편의 논문을 발표하고, 본서의 기초가 된 진한사(秦漢史)의 강의를 함과 동시에 『고사변(古史辯)』 제2책 · 제3책을 계속해서 편간(編刊)했다. 그러나 1931년의 '9 · 18'을 시작으로 하는 일본의 중국침략 움직임은 구지에강씨의 마음속에 민족 존망의 위기감을 불러일으키는 동시에, 이를 구할 존재로서의 민중의 정치적 자각에 대한 필요성을 통감하게 했던 것 같다. 1934년 3월에 발간된 반월간(半月刊) 지리학잡지 『우공(禹貢)』은 고씨와 담기양(譚其驤)이 주편집자였는데, 그 발간사에는 일본에 의한 '동북(東北)' 함락에 대한 울분이 표현되어 있다. 또 1936년 11월부터 다음해 5월에 걸쳐서는, 일종의 시국종합잡지인 『대중지식(大衆知識)』의 주편집자가 되어 반월간으로 모두 12책을 간행했다. 여기에는 매호 「신앙(信仰)」「희생(犧牲)」「명운(命運)」「창조(創造)」「견인(堅忍)」「호조(互助)」「관용

(寬容)」 등의 제목으로 고씨 스스로 소논설을 연재하여, 도의의 앙양을 부르짖음과 함께 통속적인 논조의 「역사강좌(歷史講座)」도 집필했다. 이 『대중지식』에 연재된 고씨의 문장을 모은 『구지에강통속논저집(顧頡剛通俗論著集)』이 있다고 하는데, 찾아볼 수 없다.

이것들과 거의 같은 시기인 1935년에 출판된 것이 본서의 구판(舊版)인 『漢代學術史略』인데, 그 문체는 앞에서 언급한 통속적인 논조의 글에 가깝고, 주(註)는 전혀 없다. 그러나 이 평이한 서술의 기반에는 이전의 「五德終始說下的政治和歷史」라는 논문이 있고, 또 비슷한 때에 발표된 「戰國秦漢間人的造僞與辨僞」[『燕京大學史學年報』 제2권 제2期, 1935년 9월]와도 내용면에서 관련되고 있다. 『秦漢的方士與儒生』으로 제목을 바꾼 1955년판의 표지 속에 있는 「내용제요(內容提要)」에 "본서는 깊게 들어가면서 쉽게 서술하는 서법으로 진한(秦漢)시대의 학술상황을 간명하게 소개한 것이며, ……글 속에 인용된 고서는 모두 구어체(口語體)로 쓰였고, 하나의 문제마다 그 연원으로 거슬러 올라가고 있다. 고사(古史) 연구자의 참고가 되는 동시에 중고(中高) 정도의 독자의 요구에도 적합하다" 라고 말한 것은 우리나라의 경우에도 타당할 것이다.

이상과 같이 고씨는 항일구국의 입장을 취했기 때문에, 1937년 7월 7일 노구교(蘆溝橋)사건에서 시작된 일중(日中) 간의 군사충돌과 함께 그 신변이 위험하게 되었으며, 『우공(禹貢)』은 정간(停刊)되고 고씨 자신은 7월 21일에 북경을 탈출하여 수원(綏遠)의 부작의(傅作義) 장군의 근거지로 갔다. 7월 말에 태원(太原)을 거쳐 고향인 소주(蘇州)로 돌아왔는데, 곧 의화단(義和團) 배상교육기금에 의한 감숙(甘肅) · 청해(靑海) · 영하(寧夏)의 방문초대를 받아들여, 회교도(回敎徒) 교육문제의 조사 · 개혁을 위해 서북(西北)으로 출발했다. 거기서는 임조(臨洮) 부근에서 진(秦) 장성(長城)의 유적을 시찰하는 등의 수확도 거두었지만, 『노백성(老百姓)』을 발행하여 민중의 계몽에 힘쓰기도 했기 때문에 지방당국의 압박을 받아, 1938년에 운남(雲南)대학의 초빙에 응하여 곤명(昆明)으로 갔다.[이 고씨의 서북행에 대해서는 『西北考察日記』에 상술되어 있을 테지만, 현재 입수하지 못했기 때문에, 이 책을 이용한 L. A. Schneider의 『Ku Chieh-kang and New History』(1971)의 관계 부분에 의거했다.]

곤명(昆明)은 당시 일본군의 공습도 받았기 때문에, 그는 성외(城外) 20리인 낭구촌(浪口村)에 집을 짓고 부족한 역사서적에서 발췌하는 작업으로 나날을 보냈다. 다음해에는 성도(成都)의 제로(齊魯)대학으로 옮겨 그 국학연구소(國學研究所)에서 전목(錢穆), 엄경망(嚴耕望) 등과 함께 계간지 및 반월간(半月刊) 『책선(責善)』을 발행하여, 항일전쟁 하의 사천(四川)에서 학술활동의 불을 당겼다. 『책선』은 1940년부터 2년간 간행되었는데 고씨는 그 태반의 호에 「낭구촌수필(浪口村隨筆)」이라는 제목으로 단편(短篇)의 고증을 많은 경우 10편이나 게재하고 있다. 낭구촌은 일찍이 곤명(昆明) 교외의 땅에 인접했던 곳이다. 「낭구촌수필」은 항일전쟁 후 상해(上海)에서 고씨 자신이 등사판으로 인쇄하여 100부를 지우(知友)들에게 배포했다고 한다. 그 후 상해인민출판사(上海人民出版社)가 활자 인쇄를 청하여 보충 · 정정을 했는데, 결국 북경의 중화서국(中華書局)에서 1963년에 『사림잡지(史林雜誌) · 초편(初編)』으로 간행되었다.

고씨는 또 1941년부터 45년에 걸쳐 중경(重慶)에서 『문사잡지(文史雜誌)』라는 학술문예잡지를 주편(主編)했으며, 자신도 중국고대사의 개설을 처음 연재했다. 이 잡지는 해방 후 상해를 거쳐 소주(蘇州)로 출판소를 옮겨 복간되었으며[1948년], 고씨는 「보수원잡기(寶樹園雜記)」라는 제목으로 단편의 고증문(考證文) 십몇 편을 게재했는데, 곧 정간되었다.

항일전쟁의 승리 후 상해(上海)로 온 고씨는 1949년에 중화인민공

화국(中華人民共和國)이 성립되자, 1951년에는 호적(胡適) 비판의 풍조 속에서 이전의 스승인 호적(胡適)과 결별을 선언했다. 이를 전후하여 북경(北京)으로 옮겼는데, 이윽고 군련출판사(羣聯出版社)로부터 『漢代學術史略』 재판의 의뢰를 받고, 약간 표현을 수정하고 서(序)를 덧붙여 『秦漢的方士與儒生』으로 제목을 바꾸어 출판했다.[1955년 3월] 같은 해에 『고적고변총간(古籍考辨叢刊)』 제1집(集)을 간행하고, 또 1963년에는 이전에 손댔던 『사림잡지(史林雜誌)』를 간행했다.[1977년 11월 제2차 인쇄] 그 후 중화서국(中華書局)판 『二十四史』의 교정작업을 총괄책임하는 지위에 있었는데, 소위 4인방 추방 후 1978년 2월에 개최된 중국사회과학원(中國社會科學院) 좌담회에서 역사연구소(歷史硏究所) 소속이었던 구지에강씨도 하내(夏鼐) · 후외려(侯外廬) 등과 나란히 서면(書面)으로 발언했다. 또 2월에 『秦漢的方士與儒生』의 중판(重版)이 상해고적출판사(上海古籍出版社)에서 간행되었다. 이 판(版) 전언(前言)에 의하면 자매편 간행의 계획도 있는 것 같다. 금년 85세인 고씨의 건재를 기뻐하고 싶다.

◈ 구지에강과 관계된 일본어문헌목록

⑴ 森鹿三, 禹貢派の人人, 東洋史硏究 1-2, 1935年

⑵ 武田泰淳, 疑古派か? 社會史派か?, 中國文學月報19, 1936年

⑶ 日比野丈夫, 禹貢三週年記念號 第七卷 1·2·3合期, 東洋史硏究 2-5, 1937年

⑷ 貝塚茂樹, 顧頡剛氏の經歷と學術, 現代支那名家著作目錄(五) 顧頡剛, 東洋史硏究 2-6, 1937年

⑸ 平岡武夫譯, 『古史辨自序』[『古史辯』第一冊 自序], 倉元社, 1940年

⑹ 武田泰淳譯, 綏遠の王同春[「王同春開發河套記」『禹貢』2-12],

中國文學64, 1940年

(7) 貝塚茂樹, [書評]平岡武夫譯,『古史辨自序』, 東洋史研究 5-5, 1940年

(8) 竹內好, 顧頡剛と回教徒問題, 回教圈5-3, 1941年

(9) 野原四郎, 一人の近代支那史家, 歷史學硏究 105, 1942年[野原著『アヅアの歷史と思想』, 弘文堂, 1966年에 수록]

(10) 中尾雄一譯,『支那疆域史』[史念海共著『中國疆域沿革史』], 人文閣, 1943年

(11) 增淵龍夫, 現代中國史學界における古史硏究の問題傾向, 一橋論叢 17-3·4合, 1947年

(12) 無署名譯, 顧頡剛の戰時工作[「我的事業苦悶」『觀察』週刊3-24] 中國硏究所所報 15, 1947年

(13) 中國硏究所編譯, 私から見た胡適[『香港大公報』, 1951年 12月 22日],『人問革命-中國知識人思想改造-』, 中國資料社, 1952年

(14) 石母田正, 中國の歷史家について-竹內氏に-, 石母田正著『續·歷史と民族の發見』, 東大出版會, 1953年

(15) 平岡武夫譯,『或る歷史家の生い立ち-古史辨自序』, 岩波書店, 1953年

(16) 直江廣治, 中國民俗學の歷史, 直江著『中國の民俗學』, 岩崎美術社, 1967年

(17) 小倉芳彥, 顧頡剛と日本, 理想464, 1972年[小倉著『吾レ龍門二在リ矣』, 龍溪書舍, 1974年에 수록]

(18) 藤本幸三, 通俗讀物編刊社とその文藝運動, 北海島大學文學部人文科學論集 14, 1977年

본서를 번역하게 된 직접적인 동기는 대수관서점(大修館書店) 편집부의 前田八郎씨의 권유였다. 前田씨는 『秦漢的方士與儒生』 한 권을 가지고 와서, 번역할 가치가 있는지 없는지를 나에게 물었다. 마침 나는 학생 때에 구판(舊版)의 『漢代學術史略』을 손에 넣은 이래 진한(秦漢)시대의 사상사에 관한 적당한 개설서로서 가까이 하고 있었기 때문에, 즉석에서 번역해도 좋은 책으로 생각한다고 대답했다.

구지에강씨의 저서에 대한 일본어번역은 전전(戰前)에 두 종류가 있었다. 하나는 平岡武夫씨가 번역한 『고사변자서(古史辨自序)』[전게한 문헌목록(5)]인데, 이것은 엄밀히 말하면 『고사변』 제1책에서 「자서(自序)」만을 발췌한 것이어서 고씨의 저서라고는 말할 수 없지만, 고씨의 학문적 자서전으로서 완결된 작품성을 가져서 다방면의 사람들에게 애독된 책이다. 또 하나는 고씨와 사념해(史念海)의 공저인 『중국강역연혁사(中國疆域沿革史)』[「中國文化叢書」 1책]인데, 원간(原刊)은 1938년이다. 일본어 제목은 『지나강역사(支那疆域史)』로서, 中尾雄一씨가 번역하여 『지나문화총서(支那文化叢書)』 1책으로 출판되었다.[문헌목록 (10)] 이 책은 중국 역대의 지방제도와 인구의 변천을 25절로 나누어 서술한 것이며, 어느 정도 당시의 독서계에 받아들여졌는지 알 수 없다.

이에 비하면 고씨의 『漢代學術史略』내지 『秦漢的方士與儒生』은 연경(燕京)대학에서 강의의 저고(底稿)이기도 했기 때문인지, 내용은 깊지만 표현은 평이하며 진한시대의 학술사상사로서 완결성을 가지고 있다. 물론 최초의 책이 출판된 것은 1930년대였고 해방 후의 개정도 학설내용의 변경에는 미치지 않았기 때문에, 현재의 연구단계에서 보면 문제될 만한 점도 없지는 않다. 그러나 이 책은 그러한 한계를 넘어서 구지에강이라는 연구자에 의해 완성된 소위 의고파(疑古派)의 중국고대학술관으로서 일종의 고전적 의미도 가진다고 생각한다. 의고파는 이미 석고파(釋古派)에게 극복되었다는 것이 학계의 정평인 것 같지만, 그래도 나는 의고파의 대표적 저작이라고도 할 만한 성질의 책이 일본의 일반 독서계에 소개되지 않는 것은 유감스러운 점이라고 생각했다. 그래서 나는 대수관(大修館) 측의 번역의뢰에 응하기로 했다.

그렇지만 나는 중국어번역에 관해서는 초보자이다. 그래서 나는 당시 학습원(學習院)대학 대학원에 재학중이던 原宗子, 川上哲正, 星野謙一郎, 小松原伴子 등의 사람들과 제반사항에 걸쳐 협의해 번역을 진행할 방침을 세웠다. 1977년 봄부터 각자 분담하여 시험 번역을 시작하고, 여름부터 가을에 걸쳐 수회의 합숙도 거듭하여 번역원고를 철저히 검토했고, 그 정리 원고를 내가 훑어보고 수정을 가하여 전체의 통일을 꾀했다. 이 번역서에 미숙한 점이 있다면, 그것은 전적으로 최종적인 정리를 맡았던 나의 책임이다.

번역할 때에는, 구지에강씨가 어떤 문헌에 근거하여 각 장(章)을 서술하고 있는지가 당연히 관심의 대상이 되었다. 고씨 자신은 그 문헌들을 자기 것으로 처리하여 주(註)도 전혀 달지 않았다. 따라서 번역서도 그 스타일을 답습하는 쪽이 좋을지도 모르겠지만, 고씨의 서술 근거를 정리해 놓는 것은 우리 후학들이 앞으로 연구하는 데 도움이 되리라고도 생각했기 때문에, 번잡하지 않을 정도로 주를 달았다. 또 설명을 덧붙이는 쪽이 이해하기 쉬운 사항[예를 들면 Ⅱ-7장의 주안회(籌安會)]에 주를 단 경우도 있다.

이 책에는, 내용은 거의 같지만 『漢代學術史略』과 『秦漢的方士與儒生』의 두 가지 제목이 있으며, 각각에 찾아볼 수 없는 것을 포함하여 몇 가지 판(版) 내지 리프린트가 있다.

◈『漢代學術史略』이라 이름한 것

AⅠ 1935년 8월 上海亞細亞書局 초판

AⅡ 1936년 4월 上海文化服務社 재판

이 둘은 모두 같은 판이며 본문 224페이지이다. 출판사 이름은 변했어도 소재지[上海河南路交通路11號] 및 대표자[唐堅吾]는 같다.

AⅢ 1972년 1월 台北啓業書局 초판

판형(版型)은 다소 커졌지만 내용은 A의 리프린트이며, 저자 구지에강의 이름이 삭제되어 있다.

B 1944년 四川成都刊

Schneider씨의 저서문헌목록에 보이는데 찾아볼 수 없다.

◈『秦漢的方士與儒生』이라 이름한 것

C 1955년 3월 上海羣聯出版社 수정 제1판

고씨의 서(序)를 더하고 내용에도 개정을 가하여 새롭게 고친 것이다. 서(序) 15페이지, 본문 150페이지.

DⅠ 上海人民出版社刊

DⅡ 香港一新書店出版[리프린트]

DⅢ 1978년 2월 上海古籍出版社출판

근년에 유포된 DⅡ에 의해, C판을 부분적으로 수정한 D판 원본의 존재가 추정되었는데, 신간인 DⅢ의 마지막 페이지에 '原上海人民版' 이라고 되어 있고, DⅡ와 DⅢ는 내용이 동일하기 때문에, D판 원본의 존재가 확인되었지만 찾아볼 수 없다. 개정의 경향으로 추측하면, DⅠ의 간행은 1960년 전후라고 생각된다. 또 DⅢ에는 중판전언(重版前言)이 붙어 있다. 중판전언 2페이지, 서(序)15페이지, 본문 150페이지이다.

본문에 대해 보면, 이들 여러 판 중에서 A판과 C판의 차이가 가장 현저하다. 내 판단에 의하면 C판에서 개정의 요점은 다음 몇 가지에 있다. 여기서 아라비아 숫자는 각 판의 페이지수이고 방점은 주요한 변경장소이다.

(1) 표기법의 변경

〈예〉 (A20)西元前一三五 → (C14)公元前一三五年

(2) 오자의 정정

〈예〉 (A217)五行之情 → (C146)五行之精

(3) 설명의 보충

〈예〉 (A3)地螾 → (C2)地螾(螾是大蚯蚓)

(4) 이해를 쉽게 하기 위한 바꿔 쓰기

〈예〉 (A16)所以有此稱號 → (C11)所以有了這個稱號

(5) A판 간행 이후의 새로운 지견(知見)에 의한 바꿔 쓰기

〈예〉 (A73)後到現在中央研究院的正式發掘, 已發見了三萬片以上,…… → (C51)到近年考古學者大規模的發掘, 已發見了十六萬多片

(6) 인민중국의 관점에 선 수정

〈예〉 (A21)卽此可知武帝的大事就是當時民衆們所共同要求的大事呵. → (C15)卽此可知武帝的大事就是當時統治階級以及受着統治階級麻醉的人們所共同要求的大事呵.

(7) 문장의 뉘앙스의 변경

〈예〉 (A81)這種觀念在學術界中不會變過. → (C56)這種觀念在學術界中幾乎不會變過.

(8) 문장 자체의 바꿔 쓰기

〈예〉 (A60~61)所不幸的, 這種柔弱和退讓的思想竟透進了我們的民族的骨子……一直傳到現在. → (C41~42)所不幸的,

只是這種柔弱和退讓的思想竟致滲透一些人的骨子……大大地延緩了社會的進步

C판과 D판의 차이는 A판과 C판의 차이만큼 눈에 띄지는 않지만, D판쪽은 보다 이해를 쉽게 하고 오해를 피하기 위하여 세심하게 배려한 흔적이 보인다.

〈예〉 (A83)賊徒 → (B58)賊徒們 → (C58)「賊徒」

극히 일부의 예이지만 위와 같이 차이를 보이는 여러 판 중에서 어느 것을 번역의 저본으로 채용할 것인가 하는 문제는 시종 우리를 고민하게 만들었다. 결국 원저가 최초로 세상에 나온 시점에서의 여러 의미를 중시하여, A판을 저본으로 삼기로 했다. 그러나 C · D제판(諸版)에서 개정한 곳에 대한 대조표를 원문 그대로 싣기로 했다. 다만 개정한 곳을 모두 쓸데없이 열거하는 것을 피하여, 상기한 개정의 요점 중에서 (1)부터 (4)까지는 대조표에서 생략하고 번역문 속에서 적절하게 그 취지를 살리기로 했다. 따라서 대조표에 실린 것은 (5)부터 (8)에 관계되는 곳이며, 거기에 해당하는 번역문의 부분에는 옆에 *표시를 했다. 이에 의해서 각 판의 개정취지도 상당히 명백하게 부각될 것이다.[각 판의 대조표는 小倉芳彦 번역서의 p.p.246~260에 실려 있다. 그러나 이 책에서는 생략했으며, 다만 번역문 중의 그 부분에 *표시만 했다.]

또한 C판 서두의 「서(序)」와 DⅢ의 「중판전언(重版前言)」도 이 원저에 관련된 구지에강씨의 입장을 이해하는 데에 중요하기 때문에, 이하에 번역하여 싣는다. C판과 D판에서 서(序)의 차이 부분도 본문에 준하여 대조표에 표시했다.

색 인